ROMANTIZE SEUS NEGÓCIOS

Tim Leberecht

ROMANTIZE SEUS NEGÓCIOS

Dê o máximo e crie algo maior do que você é

Tradução de Nivaldo Montingelli Jr.

Rocco

Título original
THE BUSINESS ROMANTIC
Give Everything, Quantify Nothing, and Create
Something Greater Than Yourself

EDITORA ROCCO LTDA.
Av. Presidente Wilson, 231 – 8º andar
20030-021 – Rio de Janeiro – RJ
Tel.: (21) 3525-2000 – Fax: (21) 3525-2001
rocco@rocco.com.br
www.rocco.com.br

Printed in Brazil/Impresso no Brasil

Preparação de originais
FÁTIMA FADEL

CIP-Brasil. Catalogação na fonte.
Sindicato Nacional dos Editores de Livros, RJ.

L484r Leberecht, Tim
Romantize seus negócios: Dê o máximo e crie algo maior do que você é/Tim Leberecht; tradução de Nivaldo Montingelli Jr. - 1ª ed. - Rio de Janeiro: Rocco, 2016.
(Coleção Pitch Deck; 1)

Tradução de: The business romantic: give everything, quantify nothing, and create something greater than yourself
ISBN 978-85-325-3021-9

1. Empreendedorismo. 2. Negócios - Administração. 3. Sucesso no negócios. I. Montingelli Jr., Nivaldo. II. Título. III. Série.

CDD–658.11
15-28876 CDU–658.016.1

A meus pais, Edith e Volker Leberecht.

Romantizar o mundo é nos conscientizar de sua magia, de seu mistério e de suas maravilhas; é educar os sentidos para ver o comum como extraordinário, o familiar como estranho, o mundano como sagrado, o finito como infinito.

– NOVALIS

SUMÁRIO

INTRODUÇÃO

A chama

A chama nunca deve se apagar.

Isso é o que os instrutores nos disseram repetidamente durante o treinamento. O protocolo, a logística e a etiqueta que nos ensinaram a seguir eram semelhantes aos de uma campanha presidencial. Exigia-se que todos os membros da equipe que viajassem com a tocha fossem sempre pontuais, cumprissem seus deveres, mantivessem seus valores. Afinal, tratava-se das Olimpíadas e, somente se mostrássemos o nosso melhor, os jogos conseguiriam corresponder ao seu ideal de construir um mundo melhor através dos esportes. O importante não era apenas o que fazíamos, mas *como* fazíamos: demonstrar graça sob pressão; estar de acordo com as regras e, mais importante, seguir o espírito olímpico; fazer a barba todas as manhãs, não consumir álcool e ser sempre pontual. Não era uma tarefa para se executar de forma automática, e egos não eram tolerados. A tocha olímpica era a estrela. Os valores olímpicos (de "excelência, amizade e respeito") eram nosso produto.

Essa oportunidade foi-me oferecida por uma série de coincidências logo que me formei. Aceitei pela emoção, pela chance de uma experiência inesquecível (que, no meu caso, incluía o estímulo extra de fazer uma palestra totalmente em francês na prefeitura de Montreal, lida de uma folha de referência fonética preparada por um colega de RP canadense). O pagamento era simbólico: uma viagem de volta ao mundo de seis semanas. Mas, como todos os outros, eu não me importava com nenhum desses aspectos do trabalho. Estávamos naquilo pelo prazer, e o orgulho que sentíamos era contagioso. Foi o melhor trabalho que já tive.

Antes de voltar para Atenas, onde nasceram os Jogos Olímpicos originais e onde ocorreram as Olimpíadas de 2004, a tocha passaria por 32 cidades que haviam sediado jogos anteriores, como Tóquio, Los Angeles, Montreal, Paris, Londres, Munique e Moscou. O evento, a Passagem da Tocha Olímpica, tinha como objetivo arrebatar os fãs das Olimpíadas, criando um prelúdio estimulante para o início dos jogos. Mas, naquele ano, o evento seria ainda mais digno de nota. A tocha iria tocar o solo africano pela primeira vez na história, passando pelo Cairo, cidade que nunca antes tivera participação na história olímpica. Como membro da equipe de divulgação, eu estava de pé no início da madrugada, esperando no aeroporto do Cairo o 747 que trazia a tocha e também todo o seu séquito, inclusive dois seguranças que se revezavam 24 horas por dia.

Quando a tocha foi finalmente retirada do avião no Cairo, foi saudada por uma multidão de funcionários, assessores e figurões locais. Um ônibus especial, escoltado por um comboio de carros fortemente protegido e seguido por um bando de repórteres, conduziu a tocha até o centro da cidade, onde os corredores que iriam carregá-la estavam à espera havia horas. Cada um deles tinha feito inscrição antecipada para aqueles cinco minutos de fama com a tocha, e todos seguiam uma programação meticulosa que – até a etapa do Cairo – havia sido executada sem nenhuma falha. Uma hora depois da chegada da tocha, estávamos todos no centro da praça Tahrir, onde dezenas de milhares de egípcios cantavam e comemoravam alegres, com a linha divisória entre ordem e caos tornando-se cada vez mais tênue. Eu conhecia estranhos, conversava com estranhos e me dirigia a estranhos, estávamos todos conectados pelo poder da Tocha Olímpica. Mesmo concentrado na logística da minha tarefa – conduzir repórteres, assessores e vans, quilômetro a quilômetro, de um ponto a outro –, eu podia sentir a tocha traçando seu caminho através da multidão, aquecendo os corações das pessoas daquela cidade. Minhas refeições tinham sido barras de cereais e garrafas de água, o suor molhava minha testa e meu pescoço, e, apesar de tudo, eu sentia um frêmito de euforia; eu era parte daquilo tudo, totalmente vivo.

Finalmente, toda a caravana e seu séquito se detiveram em algum ponto nos arredores da megalópole, com as pirâmides ao fundo. Teve início a costumeira comemoração do fim do dia, estrelada pelos representantes da cidade (em geral o prefeito), do Comitê Organizador de Atenas, além de algumas celebridades locais.

Quando o programa começou, pude ver alguns colegas se afastando, desaparecendo lentamente na escuridão que aumentava, misturando-se às pirâmides e aos contornos vagos do deserto. Ao cair da noite, procurei ouvir os discursos, mas o espetáculo assumiu um ar surreal: uma miragem de rostos iluminados movendo-se em ritmos febris e erráticos, murmurando sílabas incompreensíveis. Lá estava eu, com areia nos pés e na boca, rodeado por carros buzinando, pelos monumentos antigos, pelo calor, pelo cheiro de gasolina e pela polícia egípcia; um alemão no Cairo representando os jogos de Atenas; trabalhando para uma empresa americana de Denver que se ocupava da retransmissão – toda a delegação contra os onipresentes logotipos da Coca-Cola e da Samsung, os principais patrocinadores.

Com exceção da Copa do Mundo de futebol, nenhum outro evento esportivo tem apelo tão universal – e nenhum outro tornou-se tão comercial. Por essa razão, os Jogos Olímpicos são muitas vezes acusados de falência moral e vistos com ambivalência, mas naquele exato momento, sob o céu do Egito, a ideia olímpica estava viva e pura como sempre. Havia algo de sagrado, mesmo nos momentos mais profanos. Niels Bohr, o lendário físico dinamarquês autor da teoria da mecânica quântica, disse certa vez que o sinal de uma grande verdade é que seu oposto também é uma grande verdade;[1] nenhuma declaração descreve melhor as contradições no centro das Olimpíadas.[2] Os jogos são negócios como sempre foram, mas também são a ideia e o empreendimento mais românticos que se podem imaginar. Campos políticos minados, trabalho duro, sujeira e suor, diretivas de marcas, marketing enganoso, tempo no ar, assunto de conversas, planilhas, preços altos – tudo isso e muito mais. Na tocha e nos rostos dos egípcios que conheci, vi o espírito olímpico: a ideia de que a competição pacífica – a raiz latina de competir, *competere*, significa "esforço em conjunto" – nos permite libertar todo o potencial humano e nos conectar como cidadãos do mundo.

Os Jogos Olímpicos são aquilo que você enxerga neles; são aquilo que você faz deles, o que quer que sejam. Por ser a experiência mais contundente, suas inadequações e imperfeições são o que lhes empresta romance. Os Jogos abrem espaço em nossa imaginação, nos deixam querendo mais.

Dinheiro e significado, comércio e cultura, transação e transcendência: sempre fui atraído para essas tensões. Meu avô era cineasta e meu pai é diretor de uma empresa de educação executiva. Quando eu tinha 6 anos, criei minha empresa imaginária, e aos 21 fundei minha própria gravadora (a primeira foi muito mais bem-sucedida). Com pouco mais de 20 anos, eu tocava numa banda e lancei dois álbuns, um processo que me ensinou mais a respeito de colaboração do que qualquer outra coisa que fiz em toda a minha carreira. Estudei belas-artes e administração de empresas. Como aluno, eu lia filósofos alemães; como empresário, lia o *Wall Street Journal*. Sempre quis ser artista – e acabei me tornando um "cara do marketing".

Encontrei nos negócios a mesma beleza e intensidade que sentia cantando em um show. Hoje não toco mais em uma banda nem me considero músico; meu palco são os negócios. Não faço mais letras de músicas; escrevo e-mails, memorandos, artigos, apresentações e planos estratégicos. Em encontros com clientes e prefeituras, em conferências e eventos de redes, em sessões de brainstorming ou sozinho à minha mesa, muitos dos meus momentos de maior transcendência hoje ocorrem através do trabalho.

Sou executivo de marketing e encaro os negócios como uma das maiores aventuras do empreendimento humano – se não *a* maior. Mas não sou apenas um homem de negócios: também sou um romântico incurável. Acredito que o mundo seria um lugar melhor se houvesse mais romance em nossas vidas. Acredito que a promessa supera a realização. Acredito que a emoção supera em muito a razão. Não sou um sonhador, nem um idealista, nem um ativista social. Sou um Romântico nos Negócios.

Ao longo de minha carreira – como diretor de marketing de uma empresa de design e estratégia de produtos (Frog Design), de uma empresa de terceirização de TI (Aricent) ou, mais recentemente, de um escritório de projetos e arquitetura (NBBJ) –, aprendi a considerar os mercados como veículos poderosos para fazer conexões, para criar valor além de simplesmente facilitar transações. Em nossas trocas mais tangíveis – como no mercado de produtos agrícolas ou em uma empresa de vendas on-line como a Etsy –, discutimos nossas necessidades e desejos com pessoas que também investiram neles. Conversamos. Encontramos uma causa comum. Usamos os mercados para nos comunicar. Ninguém definiu isso melhor que o filósofo Robert C. Solomon:

> Os sistemas de mercado se justificam não por sua eficiência e seus lucros, mas porque os seres humanos são primeiro, e acima de tudo, seres sociais e emocionais, e os mercados oferecem uma comunidade simpática ao intercâmbio social.[3]

Quando vamos ao mercado, nos apresentamos ao mundo: esse é o início dos negócios, o começo do romance.

Você pode dizer: "Espere um pouco. Isso é ingenuidade. Você está romantizando os negócios. Na economia sombria e na política partidária de hoje, é quase uma irresponsabilidade ter uma visão tão romântica dos negócios. Como ser romântico nesse ambiente tão depressivo? O abismo entre mercado e significado é simplesmente grande demais para ser atravessado."

Mas será que é? Deveria ser?

Por que os negócios devem existir dentro de uma estrutura totalmente transacional?

E se o processo for tão importante quanto o resultado final?

Será que podemos manter margens de lucro ao mesmo tempo que fazemos experiências que nos colocam em contato com o maravilhoso, o prazeroso e o misterioso?

Não estaria na hora de trazermos nossas qualidades mais plenas para o trabalho?

E se pudermos encontrar romance nos negócios e por intermédio deles?

"Negócios" e "romance": essas duas palavras afetam o conflito interior de todos a respeito do papel que eles podem e devem desempenhar em nossas vidas. Quando discutimos os mercados em escala humana, essa comparação improvável pode parecer intuitiva e reconfortante; mas quando os mercados se tornam mais abstratos, quando começam a se parecer mais com sistemas, e os seres humanos neles contidos crescem para a escala de uma força de trabalho ou de uma indústria, as palavras "negócios" e "romance" começam a parecer suspeitas.

Contudo, se acreditarmos que os benefícios da economia de mercado em geral superam seus defeitos, não precisaremos tentar conter ou resolver esse conflito. Com exceção do governo, poucas culturas têm sobre nós, como empregados, consumidores e até mesmo cidadãos, um impacto maior que os negócios. Gostando ou não, vivemos em uma sociedade de mercado. Aquilo que compramos e fazemos para ganhar a vida reflete (e até mesmo determina) quem somos. Nossas carreiras oferecem muitas das maiores oportunidades de realização, e quase todos passamos a maior parte da vida no trabalho. Para muitos de nós, os colegas estão mais intimamente envolvidos em nossas vidas do que nossos vizinhos e amigos, ou mesmo nossas famílias. Na verdade, estudos sugerem que é maior a probabilidade de termos, no local de trabalho, mais amizades do que qualquer outro tipo de relacionamento (como chefe-subordinado ou mentor-tutelado).[4] Esses "relacionamentos combinados" – levar o trabalho para casa e a casa para o trabalho – constituem um dos marcos da nossa era conectada.

De todas essas formas, os negócios nos ligam às suas várias cadeias de significado. Então, quando se trata de trazer mais romance para nossa vida, por que não começar por aqui?

Quando pergunto a amigos e colegas como se sentem a respeito do trabalho, ouço o seguinte:

- *"Sou uma criatura do escritório; prospero nesse ambiente fixo."*
- *"No trabalho, consigo fazer minhas brincadeiras e caminhar pelos corredores e, de modo geral, levar uma vida social que nunca pensaria em levar em meu bairro ou andando pela rua."*

- *"Tenho a opção de trabalhar em casa, mas por que o faria? O escritório é o meu lugar."*

Quando buscamos significado, o trabalho é nossa arena. David Whyte, poeta e consultor de negócios, captou perfeitamente a essência dessa ideia: "O trabalho é dificuldade e drama, um jogo de apostas altas no qual nossa identidade, autoestima e capacidade de prover são combinadas dentro de nós de maneiras voláteis, às vezes explosivas", escreve ele. "O trabalho é o lugar em que podemos triunfar ou fracassar."[5]

É precisamente por isso que muitas pessoas também sofrem muito nos negócios. Sofrem com as restrições do sistema de mercado tradicional e com os modelos de tomada de decisões que presumem que somos seres totalmente racionais. E sofrem quando continuam a criar falsas distinções entre sua persona de negócios e outras partes maiores da sua humanidade, quando separam os negócios de suas necessidades emocionais, intelectuais e espirituais.

Muitos de nós clamam por mais. Estamos nos negócios, como consumidores, empregados e empreendedores, porque amamos os negócios. Gostamos do seu ímpeto, das oportunidades para conexões e intercâmbio social. Algumas pessoas iniciam seus próprios negócios; outras trabalham na vanguarda da inovação ou da gestão. Outras trabalham em campos criativos, como música ou edição – indústrias que se equilibram entre comércio e cultura –, enquanto muitas delas ainda falam baixo, se é que falam. Todas as manhãs, quando entram nos cubículos, escondem os anseios por uma oportunidade de expressar seus verdadeiros egos no trabalho, por uma experiência que faria com que se sentissem plenamente vivas em suas tarefas, durante toda a sua carreira. Este livro dialoga com todas elas – com cada uma que sente que os "negócios de sempre" desencantam tudo aquilo que é mágico e importante a respeito das suas experiências cotidianas como profissionais ou clientes.

Depois de ler este livro, você terá novas maneiras para se abrir para os prazeres, os mistérios e os momentos de transcendência, e mesmo para as tristezas do cotidiano dos negócios. Você irá brilhar em meio à dor e à escuridão. Saberá melhor como projetar espaços para essas experiências, com seus colegas e também para seus clientes. Contará com Regras de Encantamento que irão lhe mostrar como agir a respeito de suas crenças românticas e como articulá-las às outras pessoas. E, para sua surpresa, essa mudança de perspectiva e atitude abrirá oportunidades imprevistas à sua volta, com os parceiros mais inesperados. Você irá recomeçar o romance.

Embora este livro não apresente um novo paradigma gerencial nem uma nova teoria econômica, ele pretende reverter as convenções. É um apelo para quem a mera excelência nos negócios e a eficiência não são suficientes. Trata-se de um livro pequeno e dirigido às mãos de uma pessoa. Ele irá encorajá-lo a ter uma visão romântica nos negócios: a agir de forma diferente e, antes de mais nada, a ver, sentir e ser diferente. Ele começa no nível pessoal, mas essa mudança tem potencial para instigar mudanças institucionais e sistêmicas em ampla escala. Podemos não jogar um jogo diferente; mas se jogarmos com regras diferentes, teremos um jogo melhor.

No próximo capítulo, "O Novo Desejo por Romance", analiso mais de perto a atual mentalidade. Por que precisamos de mais romance, e como isso se manifesta em nossos primeiros amores e empregos? A seguir, em "Conheça os Românticos nos Negócios", apresento cinco pessoas, um casal e uma família que encontraram e sustentaram esse romance em seu relacionamento com os negócios. Você irá aprender a reconhecer as características românticas nas outras pessoas e também em si mesmo.

Esses capítulos são seguidos pelas "Regras de Encantamento". Como podemos usar pequenos atos e rituais para tornar mais significativas nossas vidas como trabalhadores e consumidores? Onde iremos cultivar experiências românticas de atrito, conflito, mistério e ambiguidade? Como trazer parte da "arte da vida" para os negócios do dia a dia? E como nos mantermos apaixonados, sempre e sempre, por nosso emprego?

Quando chegar ao capítulo final, "A Nova Era Romântica", você estará bem posicionado para manter acesa sua própria chama e também acender a dos outros. E, como romance não é fácil, irei expor alguns enigmas e advertências que acompanham o crescimento do Romance nos Negócios. Além disso, você irá saber mais a respeito do papel do Romântico nos Negócios na sociedade e como poderá promover as mudanças que transcendem a vida individual e promovem uma nova era romântica. Além disso, o Apêndice – "O kit inicial do Romântico nos Negócios" – irá oferecer recursos práticos, sugestões e instruções.

Ao escrever este livro, espero instigar a mais silenciosa das revoluções. Está na hora de dizer. Quem somos *nós*? Somos os homens e mulheres de negócios que estão preparados para mais coisas. Somos os Românticos nos Negócios.

PARTE UM
INCITAR

CAPÍTULO 1

O novo desejo por romance

CONFUSÃO NA SOCIEDADE DE MERCADO

De acordo com uma pesquisa Gallup realizada em 140 países, somente 13% dos empregados de todo o mundo estão entusiasmados com seus empregos e plenamente envolvidos com eles. Sessenta e três por cento "não estão engajados" e "carecem de motivação". Cerca de 24% estão "ativamente desligados", significando que "são infelizes e improdutivos no trabalho e passíveis de transmitir a negatividade aos colegas".[1]

As coisas parecem ainda piores para a liderança em negócios: o Barômetro de Confiança Edelman de 2013 revela que acadêmicos, peritos técnicos e membros da gerência de nível médio gozam de duas vezes mais confiança do que os CEOs.[2] Em seu Panorama da Agenda Global 2014, uma pesquisa junto a mais de 1.500 líderes dos setores público e privado, o Fórum Econômico Mundial identificou "falta de valores em liderança", "diminuição na confiança em políticas econômicas" e "ampliação das disparidades de renda" como três tendências importantes que hoje afetam as sociedades em todo o mundo.[3]

Nesse mesmo sentido, a Organização para Cooperação e Desenvolvimento Econômico (OCDE) registra que a desigualdade social nas nações mais industrializadas cresceu muito desde a eclosão da crise econômica global em 2008, com os 10% mais ricos da população aumentando sua riqueza 9,5 vezes mais em 2010 do que os 10% mais pobres.[4] Em seu discutido livro *Capital no século XXI*, o economista francês Thomas Piketty afirma que regressamos a um "capitalismo patrimonial" semelhante aos níveis de distribuição de riqueza do século XIX, concentrados entre dinastias familiares.[5] Nos Estados Unidos, o movimento Occupy Wall Street nos ajudou a definir a crescente disparidade de renda como a diferença entre os 99% e o 1%. Mas pesquisas mostram que essa relação pende ainda mais em favor dos super-ricos: eles representam 0,1%. Embora as famílias americanas mais ricas (1% da população total) detenham 22% da renda (inclusive ganhos de capital), 0,1% das famílias possui um quinto da riqueza do país.[6] Um relatório do Aspen Institute de 2013 conclui que podemos estar caminhando para uma "Sociedade de Curva de Poder", na qual a prosperidade não segue mais uma distribuição pela curva de Gauss e se acumula nos estratos mais altos das sociedades do tipo "o vencedor fica com tudo".[7]

As inovações da economia digital acentuam essa tendência. Não é somente o futuro que está distribuído de forma desigual, mas também a criação de valor. Quando o Facebook comprou o WhatsApp por 19 bilhões de dólares em 2013, pagou um preço de 345 milhões de dólares a cada um dos 55 funcionários.[8] Em seu livro *Who Owns the Future?* Jaron Lanier destaca as implicações para a força de trabalho: "A Kodak tinha 140 mil funcionários e a Instagram tem 13."[9] Entramos numa era binária, onde o software não só "come o mundo", como proclamou Marc Andreessen, capitalista do Vale do Silício,[10] mas aparentemente também a classe média. Todo dia surge na imprensa um novo relatório sobre a desigualdade social, seja pelo desaparecimento do mercado de bens de consumo para a classe média[11] ou uma declaração do presidente Obama chamando a disparidade de "desafio definidor de nossa época".[12] Wall Street registrou o fato: embora os dirigentes dos bancos de investimentos ainda recebam bônus exorbitantes, eles perderam grande parte do seu apelo de mestres do universo. De fato, o atual ambiente produziu em Wall Street personagens totalmente novos. De repente a imprensa está cheia de confissões como "Por que estou deixando o Goldman Sachs"[13] e de histórias de antigos financistas em busca de redenção para o vício em dinheiro trabalhando no mundo sem fins lucrativos.[14]

No entanto não precisamos da imprensa para nos dizer o que é certo todos os dias. A prova mais forte de confusão e desencanto é o estado de espírito da cultura à nossa volta: nas ruas, no metrô e em nossos próprios escritórios. Sobrevivemos à crise financeira e agora estamos no admirável mundo novo da atual recuperação: entre discussões intermináveis a respeito de flexibilização quantitativa, da redução no crescimento da China e da possível emergência de bolhas imobiliárias e tecnológicas, é de admirar que tenhamos sentimentos negativos a respeito de negócios tradicionais e modelos econômicos? Muitos sentem que estamos dando cada vez mais em troca de retornos cada vez menores. Estamos trabalhando mais horas (de fato, os americanos trabalham cerca de oito semanas por ano a mais que em 1969, em troca de mais ou menos a mesma renda, ajustada pela inflação),[15] acumulando dívidas cada vez maiores e vendo a erosão das promessas da classe média, como casa própria e boa educação para os filhos. O grupo etário entre 18 e 33 anos, os *millennials*, enfrenta níveis cada vez maiores de dívidas para o pagamento dos estudos, desemprego e pobreza, e níveis mais baixos de riqueza e renda pessoal do que os dois grupos que o precederam (geração X e baby boomers) no mesmo estágio do ciclo de vida.[16] Pela primeira vez na história, uma geração está regredindo economicamente, em vez de progredir.

No Vale do Silício – uma cultura doutrinada segundo o otimismo tecnológico –, novas formas de tecnologia social prometem reduzir as diferenças reduzindo os governos, as estruturas cívicas e as organizações de mídia que ainda buscam suas bases na esteira da crise de 2008. Mas será que realmente pensamos que empresas de software, como Amazon, Facebook e Google, além de suas descendentes mais jovens, podem resolver nossas questões sociais e éticas mais importantes? Um número crescente de comentaristas e filósofos culturais está expressando preocupações a respeito da substituição das responsabilidades da cidadania pela crença míope na tecnologia. Evgeny Morozov, um dos mais agudos desses críticos, zomba desse "solucionismo", descrevendo-o como uma "patologia intelectual" que reconhece os problemas "com base em apenas um critério: se eles são ou não 'solucionáveis' com uma simples solução tecnológica à nossa disposição".[17]

Além disso, a velocidade dos avanços tecnológicos está superando nossas instituições e capacidades morais. Vivemos numa era em que os filmes de ficção científica se igualam à realidade. Cada dia precisamos elaborar opiniões convincentes sobre acontecimentos que vão da vigilância – por empresas e governos – a ciberguerra, bioterrorismo, engenharia genética e muitos outros levantes políticos amplificados por instrumentos de mídia social. E essas são apenas as notícias matinais! Antes que possamos processar plenamente o ritmo de mudança e desenvolver sobre ele uma perspectiva moral e ética, inovações de ponta na ciência e na tecnologia já começaram a nos transformar tanto como indivíduos quanto em termos culturais.

Ao mesmo tempo que criam distúrbios econômicos, essas inovações também desestabilizam nossos sistemas de valores. O Papa Francisco, escolhido como "Pessoa do Ano de 2013" pela revista *Time*, manifestou-se contra a "tirania do capitalismo irrestrito", denunciando políticas econômicas restritivas, avidez financeira e consumismo. O chefe da Igreja Católica deixou claro que corremos um sério risco de perder nossas amarras e passarmos a nos curvar somente perante os deuses do dinheiro.[18] Uma mentalidade de negócios está pouco a pouco se infiltrando em quase todos os aspectos privados de nossas vidas. Procuramos superar os outros para garantir o sucesso, e o único êxtase que ainda encontramos está no estado de constante conquista.[19]

Até mesmo nossas amizades estão começando a sofrer com isso. Um grupo denominado Lifeboat, que descreve a si mesmo como um movimento que "valoriza amizades profundas", realizou recentemente um estudo abrangente sobre o estado da amizade nos Estados Unidos.[20] O relatório foi o primeiro da sua espécie e seus resultados foram desanimadores. Somente um quarto dos adultos está realmente satisfeito com suas amizades. Apesar da ascensão dos sites de networking e das crescentes oportunidades para conexão on-line, os americanos, em sua maioria, disseram ao Lifeboat que preferem ter menos conexões mais significativas do que uma quantidade maior de amigos. De acordo com o estudo, nos Estados Unidos a amizade está "em crise".

Essa sensação de isolamento está se multiplicando de forma geométrica em nossos cenários digitais. O Facebook e outros instrumentos de mídia social foram concebidos para que nos sentíssemos mais conectados, mas nossas atuais ansiedades ligadas à desigualdade de renda e à insatisfação no trabalho somente são amplificadas por eles. Em nossa rede sempre há alguém se divertindo mais, ganhando mais ou obtendo mais valor psíquico dessas conexões. Os adultos entre 18 e 33 anos retiram-se para o individualismo e para um crescente desligamento de instituições como religião, casamento ou partidos políticos. Uma pesquisa Pew de 2014[21] mostrou que o capital social desses "nativos digitais" é gerado principalmente através de redes sociais. A necessidade de expressão e conexão é alta (55% dos *millennials* publicaram um selfie on-line), mas a confiança nos outros é baixa: apenas 19% deles dizem que se pode confiar na maioria das pessoas, comparados com os 31% da geração X e 40% dos baby boomers.

Diante desse cenário de confusão e insegurança, os *millennials* buscam no trabalho um senso maior de significado e comunidade. Mas eles não são os únicos. Em um artigo no *New York Times*, o economista Jeffrey Sachs batizou esse momento – que veio logo depois da fartura alavancada da nossa mais recente Idade do Ouro – de "Novo Progressismo".[22] Em consequência dessas oscilações de mentalidade, formas alternativas de se fazer negócios estão surgindo em toda parte. Algumas empresas estão sendo certificadas como "B Corporation", isto é, empresas com fins lucrativos com mandato para resolver problemas sociais e ambientais;[23] organizações sem fins lucrativos, como a Ashoka, estão se unindo a empresas da relação das 500 da revista *Fortune* para promover agentes de mudanças corporativas;[24] o Maker Movement tem sua maior fonte de apoio institucional nos grandes varejistas;[25] visionários capitalistas, como Richard Branson e Jochen Zeitz, antigo CEO da Puma, fabricante de materiais esportivos, estão lançando a B Team, uma coalizão que visa conectar líderes empresariais na realização de metas sociais e ambientais;[26] John Mackey, cofundador e CEO da Whole Foods, está disseminando a ideia de "capitalismo consciente";[27] e o Projeto Energia, do jornalista e consultor Tony Schwartz, está promovendo o engajamento mais resoluto dos funcionários com base no conceito de "energia" individual.[28]

O que está acontecendo?

Em 2001, Aaron Hurst, um inovador social que iniciou seu primeiro empreendimento social na Universidade de Michigan com a provecta idade de 16 anos, lançou a Taproot Foundation. A ideia era simples, mas revolucionária para seu tempo: ligar profissionais de negócios a oportunidades para prestar serviços comunitários gratuitos. Durante seus muitos anos na Taproot, Hurst recebeu mais de 25 mil cartas de pessoas do mundo inteiro. Todas lhe explicaram o que esperavam ganhar com a experiência. Por que profissionais bem-sucedidos estavam em busca de oportunidades de doar seu tempo sem nada cobrar?

É claro que, se colocarmos essa pergunta numa esfera cívica ou religiosa, ela parecerá absurda. Servir outras pessoas e o desejo de conexões mais profundas estão no DNA desses domínios. Mas nos negócios aprendemos a pensar em nós mesmos como máquinas: agentes de otimização, eficiência e produtividade. Hurst, por seu lado, identificou quatro motivadores distintamente humanos por trás da forte demanda por oportunidades de trabalho comunitário: (1) conhecer pessoas novas; (2) desenvolver habilidades; (3) encontrar problemas que valem a pena resolver; e (4) fazer conexões com pessoas da comunidade.

Ele formulou sua argumentação em um livro e plataforma que chama de *The Purpose Economy* [A economia com propósito][29] e a seguir efetuou uma fusão com a Imperative, uma firma de projetos sociais, para promover "negócios com propósito". A economia com propósito, diz ele, é o próximo paradigma depois do declínio da economia da informação. Segundo ele, propósito é "dar às pessoas poderes para que elas tenham carreiras e vidas cheias de satisfação através da criação de valor significativo para si mesmas e as outras". Pode parecer uma transição radical deixar a informação por uma coisa ainda mais vaga e, possivelmente, mais esotérica – mas Hurst está certo de que o propósito será o principal motivador para a próxima geração.

É claro que suas ideias foram inspiradas por Peter Drucker que, há mais de uma década, estabeleceu o conceito de "negócios motivados por propósitos", afirmando que as empresas necessitavam de uma razão de ser, de uma missão mais elevada, para superar a concorrência. Mas as ideias também podem estar totalmente fora de hora.[30] Alterações demográficas – mais mulheres no local de trabalho, mais imigrantes e, mais importante, a presença dos *millennials*, que em 2020 irão representar 50% da força de trabalho dos Estados Unidos[31] – estão criando uma força de trabalho mais progressista. Como disse Hurst: "A geração X sempre investiu em valores sociais, mas para a geração Y isso é imperativo."

Michael Norton, professor de administração na Harvard Business School e coautor do livro *Happy Money*,[32] disse-me: "A tarefa de recursos humanos costumava ser ligada a bônus e aumentos de salários, contratações, demissões e seleção de novos funcionários. Hoje, recursos humanos trata de 'bem-estar' ou 'Como tornar seus funcionários mais felizes?' As pessoas ficam felizes com mais dinheiro, mas não está tão claro que incentivos econômicos sejam realmente a solução."

Norton e seus colegas estão atualmente realizando experimentos que investigam alguns desses incentivos alternativos. Num deles, os funcionários de um banco australiano, diante de uma oportunidade para doar dinheiro a uma entidade caritativa, registraram muito mais satisfação e felicidade no trabalho. Em outro experimento, os funcionários de uma empresa farmacêutica belga tiveram desempenho melhor depois de doar dinheiro a colegas. Esses e outros incentivos "pró-sociais" estão se mostrando mais eficazes do que o dinheiro como motivadores de produtividade. Uma pesquisa da *Harvard Business Review* e do Projeto Energia sugere que os funcionários que encontram significado em seu trabalho têm maior probabilidade de permanecer nas suas organizações, sentem mais satisfação no trabalho e são mais engajados.[33] De acordo com uma pesquisa feita em 2014 pela Deloitte, executivos e funcionários que trabalham em tempo integral numa organização com forte senso de propósito registram uma confiança muito maior na competitividade e nas perspectivas de crescimento da sua organização do que aqueles que trabalham em organizações com menor senso de propósito.[34]

Porém, Kyla Fullenwider, designer social e cofundadora da Imperative, contou-me que justificar propósito, felicidade e outras métricas alternativas em um caso de negócios para maior produtividade e crescimento mais alto soa "antiquado": "Os verdadeiros inovadores e os primeiros a adotar essa fórmula nem usam mais a expressão 'caso de negócios'", disse ela. "Realmente é muito mais simples. Estamos tentando tornar os funcionários mais felizes porque todos nós somos pessoas. A justificação é óbvia, ou deveria ser. Essa é a meta."

Consequentemente, para os economistas esclarecidos a felicidade não é mais um meio para um fim; ela é o fim. As Nações Unidas emitiram uma Resolução de Felicidade e lançaram um Dia Internacional da Felicidade;[35] a *Harvard Business Review* apresentou "o fator felicidade" na capa de uma edição de 2012,[36] e o varejista on-line Zappos, entre outras empresas, implantou um "índice de felicidade dos funcionários" inspirado no Índice de Felicidade Nacional Bruta do Reino do Butão,[37] criando inclusive uma plataforma para "entrega de felicidade" e um "diretor-geral de felicidade".[38]

No entanto, a conversa transcende a felicidade e aponta para algo ainda mais elevado: significado. Significado é um desejo muito diferente da busca da felicidade, como mostra a pesquisa de Roy F. Baumeister.[39] É possível viver uma vida feliz e destituída de significado e também uma vida cheia de significado sem sentir-se feliz. A felicidade é leve, individualista e episódica; o significado é profundo, comunal e transcendente. Por fim, o significado quase sempre representa uma conexão com um senso maior de comunidade, seja real ou imaginário. Ele tem uma base espiritual.

O significado tem feito incursões em administração de empresas. Hoje as pessoas que trabalham em tecnologia falam a respeito de cura, os líderes de empresas promovem o conceito de "plena consciência" e o programa oficial do Fórum Econômico Mundial de Davos inclui sessões matinais de meditação assistidas por um monge budista. A rede de conferências Wisdom 2.0 cruza inovações tecnológicas com novos entendimentos sobre a mente e apresenta um diálogo rico sobre como incorporar discernimento espiritual, inteligência emocional e outras técnicas de "alimento para a alma" à agenda corporativa. Empresas como Aetna, General Mills, Nike e Target iniciam seus dias de trabalho com técnicas de meditação ou de ioga, e a Google oferece aos seus funcionários uma aula de "busca interior" que é um sucesso. Uma terceira geração de líderes explora a "terceira métrica" – maneiras alternativas para medir uma vida de sucesso, ou melhor, com mais significado, definido por devolver, perguntar a si mesmo, bem-estar e sabedoria.[40]

Mais de sessenta anos depois da publicação de *Man's Search for Meaning*,[41] o livro seminal de Viktor Frankl, a palavra "significado" parece ter-se tornado o mais alto denominador comum de toda uma geração. Um relatório de 2011, encomendado pelo Career Advisory Board, constatou que o mais importante indicador isolado de uma carreira de sucesso era a geração Y. Esse desejo por mais significado está associado a um novo otimismo: numa pesquisa telefônica junto a 12 mil *millennials* em 27 países, 62% dos entrevistados acreditavam que poderiam fazer uma diferença em termos globais.[42] Enquanto seus antecessores da geração X lamentavam a burocracia e a corrupção de entidades e instituições corporativas, os *millennials* as consideram simplesmente irrelevantes. Esta geração adota aquilo que o futurólogo Alvin Toffler descreveu certa vez como "adhocracy":[43] organizações modulares e ágeis em rede que se juntam e separam facilmente. O centro de poder muda de forma dinâmica através da rede, em vez de permanecer estático numa única instituição ou organização.

Como exatamente o romance se relaciona com esses conceitos reticulares de propósito, felicidade e significado? Uma vida voltada para propósitos pode ser romântica? Mais romance significa mais felicidade? Antes de prosseguir, precisamos fazer algumas distinções importantes entre os princípios desses movimentos culturais mais amplos e os temas delineados neste livro. Os Românticos nos Negócios buscam certamente um maior significado no trabalho e concordam que incentivos econômicos são somente uma pequena parte daquilo que torna o trabalho gratificante, mas seu conjunto de valores é basicamente diferente. Enquanto uma empresa voltada para propósitos somente terá sucesso se conquistar um "bem" claramente definido no mundo, o Romântico nos Negócios vê tanto valor no processo quanto no produto final. Como diz o ditado: "Importante é a jornada, não o destino." Dessa maneira, os românticos priorizam a experiência em si sobre a meta institucional. Por exemplo, um bom amigo meu trabalha numa empresa construída inteiramente em torno da responsabilidade social corporativa e confidenciou-me suas frustrações surpreendentes, apesar de privadas: "Às vezes sinto-me desmoralizado. Gosto do mundo do marketing, mas esta empresa é quase punitiva em relação à minha paixão. Dizem-me, de maneiras sutis, para não vender nossos produtos. Sinto-me atolado num charco: todo o entusiasmo da vanguarda está acontecendo nos espaços mais competitivos."

Ser uma empresa romântica não é sinônimo de ser voltada para propósitos ou ser socialmente responsável. Para um romântico o propósito social é importante, mas aprendizado, excitação e aventura são tanto ou mais importantes. O romance não é necessariamente igual à moralidade; na verdade, às vezes ele pode revelar seu lado sombrio em momentos de grande intensidade, incerteza, conflito e turbulência. Você pode trabalhar para uma empresa muito admirada, dedicada a uma causa com significado, mas ainda assim sentir uma grande falta de romance. E pode encontrar mais romance trabalhando no Goldman Sachs do que numa organização humanitária. É possível fazer o bem sem sentir-se bem.

Os Românticos nos Negócios certamente estão ligados à busca por felicidade, propósito ou significado, mas de fato buscam alguma coisa diferente, algo muito mais indefinido e potencialmente mais incendiário. Uma missão nobre em torno de uma causa social é apenas uma de muitas avenidas possíveis que podem conduzir à experiência maior.

Quando penso em meu trabalho com a Exposição da Tocha Olímpica no Cairo, a experiência foi romântica exatamente porque era tão controversa e contraditória. Eu senti um forte senso de propósito, mesmo quando sentia os patrocinadores bufando na minha nuca. Em meio ao profano, tínhamos simplesmente que manter a chama acesa. Havia, a respeito daquela missão, uma intensidade que deixou uma marca indelével em minha vida. Ela tornou o mundo um lugar mensuravelmente melhor? Quem sabe? Foi uma experiência que trouxe vida para todos os que dela participaram? Certamente.

EGOS QUANTIFICADOS

No início do século passado, Max Weber, o sociólogo e economista alemão, usou a expressão "grande desencanto" para descrever o difundido regime da sociedade industrial moderna promovendo uma visão burocrática, intelectualizada e secularizada do mundo.[44] Weber lamentava que o entendimento científico e a racionalidade técnica haviam formado uma "jaula de ferro" que forçava a espiritualidade para as margens de nossas vidas: "Precisamente os valores supremos e mais sublimes foram retirados da vida pública para o domínio transcendental da vida mística, ou para a fraternidade das relações humanas diretas e pessoais", observou Weber. Retrospectivamente, sua descrição da humanidade na seminal obra *A ética protestante e o espírito do capitalismo* (1905) parece ser tão sombria quanto era profética: "Especialistas limitados sem mentes, buscadores de prazer sem coração; em seu conceito, essas nulidades imaginam que ascenderam a um nível de humanidade nunca antes atingido."

Mais de um século depois, a humanidade, em ascensão para ainda outro nível, está passando por outro grande desencanto – dessa vez causado não pela industrialização, mas pela "dadificação" dos mercados, sociedades, locais de trabalho e relacionamentos. Você provavelmente ouviu as atordoantes estatísticas: a raça humana gera hoje em dois dias uma quantidade de dados equivalente àquela que gerou ao longo de toda a história antes de 2003, e o volume de dados dobra a cada dois anos, devendo chegar a 40 mil exabytes (40 trilhões de gigabytes) até 2020. (Como referência, um único exabyte pode conter 50 mil anos de vídeos com qualidade de DVD.) No tempo que você leva para ler este capítulo, a raça humana irá produzir o mesmo volume de dados que existe hoje na Biblioteca do Congresso dos EUA.[45] Uma montanha de dados.

No último trimestre de 2012, passei uma hora com o diretor-gerente do centro de P&D do Google em Israel, Yossi Matias, e entramos numa conversa a respeito de algoritmos e intuição. "A intuição é apenas um algoritmo", afirmou o executivo do Google, um engenheiro altamente treinado, "ela é composta de milhões de impressões que introduzimos no cérebro." Ele sugeriu que reconstruíssemos e simulássemos o processo. Para ele, a meta era simplesmente criar melhores algoritmos. Sua argumentação era persuasiva, mas eu saí querendo mais.

De monstros devoradores de números como o Google e a Amazon, que geram gigantescos repositórios de dados de usuários para criar transações altamente específicas, até o movimento do "Ego Quantificado", incentivado por um grande número de novos produtos e aplicativos concebidos para ajudar consumidores a melhorar a produtividade, a saúde e o preparo físico – esses fornecedores de dados, sejam grandes ou pequenos, prometem tornar melhores as nossas vidas. E fazem isso. É notável o fato de hoje podermos catalogar exatamente quando dormimos melhor e que barras de proteínas contribuem para os resultados mais rápidos em nossas corridas de treinamento. Mais importante, grandes avanços que estão ocorrendo na vanguarda de campos como medicina personalizada e gerenciamento de desastres já estão salvando vidas. Mas a fixação em dados também nos deixa um pouco melancólicos. Se algoritmos cavarem todos os cantos de nossas vidas até nada permanecer inexplicável, a perda será tremenda. Quanto maior a velocidade com a qual passarmos da produção automatizada para a tomada de decisões automática, mais estaremos correndo o risco de abrir mão da influência humana. Quanto mais reduzimos nossas experiências – transcendentes, difíceis, prazerosas, assustadoras, sejam elas como forem – a uma série de pontos de dados nus e pontos modificados por meio da engenharia, mais iremos afugentar a sua magia.

Quando, em 2014, o voo 370 da Malaysia Airlines desapareceu misteriosamente do radar, e os parentes e amigos dos passageiros e o mundo inteiro estavam no escuro a respeito do destino do avião, o ensaísta e autor Pico Iyer escreveu uma comovente coluna na qual nos lembrava da "loucura de saber": "Qualquer que seja nosso campo de ação, a maior parte de nós se dá conta de que, quanto mais dados adquirimos, com frequência menos sabemos. O universo não é uma soma fixa, na qual aquilo que você sabe é subtraído daquilo que não sabe."[46] A despeito de todos os dados de que dispomos, de uma vigilância cada vez maior e do nosso ímpeto para saber tudo, Iyer sugere que adotemos os limites humilhantes do nosso conhecimento e deixemos espaço para o desconhecido: "Mesmo que venhamos a saber mais a respeito do destino do avião, é pouco provável que todas as nossas perguntas venham a ser respondidas. E a memória do quanto não sabíamos – e por quanto tempo – deverá nos fazer refletir enquanto nos preparamos para a próxima visita do inexplicável."

Nos negócios, existe pouco espaço para o inexplicável. Com frequência o conhecimento é igualado a uma medição exata e o mantra dominante é: "Você só pode gerenciar aquilo que pode medir." Os Grandes Arquivos de Dados também entraram no local de trabalho, monitorando não só a produtividade dos funcionários, mas também as interações sociais – a "física social", como o cientista de computação Alex Pentland chama esse novo gênero de dados sociométricos.[47] Por exemplo, ele se refere a um aplicativo de smartphone, que mostra quem está dominando a conversa numa reunião. Não é de admirar que alguns estudiosos expressem preocupação sobre novas possibilidades da vigilância dos funcionários e cheguem a chamá-la de "taylorismo digital".[48]

É certo que medições algorítmicas irão prover mais percepção gerencial, mas basta olhar para a crise financeira mais recente para saber como gerenciamos mal aquilo que acreditamos poder medir. De fato, fusões e lançamentos de produtos fracassados, crises de reputação e desastres de relações públicas nas mídias sociais – aqueles tipos de desconexões e transtornos culturais dentro das organizações e entre marcas e seus públicos – nos mostram a importância de um melhor gerenciamento daquilo que *não podemos* medir.

Começamos a explorar definições e métricas alternativas de criação de valor como felicidade, propósito e significado e agora estamos direcionando nossas ferramentas analíticas para quantificá-las e explorá-las. Concordo com medir um tipo diferente de valor, mas somente se não nos esquecermos de atribuir valor àquilo que *não* é mensurável.

Deve haver, ao lado do explicável, um lugar para o inexplicável, e para o implícito ao lado do explícito. De fato, os maiores líderes precisam ser Românticos nos Negócios em seus corações. F. Scott Fitzgerald acertou na mosca quando definiu inteligência aguda como a capacidade para "ter em mente, ao mesmo tempo, duas ideias opostas e ainda reter a capacidade de funcionar".[49] Os líderes precisam dessa capacidade de expandir o pensamento para sintetizar a desordem necessária de nossas vidas de negócios – as realidades concorrentes que representam a crescente complexidade de nossas sociedades. Devemos resistir à tentação de reduzir essa desordem a termos meramente quantitativos.

A capacidade de resistir à nossa existência no dia a dia é que nos permite manter nossos relacionamentos de trabalho mais produtivos. Como românticos, consideramos o erro humano um instrumento para uma autodescoberta e damos valor aos caprichos do ego não quantificado. Gostamos de nuanças; damos valor à intenção tanto quanto (ou talvez mais) aos resultados; respeitamos a inevitabilidade da imprevisibilidade – e do fracasso. Todos esses artigos de fé resistem à formulação algorítmica; contudo, formam a base para alguns dos nossos atos gerenciais mais inspirados. *Podemos* gerenciar aquilo que não podemos medir: fazemos isso todos os dias.

Uma novelista amiga minha participou recentemente de um evento cultural ao longo da costa do Panamá. Ela fazia parte de um grupo seleto de artistas e cientistas convidados por uma colecionadora austríaca de arte a seu iate para uma semana de intercâmbio cultural. O objetivo era criar uma ponte de discurso e entendimento entre humanidades e ciências, ou aquilo que C. P. Snow, o cientista e novelista britânico, descreveu como "as duas culturas".[50] Minha amiga, acompanhada de um grupo de estudantes de engenharia do Massachusetts Institute of Technology (MIT), descreveu o desejo dos engenheiros de solucionar problemas até mesmo em conversas a respeito de ética, identidade e cultura. "Eles tinham respostas antes mesmo que os outros participantes tivessem formulado suas perguntas", contou ela. Fracasso? Um "agente" no caminho rumo ao sucesso. Moralidade? Uma questão de contexto e de decisões melhores baseadas em dados. Amor? Se der certo, um algoritmo; se não der, um desvio sentimental. Minha amiga estava assustada pela retórica afiada dos estudantes, com sua presunção que confundia esperteza analítica com intelecto. Para ela, a experiência lembrou uma frase do filósofo espanhol José Ortega y Gasset: "Queria que os engenheiros compreendessem que, para ser engenheiro, não basta ser um engenheiro."

Para mim, a fraca química entre os dois grupos no iate fala para um antagonismo mais profundo na sociedade: os tecnólogos não sabem aquilo que não sabem até que o conheçam. Em contraste, artistas e românticos, pela própria natureza do seu trabalho, convivem com as tensões de ambiguidade, conflito, dúvida e hesitação. As humanidades são nossa fortificação essencial quando nos defendemos contra uma mentalidade de engenheiro inteiramente utilitária. Elas nos ajudam a respeitar e manter sagrado aquilo que não sabemos. Elas nos guiam no confronto com a mais comovente das investigações: quem somos em face das forças naturais? Quem somos em face de regimes policiais opressivos? Quem somos em face de nossos apelos vocacionais? *O que realmente significa o trabalho de nossa vida?*

Na cerimônia de graduação da Brandeis University em 2012, Leon Wieseltier, editor literário da revista *New Republic*, chamou os formandos de "colegas humanistas".[51] Ele identificou encontros com grandes obras de arte – textos, imagens ou objetos – como um "baluarte contra a grande aceleração da consciência americana". A cultura, anunciou ele em tom desafiador, havia se tornado a nova contracultura. A tradição romântica – sua arte, literatura, filosofia e história – concebia outrora o ego como uma alma, ao mesmo tempo mercurial e inviolável. Quando contemplamos o lento recuo das humanidades, essas investigações sentimentais mudaram. A Harvard University registrou recentemente que o número de graduações em humanidades havia caído em toda a universidade – e também em todo o país, de 14% para 7%, entre os anos de 1966 e 2010.[52] Embora esses números não tenham sido questionados,[53] o debate que se seguiu ilustrou o dilema subjacente: uma crise de confiança na relevância das humanidades. Hoje muitas pessoas são atraídas por peritos vestindo aventais de laboratório; buscamos certificação científica; procuramos correlações e não causas. A fixação da nossa cultura na ciência eliminou nossas noções anteriores e mais românticas de um espírito sombrio e tempestuoso; os mistérios do temperamento e do humor foram substituídos por dados específicos de células, neurônios e sinapses.

Sob a sombra da quantificação, as humanidades passaram a ser vistas como honoráveis, mas inconsequentes. Elas podem captar algo a respeito do nosso passado, mas nada têm a nos ensinar a respeito do nosso futuro.

Como estamos longe dos dias – apenas algumas décadas atrás – em que um seleto grupo de estudiosos trabalhou na criação do hoje famoso currículo essencial! Primeiro na Columbia University e, mais tarde, na Universidade de Chicago, professores dedicaram currículos de quatro anos à exploração de 150 livros identificados como a arquitetura moral – os grandes clássicos – do mundo ocidental.[54] A faculdade de artes liberais foi frouxamente concebida em torno do estudo rigoroso daqueles textos selecionados. Quase um século depois, tudo isso mudou.

Nosso currículo essencial foi destruído – com a ajuda das questões desconstrucionistas de autoria e propriedade ecoando raivosamente através dos campi universitários nas décadas de 1980 e 1990. Aquilo que foi no passado o coração e a alma da nossa educação, a fundação de nossas noções mais básicas relativas à nossa humanidade, tornou-se hoje um campo de estudo visitado somente por sonhadores e rebeldes. Esses estudantes, a contracultura de Wieseltier, são graduados sem nenhuma qualificação concreta. E até mesmo a promessa do seu maior entendimento cultural é considerada dúbia: a única cultura que parece chamar nossa atenção sustentada é o meio cultural da alta tecnologia e dos corredores impregnados de capital, como o Vale do Silício.

As consequências dramáticas que as tecnologias digitais avançadas terão sobre nossas instituições de ensino estão contidas no recente livro *The Second Machine Age*, escrito pelos economistas do MIT Erik Brynjolfsson e Andrew McAfee.[55] Os autores afirmam que o crescimento exponencial da inovação em computação certamente irá superar completamente não só nossas habilidades físicas, mas também as cognitivas. Será que a singularidade finalmente chegou? Será que estamos destinados a nos perder – e também a aura da própria humanidade – nesta nova era do ego quantificado?

Os autores – nem totalmente otimistas nem pessimistas a respeito da atual agitação no mercado de trabalho – argumentam em favor de uma terceira via, uma abordagem equilibrada que reconheça o papel vital que uma educação ampla deve desempenhar: "Nunca houve um momento melhor para ser um trabalhador com qualificações especiais ou com a educação certa, porque essas pessoas podem usar tecnologia para criar e captar valor. Porém, também nunca houve um momento pior para ser um trabalhador com qualificações e habilidades 'comuns' a oferecer, porque computadores, robôs e outras tecnologias digitais estão adquirindo essas qualificações e habilidades a um ritmo extraordinário." "Computadores devoradores de números irão substituir os gerentes devoradores de números", prevê Tim Laseter em um artigo semelhante sobre o "gerenciamento na segunda era da máquina".[56]

Os românticos defendem de forma apaixonada as fundações de nossa educação. Humanidades são nossas "qualificações especiais" mais valorizadas – e mais inúteis. E é sua própria inutilidade – sua determinação de permanecer não corrompidas por modelos de eficiência e otimização – que constitui sua graça salvadora. O sistema de mercado, que hoje as seca, é o mesmo que irá revelar sua necessidade.

Egos quantificados e eficientes – a boa notícia é: já estivemos aí antes. O movimento romântico original – no final do século XVIII e início do XIX – emergiu em resposta à Revolução Industrial e ao Iluminismo. Quando o pêndulo lançou a sociedade à sua mais extrema expressão de racionalismo e empirismo, essa sociedade – em particular artistas e filósofos – exigiu que ele voltasse atrás. E ele assim fez...

SELVAGEM E MARAVILHOSO

Era junho de 1816 no lago de Genebra, Suíça, e o mau tempo lentamente estava voltando. Um ano antes um enorme vulcão havia entrado em erupção na Indonésia, mandando uma vasta nuvem de cinzas sobre o Hemisfério Norte. Na Europa, 1816 veio a ser chamado de "ano sem verão",[57] com a estação inteira assolada por ventos frios e aguaceiros constantes. Em meio à usual rotação de turistas ingleses ao lago Genebra, nos Alpes Suíços, um grupo totalmente diferente estava se preparando para um verão de paixão, transcendência e delírio – qualidades não tipicamente associadas a uma sociedade renomada por eficiência e pragmatismo. O encontro improvisado de alguns dos mais icônicos "românticos" da cultura ocidental incluiu os poetas Lorde Byron, Percy Shelley, sua amante Mary Shelley (nascida Mary Wollstonecraft Goodwin) e sua meia-irmã, a "formosa" Claire Claremont. Desafiando uma "chuva quase perpétua", escreveu Mary Shelley,[58] os artistas e escritores se refugiaram nas elegantes mansões à beira do lago, bebendo vinho, consumindo drogas e lendo histórias de fantasmas em voz alta, erguendo suas vozes para serem ouvidos em meio ao barulho da chuva no telhado. É de admirar que esse período de incubação criativa tenha produzido *Frankenstein*, a novela clássica de Shelley na era?

Aquele verão foi repleto do espírito "*carpe diem*". Com a Europa mergulhada nas noções revolucionárias de soberania individual – versus as leis monárquicas –, os românticos, inspirados por seu herói intelectual, o filósofo francês Jean-Jacques Rousseau, concentraram-se na primazia dos seus próprios estados emocionais. Na busca pelo sublime, os artistas passaram grande parte do verão expressando sentimentos de reverência em face dos picos cobertos de neve das montanhas e da translucidez de um lago descrito por Mary Shelley como "azul como os céus que reflete".[59] Lorde Byron organizou caminhadas pelos Alpes somente com mulas como guias, ele e Shelley velejaram por todo o lago em meio a ventos e chuvas torrenciais e toda a comitiva passava as tardes sentada na varanda da villa de Byron, absorvida na beleza que a cercava.

Se os dias eram passados em comunhão religiosa com o mundo natural, as noites eram passadas em extasiante comunhão de casais. Graças a grandes quantidades de álcool e novas formas de ópio líquido, os artistas buscavam uma conexão exacerbada, renunciando às restrições sociais da classe média em nome do amor livre – na verdade uma troca muito melhor para os homens do que para as mulheres, evidenciada pela resposta retórica de Byron ao anúncio de mais um filho ilegítimo: "Essa peste é minha?"[60]

De fato, Lorde Byron, certamente o mais famoso romântico, estabelece o padrão para o arquétipo que usamos ainda hoje. Descrito como "louco, mau e perigoso de conhecer"[61] pela sociedade inglesa devido aos seus casos escandalosos com homens e mulheres – não excluindo sua meia-irmã –, e reverenciado por sua aparência sombriamente bela, seu ar de mistério e charme, além de uma irresistível aura de rebeldia, Byron personificava a mutante mentalidade da época. Embora o herói neoclássico do século XVIII – a Idade do Iluminismo – fosse caracterizado por sua capacidade para *pensar*, a sociedade deslumbrante com sua lucidez na florescente cultura dos cafés, adotando herméticos argumentos racionais e lineares, o herói romântico era *emocional*: instável, inquietante e imprevisível.

Em resposta a Descartes, Rousseau gracejou: "*Senti* antes de pensar." O herói romântico – ou na verdade anti-herói – era uma resposta direta à opressão do pensamento racional que havia caracterizado os filósofos iluministas. Os poetas românticos – e os heróis ao estilo de Byron que se seguiram – vacilavam entre um êxtase e um desespero que rejeitava todas as formas de razão; eles se afastavam da sociedade, muitas vezes ocultando um passado secreto ou sombrio que os impedia de ser totalmente acessíveis ao resto do mundo. Uma consequência natural do interesse dos românticos por estados emocionais – a primazia da experiência subjetiva sobre a verdade objetiva – era a atração do movimento pelo nostálgico e pelo estranho.

Esses e outros estados emocionais sombrios – como sofrimento e desespero – tornaram-se características dos românticos, retratados na obra *Os sofrimentos do jovem Werther*[62] de Goethe e no personagem do "viajante sofredor" incorporado por Wordsworth, Byron e outros autores da época. Hoje consideramos o sofrimento uma deficiência, uma "falha" em nossos sistemas de mau desempenho (exigindo, para ser corrigida, pílulas ou analistas), mas os românticos consideravam o sofrimento uma experiência de vida necessária: sofro, logo existo. Os alemães cunharam o termo *Weltschmerz* ("sofrer com o mundo") para descrever esse sentimento e o filósofo Isaiah Berlin o considerava o resultado de um "anseio indizível por metas inatingíveis".[63]

Esse anseio colocou o romântico em estado de perpétua oposição às normas de conformidade. Levado ao extremo, o romântico retirou-se de toda a sociedade e retornou à vida como eremita. E se essas escolhas radicais mostraram-se demasiado difíceis para serem mantidas, os românticos ricos simplesmente terceirizaram a tarefa. Por exemplo, os aristocratas britânicos começaram projetando seus imóveis, começando com uma ermida na propriedade, mantendo um ermitão residente em seus quadros. Como descreve um relato, esperava-se que o ermitão vivesse a uma "distância adequada" da casa principal, "permanecesse barbudo e em estado de sujeira pitoresca... perscrutando a semiescuridão com um pouco de emoção e excitação".[64] Os ermitões tornaram-se emblemáticos de uma vida não afetada pelas forças corruptoras do mundo. Dois séculos depois o comediante, ator e escritor Steven Wright definiu com perfeição: "Os ermitões não sofrem a pressão dos pares."[65]

Os vestígios desses e de outros elementos do romantismo perduram até hoje. Basta ver a recente loucura da nossa cultura por vampiros – Robert Pattinson, astro da série *Crepúsculo*, tem um toque do cacheado de Byron em seus cabelos – ou as icônicas figuras de rebeldes, de James Dean a Jim Morrison, Kurt Cobain e Edward Snowden, para achar traços do herói romântico em nossa cultura contemporânea.

Podemos colocar as figuras mais famosas da nossa sociedade em um campo ou no outro. Se James Bond é romântico, então o agudo raciocínio dedutivo de Sherlock Holmes não é; Humphrey Bogart é claramente byrônico; Tom Cruise, nem tanto. Em negócios, você pode afirmar que Sir Richard Branson, fundador da Virgin, ou Steve Jobs, da Apple, são heróis românticos, ao passo que líderes como Bill Gates, Warren Buffett, ou Jeffrey Immelt da GE não são. Por extensão, qualquer figura que se separe da sociedade, caracterizada por uma aura de mistério e emoção inquietante, em vez de lucidez e articulação racional, pertence à família dos heróis românticos.

Dessa maneira, a palavra "romântico", no passado primordialmente descritiva de um movimento artístico, entrou para nossa linguagem popular. Hoje podemos empregar o termo "romântico" em muitos contextos, e as pessoas concordam numa compreensão coletiva. Em sua maioria as pessoas, quando pensam em experiências românticas, imaginam algo que as elevem acima do marasmo da rotina cotidiana. Imaginam o Taj Mahal, tango em Buenos Aires ou um jantar na praia à luz de velas.

Pensamos em perambular pelo Quartier Latin em Paris; em *A princesa e o plebeu*; numa proposta de casamento na Golden Gate; ou no recebimento inesperado de flores. Os aspectos do romance tornaram-se tão familiares que foram desenvolvidos gêneros e subgêneros inteiros para expressá-los – desde os "estraçalhadores de corpetes" das brochuras baratas até a obra mais sofisticada de autores como Woody Allen e *Manhattan*, sua declaração de amor por Nova York, e as famosas comédias românticas das décadas de 1930 e 1940 como *Levada da breca* e *Núpcias de escândalo*. Os franceses, mestres do romance, têm a frase perfeita para isso: *je ne sais quoi*, algo inexplicável, intangível e inquantificável que transforma nossa experiência do mundo.

Dos poetas românticos do passado aos heróis românticos da cultura atual, as características que definem o romântico permaneceram mais ou menos as mesmas ao longo dos séculos: a elevação da emoção sobre a razão e dos sentidos sobre o intelecto; orientação introspectiva e fascínio pelo ego; hipersensibilidade e consciência aguçada de sentimentos e humores; um grande interesse por estranhos e pelo desconhecido; a crença em comunidade combinada com a necessidade de solidão; o reconhecimento do sublime, do misterioso e do sigiloso; uma sensação de respeito pela natureza; a crença na imaginação e na beleza como caminhos para verdades espirituais; e o desejo de se engajar por inteiro em experiências profundas. Unindo todos esses traços está a busca por uma vida mais rica, que transcende os limites da racionalidade, das normas sociais e da consistência cognitiva e emocional, com tudo e todos cheios de significado.[66]

Parece um passeio magnífico. Mesmo assim, nós lutamos. Como transferir essas noções de vida experimental para nossa sociedade de mercado, para nossa cultura transacional de negócios? Por onde começamos?

Como em qualquer jornada, é melhor começar do começo. O que despertava nossa paixão pela vida antes de conhecermos os valores mais "maduros" de dinheiro e poder? Como nossas primeiras experiências de trabalho nos puseram em contato com nossos aspectos mais românticos? Foi o barulho da porta giratória quando você entrou em seu primeiro prédio de escritórios? Ou a sensação do vestido de crepe em suas pernas quando você foi promovida pela primeira vez? Pode ser até que o calafrio do ar-condicionado tenha sido revigorante depois da assinatura de um grande cliente? Para muitas pessoas, essas primeiras emoções há muito estão perdidas. Mas podemos recuperá-las através de nossas memórias, de uma evocação engenhosa. Feche os olhos e volte ao passado: como lhe parecia o trabalho e como ele fazia seu coração bater mais depressa.

PRIMEIROS EMPREGOS, PRIMEIROS AMORES

Durante os últimos anos, em festas, conversas casuais, viagens e em palestras, eu sempre fazia a mesma pergunta: quais são suas primeiras memórias de trabalho? Algumas pessoas respondiam de forma lacônica, outras de forma negativa, mas em sua maioria ponderavam sobre minha pergunta e começavam a sorrir. Eu também sorria ao ouvi-las. Era impossível não ser tocado por aquelas confissões pessoais. Afinal, aquelas pessoas estavam contando histórias do seu primeiro amor.

- *"O som da caixa registradora!"*
- *"O arrepio da concha de pegar sorvete."*
- *"O cheiro de fumaça e gordura em minhas roupas."*
- *"Minhas unhas estavam sempre sujas."*
- *"Sentia-se o cheiro de tinta nos escritórios do jornal."*
- *"As fileiras de linhas em meus diários de contabilidade."*
- *"Manchas de tinta por toda parte."*
- *"Eu sempre tinha feno nos cabelos."*
- *"Cansaço – tanto que rastejava até minha cama."*
- *"Pipoca com manteiga."*
- *"Adquiri um bronzeado engraçado de tanto ficar sentado na doca."*
- *"Empurrar aquele carrinho de três rodas por toda a praia."*
- *"Será que posso ajudá-lo? Um momento, por favor."*

Um banqueiro de investimentos que conheci numa festa em Nova York começou respondendo à minha pergunta de uma forma simples: "Lembro-me de estar interessado no que meu pai fazia." Nossa conversa foi interrompida e pensei que não iria ouvir mais nada dele sobre o assunto, mas ele procurou-me mais tarde. "Estive pensando a respeito da sua pergunta", disse ele. "Isso provocou muitas lembranças." Dias depois falamos por telefone e ele contou-me sua história:

> Quando eu era criança, mal podia esperar para vestir um terno e ir para um "escritório", como meu pai. Todos os dias eu o observava diante do espelho do banheiro de camiseta branca; ele passava Vitalis nos cabelos para alisá-los e a seguir tirava um dos seus dez ternos do armário. Para mim todos pareciam iguais, mas eu sabia que cada um tinha detalhes diferentes. Por dentro, onde mais ninguém podia ver, havia belos forros de seda com cores brilhantes. Ele chamava-os de "sorrisos secretos".
>
> Depois que estava vestido, eu o acompanhava até a porta da frente e punha a pasta em suas mãos. Ele vestia seu sobretudo e botas de borracha sobre os sapatos. Em quase todas as manhãs, fazíamos a mesma brincadeira – um tapinha na mão –, e então eu observava meu pai desaparecer na fria e escura manhã de Connecticut.
>
> O que era aquela terra fantástica chamada "o escritório"? Que espécie de lugar mágico justificaria aquele ritual preciso de vestimenta e conduta? Prometi a mim mesmo que, um dia, eu também iria acordar pela manhã e ir para um "escritório". Entraria para a sociedade secreta dos adultos com um conjunto uniforme de ternos em seus armários. Sairia naquele trem mágico das 7:52 todas as manhãs e seria transportado, junto com meu pai, para a honrada classe dos homens de negócios.
>
> E foi o que fiz. Hoje acordo todos os dias e me apronto para ir ao trabalho da mesma maneira. Meu pai faleceu há cinco anos, mas ainda penso nele quase todas as manhãs. Ainda penso a respeito de todas as maneiras diferentes pelas quais estou levando avante algo de importante a respeito dos seus valores e tradições. O escritório não parece mais mágico, mas meu ritual matinal – e a maneira pela qual ele evoca o espírito do meu pai – certamente parece. Ainda nos aprontamos juntos todas as manhãs. Ambos somos homens de negócios.

Uma mulher mais velha que conheci – uma bem-sucedida diretora de recursos humanos de uma empresa de tecnologia – contou-me, rindo baixinho, sobre as alegrias que sentiu em seus primeiros anos como babysitter:

> Lembro apenas da excitação que senti logo que as três crianças da vizinhança foram finalmente para a cama. Eu fechava a porta, esperava alguns minutos, voltava e verificava, ouvia o som da respiração delas e pronto. Eu tinha a noite inteira: uma noite inteira de "vida adulta". Sentada na sala de estar dos meus vizinhos, esticada no sofá, eu sentia tudo se abrindo, tudo cheio de possibilidades, meu trabalho bem-feito, nada além de promessas para a noite. Era muito bom.

Ela se deteve antes de prosseguir.

> O trabalho era tão simples naquele tempo, mas as recompensas eram profundas. Como isso é possível?

Durante uma viagem, comecei a conversar com um homem que tinha uma oficina de automóveis. Ele contou-me a respeito da primeira vez em que seu pai entrou "embaixo de um caminhão" com ele:

> Eu era pequeno – 5 ou 6 anos. Estava tão escuro lá embaixo e muito silencioso. Sentia-me em paz. Era como se tivesse pousado em outro planeta e olhado em volta e visto tudo como eu quisesse. Eu queria saber como pilotar aquilo. Queria entender o que estava vendo. Lembro-me de sentir que queria muito aprender.

Um policial transformado em detetive particular no Texas contoume a respeito de seu pai, um fuzileiro naval, e de seu tio, um policial de Chicago:

> Policiais, fuzileiros – em todo lado para o qual olhava, via uniformes. Aqueles eram meus modelos. E os uniformes significavam tudo. Eu não tinha certeza sobre o que queria ser. Só sabia que queria vestir um uniforme.

Um mineiro que conheci na Califórnia lembrou a primeira vez em que foi procurar ouro com sua família. Embora até hoje ganhe a vida na indústria de mineração, ele nunca tentou vender as pepitas de ouro que encontrou na infância.

> Eu gostava de procurar ouro; aquilo nunca me pareceu um meio para um fim. E segurar as pepitas prova para mim que fiz tudo aquilo. Gosto de pegar cada pepita e lembrar como a encontrei. Olho para meu ouro e revivo todas as experiências.

Essas primeiras memórias do trabalho podem servir como totens para todos nós. Devemos manter sagradas as noções de trabalho de quando éramos mais jovens e também seu significado. Devemos lembrar como nos sentimos romanticamente insatisfeitos durante todas essas experiências iniciais, como a promessa de mais nos mantinha entusiasmados e engajados.

Esse espírito de insatisfação também costuma faltar em nossas vidas profissionais como adultos. Buscamos um emprego "sexy" numa nova empresa ou uma missão rápida de carreira que equivale a um "romance passageiro". Fazemos grandes esforços para conquistar essas coisas; nós as desejamos e acabamos conseguindo porque elas são atingíveis. Contudo, depois de obtidas, essas aquisições muitas vezes parecem vazias. Como o sedutor com marcas de conquistas na cama, começamos a quantificar qual é mais mágica ou ilusória. O sexo contém a promessa de gratificação instantânea. O romance, porém, é como o "sonho impossível" de Dom Quixote ou a obsessão do capitão Ahab pela captura da Grande Baleia Branca: a caça da insatisfação perpétua, com as metas mudando constantemente.

A diferença entre sexo e romance traz à mente a apaixonada defesa da jornalista Sophie Fontanel da possibilidade de um caso de amor casto com o mundo. Em seu livro *The Art of Sleeping Alone*, Fontanel insinua que os relacionamentos mais românticos do mundo permanecem platônicos.[67] Para Platão, o antigo filósofo grego, o amor é o mais poderoso instrumento dos seres humanos para contemplar a divindade, mas isso não significa que platônico deve ser antierótico. De fato, ele distingue entre "Eros Vulgar" e "Eros Divino", entre uma sexualidade obcecada por si mesma, material e focalizada na atração visando prazer físico e reprodução, e uma sensibilidade erótica mais sublime que transcende os desejos carnais e passa para o reino espiritual.[68] Da mesma forma, Sigmund Freud definiu libido como um desejo pela vida, não pelo sexo.[69] Essas concepções alimentam as revelações descobertas por Fontanel em sua vida amorosa sem sexo:

> Durante os doze anos em que não tive sexo, aprendi muito. A respeito de meu corpo, do papel da arte no erotismo, do poder dos sonhos, da suavidade das roupas, do refúgio e da importância da elegância... Mas aprendi que as pessoas, em sua maioria, querem provar que são sexualmente ativas e isso é tudo.

Eu diria o mesmo a respeito de nossa vida profissional. Queremos provar que "funcionamos" tão bem ou melhor que as máquinas que nos rodeiam em nossos escritórios. Contudo, esse panorama só nos levará a terceirizar ou a que nos automatizemos, quando de fato o maior valor que trazemos para nosso trabalho é nossa capacidade humana de imaginação.

Os estudos de gerenciamento do tempo mostram que o adulto americano médio dedica apenas quatro minutos por dia ao sexo, mas mais de quatro horas a mundos imaginários, mergulhando em livros, filmes, videogames e televisão, ou simplesmente sonhando acordado e fantasiando.[70] Como destaca o psicólogo Paul Bloom em seu livro *How Pleasure Works*: "Nossa principal atividade de lazer é, de longe, participar de experiências que sabemos que não são reais."[71] Nossa imaginação nos leva para outras vidas, outros mundos. Essa é uma postura genuinamente romântica. De fato, Nietzsche, o filósofo alemão, descreveu o romântico como uma pessoa que sempre quer estar em outro lugar.

Quando "saí" para o mundo como um Romântico nos Negócios – defendendo os prazeres da insatisfação –, comecei a conhecer cada vez mais profissionais que "queriam estar em outro lugar" quando estavam dedicados ao aqui e agora. Alguns deles estavam preparados para usar os negócios para explorar suas paixões, enquanto outros encontraram grande energia e inspiração no comprometimento com seus ideais, exigindo que a empresa proporcionasse uma experiência de excelência para seus clientes e também para seus profissionais. Outros ainda estavam usando a empresa para explorar perguntas profundas a respeito da natureza da nossa existência em conjunto, bem como nossas metas comuns.

Na próxima seção irei lhe apresentar sete Românticos nos Negócios trabalhando em todos os aspectos e domínios de negócios. O romântico prototípico do século XIX rejeitava as principais culturas e normas – permanecendo no alto de uma montanha em atitude ferozmente protegida –, mas os Românticos nos Negócios arregaçam as mangas e vão ao trabalho, canalizando seu espírito rebelde e sua paixão para iniciativas e provocações que têm impacto no local de trabalho, na sala do conselho de administração, nas experiências dos nossos clientes e além.

Você pode se reconhecer em muitos ou todos esses retratos. Quer sejam amantes, viajantes a negócios, estranhos, vozes, guardiães, visionários ou crentes, esses Românticos nos Negócios estão em busca de mais. Todos eles estão nos negócios pelo romance.

CAPÍTULO 2

Conheça os Românticos nos Negócios

OS AMANTES

Gastón Frydlewski e Mariquel Waingarten estão apaixonados. Eles se amam, isso está claro, mas também estão cegamente apaixonados pelos negócios. "Tudo começou porque eu não gostava dos cadarços dos meus tênis", contou-me Gastón. Estávamos em 2002 e aquele recém-formado em administração de 21 anos reclamava constantemente deles: os cadarços ficavam feios, amarrar e desamarrar era desajeitado, a uniformidade deles em meio à loucura dos tênis personalizados. Sua frustração com o desenho onipresente no início deixava-o irritado e depois, lentamente, começou a consumi-lo.

Na época, Gastón, nascido em Buenos Aires, estava tentando decidir sua carreira. "Conheci alguns empreendedores e sua criatividade despertou em mim um novo modo de pensar. Eles disseram: 'Se você tem uma boa ideia, o dinheiro vem.' Eu não sabia que aquilo era possível. Descobri que era apaixonado por redesenhar cadarços e decidi investir tudo em minha meta." Mas, com pouco mais de 20 anos, ele carecia de peso para convencer os investidores.

"Eles diziam que eu era demasiado jovem e inexperiente", explicou Gastón. "Achavam que a ideia era maluca e não queriam investir dinheiro em mim. Eu precisava de experiência em negócios."

Em vez de desistir do sonho, ele foi fazer seu mestrado em finanças e depois trabalhou no JPMorgan de Buenos Aires.

"Fiquei em fusões e aquisições por cinco anos – todos os tipos de acordos loucos por todo o mundo, obtendo experiência no mundo real.

Mas, no fim de cada mês, eu sempre reinvestia o dinheiro ganho em meus protótipos, minha P&D para o projeto dos cordões. Eu tinha pequenas metas para me manter comprometido: em meu tempo livre, tentava fazer um pouco toda semana para desenvolver o negócio."

Foi durante esse período que Gastón conheceu Mariquel. Na época ela era dançarina e fotógrafa, havia trabalhado no setor imobiliário e estava ocupada dirigindo seu hotel boutique em Buenos Aires.

Gastón e Mariquel se apaixonaram e logo passaram a viver juntos. Ambos preparados para um grande sucesso em suas respectivas carreiras, eles poderiam ter mantido o curso e gozado uma vida de riqueza e privilégios como tantos dos seus colegas. Mas estava faltando alguma coisa. De acordo com Mariquel, eles queriam "trazer algo para o mundo". Também sentiam-se alienados pela cultura corporativa e pelo que parecia ser – na era digital – um método de P&D e levantamento de fundos cada vez mais bizantino. Sentiam que havia um aspecto mais estimulante nos negócios, mas tinham certeza de que isso não estava acontecendo nos corredores do JPMorgan e de outros conglomerados. Queriam que sua empresa refletisse seus valores e suas opções de vida e não os da corporação.

"Depois de um ano, Gastón e eu estávamos ficando frustrados", lembrou Mariquel. "Ficávamos separados a maior parte do dia. Por que trabalhar tem de significar ficar longe da sua família? E nós dois pensamos: 'Devemos mudar isso.'"

Naquele ponto, depois de oito anos com seus protótipos, os projetos de Gastón para cadarços melhores estavam começando a tomar forma. Com a ajuda de designers profissionais, ele criou uma série de alças semelhantes a elásticos com ranhuras nas duas extremidades. Quando colocadas nos furos destinados aos cadarços, as alças transformavam instantaneamente os tênis em mocassins. O resultado do protótipo foi um tênis com cinco bandas coloridas que criava uma ponte entre os furos dos cadarços – e nenhum arco feioso.

Com um feedback entusiástico sobre os últimos desenhos, Gastón e Mariquel decidiram que estavam prontos para deixar seus empregos e iniciar uma empresa. Depois de se casarem, embalaram tudo para se mudarem para uma nova cidade para o lançamento oficial da sua nova marca de estilo de vida. Em vez de ir diretamente para Manhattan – a "capital da moda do mundo" –, optaram pela energia de um novo movimento empresarial na outra margem do rio. "O Brooklyn estava cheio de pessoas com novas ideias a respeito de como fazer os negócios funcionarem", contou Mariquel. "Aquelas pessoas estavam construindo a sociedade com novas ferramentas e queríamos ser parte daquilo."

Depois de caminhar ao longo da margem do rio no bairro de Williamsburg, no Brooklyn – uma série de fábricas do século XIX, anteriormente decrépitas e agora transformadas em elegantes espaços industriais e estúdios –, o casal sabia que havia encontrado um lar.

Em 2011, a nova marca foi lançada, impregnada pela inspiração e por mais de dez anos de dedicação, mas principalmente pelo romance. O casal deu-lhe o nome de HICKIES.

Negócios com revolução não são para os fracos de coração. Os dois empreendedores trabalharam sem parar durante aquele primeiro ano, tentando até mesmo algumas iniciativas do manual de negócios da "velha escola". Reuniram-se com inúmeros varejistas para discutir a venda de HICKIES em lojas, mas foram recebidos com indiferença ou com ofertas de um modelo de negócios totalmente insustentável. "Os varejistas nos disseram: 'Isso não vai funcionar' ou 'Dê-me 70% do seu lucro'", lembrou Mariquel. "Nós dissemos: 'Por que alguém de uma loja de tijolos e reboco – do mundo antigo – nos diz como serão as coisas?'"

Em vez disso, o casal afastou-se das formas mais tradicionais de varejo e investimento e voltou-se para uma nova forma de financiamento pela multidão. Em 2011, a Kickstarter – uma plataforma de software que possibilita que artistas e empreendedores levantem dinheiro para seus projetos – estava se tornando popular. O casal passou mais de três meses criando sua campanha.

A HICKIES foi lançada na Kickstarter em maio de 2012. No primeiro dia, levantaram 25 mil dólares. Quando encerraram a campanha 45 dias depois, eles haviam conseguido 160 mil. No total, 4 mil investidores – comprando 10 mil caixas de HICKIES – decidiram apoiar o modelo de negócios. Depois do sucesso do lançamento, a varejista Brookstone convidou o casal a começar a vender em suas lojas. Entre outubro e dezembro de 2012 – menos de três meses – eles haviam vendido 200 mil caixas. Em seu primeiro ano de atividade, a HICKIES já havia superado o ponto de equilíbrio.

Hoje, somente dois anos depois, a empresa levantou 4,2 milhões de dólares, aumentando suas operações para incluir uma subsidiária europeia e exportando 1 milhão de caixas do seu sistema de amarração para 14 países diferentes.[1]

"Eu canalizo minha criatividade através dos negócios; é assim que me expresso", disse Gastón. "Porque, afinal de contas, negócios são apenas mais um meio de 'expressão'."

OS VIAJANTES DE NEGÓCIOS

Em outubro de 2012, os artistas e empreendedores Emily e Adam Harteau pegaram alguns pertences pessoais e também Colette, sua filha de quase 2 anos, e deixaram Los Angeles na sua Kombi. O plano era simples: ir para o sul. Eles começaram explorando a Baja Califórnia e o México e depois foram adiante, até a América Central e do Sul. Exceto por breves intervalos na Califórnia e no Havaí para visitar parentes e amigos, dedicaram mais de dezoito meses a uma vida de aventura e ao desconhecido. E não pensam em parar. Sua filha já chama a Kombi em que vivem de lar e adormece tranquila ao som do motor.

A viagem deles remonta aos anos 1960 e 1970, quando essas jornadas eram tão emblemáticas do movimento de contracultura na Califórnia. Emily e Adam cresceram viajando e acampando – Adam passou grande parte da sua infância em um ônibus escolar recuperado viajando pela Costa Oeste dos Estados Unidos –, assim, aquela jornada era uma reconexão com suas infâncias.

Porém, o que torna a história diferente é a maneira pela qual a família Harteau está usando comunidades de mercado simpatizantes para financiar sua viagem. Emily e Adam documentam sua vida na estrada através do Instagram: Adam é fotógrafo e suas imagens apresentam uma vida glamorosa de noites passadas sob as estrelas e dias de exploração dos lugares selvagens encontrados pela família. Emily atualiza o blog com comentários sobre as viagens e hoje está trabalhando em um livro de culinária baseado nas suas experiências como cozinheira. O romântico projeto de vida da família Harteau reuniu uma grande audiência, enquanto pessoas presas a mesas de trabalho e ansiosas por viajar aguardam impacientes por notícias das mais recentes aventuras da família. Em nossa era de Starbucks por toda parte, laptops na praia e smartphones na cama, as andanças da família Harteau oferecem uma alternativa subversiva e convincente à boa vida.

Os negócios tornaram tudo isso possível. Antes da sua jornada, a família iniciou uma campanha Kickstarter para levantar fundos para a vida na estrada. Quando seus recursos terminaram no meio da viagem, usaram sua comunidade on-line para iniciar uma série de promoções-relâmpago – apelidada de Bazar 24 Horas – que oferecia aos seus seguidores uma oportunidade para aderirem ao projeto comprando peças de artesanato locais. (A venda mais recente oferecia tapetes tecidos à mão das viagens da família pelo interior do Peru.)

"Os negócios não faziam parte da equação original", contou-me Emily. "Mas tornaram-se uma parte essencial da fórmula para que pudéssemos continuar a vida na estrada."

Em vez de ser um meio para um fim – negócios para ganhar dinheiro –, esses tornaram-se parte integral da jornada. De fato, os Harteau descrevem as trocas com o mercado como alguns dos mais poderosos aspectos de formação de comunidades de todo o projeto.

"O Bazar 24 Horas permitiu que nos conectássemos com muitas pessoas que, caso contrário, não teríamos conectado: artesãos nos convidaram para suas casas, dividimos refeições, nossos filhos brincam; temos um bom relacionamento com muitos clientes. Somos continuamente contemplados pelo interesse que recebemos de todo o mundo", disse Emily.

Assim, é adequado que os Harteau tenham batizado seu projeto de família de Nossa Estrada Aberta. O modelo de negócio deles nos faz lembrar de nossas noções nostálgicas de viagem do passado, algo que Emily descreveu como "um equilíbrio moderno entre consciência cultural, respeito e compreensão pelos lugares que visitamos".

Talvez nada seja mais nostálgico do que o veículo que os está transportando pelo mundo. A Kombi VW é tão reverenciada como marca que gerou inúmeros blogs de viagens, artigos, mercados clandestinos, vídeos no YouTube e cartas de amor na forma de clubes e sociedades de fãs.

Emily concordou: "O peso visual de nosso lar sobre rodas é certamente o elemento mais nostálgico da nossa jornada. Mas o projeto inteiro está no espírito de reexaminar o Sonho Americano."

Nossa noção convencional do Sonho Americano vai da pobreza ao sucesso, da propriedade a um papel como cidadão reconhecido na comunidade; a jornada da família Harteau, por outro lado, imagina o sonho em reverso. Reduzindo a função dos negócios aos seus elementos mais essenciais – o capital cultural é a única coisa que se acumula –, o projeto nunca pode crescer em escala. Nossa Estrada Aberta existe inteiramente no aqui e agora: não há plano quinquenal nem plano estratégico; não existe crescimento estratégico. Em alguns casos, um negócio familiar precisa permanecer na família.

"Para nós como família, negócios e aventura não são mutuamente exclusivos", disse Emily. "Eles estão entrelaçados."

A ESTRANHA

Alexa Clay considera-se uma desajustada no mundo dos negócios. Depois de concluir seu mestrado em história econômica em Oxford aos 30 anos, ela estudou modelos de empreendedorismo social com a ONG Ashoka, o que levou ao desenvolvimento de um movimento que ela e sua sócia Maggie De Pree chamaram de "Liga dos Intrapreneurs". Alexa sentiu-se imediatamente atraída pelos intrapreneurs que conheceu – pessoas que tentavam fazer trabalhos de inovação social a partir de dentro de grandes corporações e começou a explorar as estratégias e táticas usadas por esses tipos de desajustados para questionar ortodoxias e culturas conformistas. Hoje, todos os seus projetos de amplo escopo – recentemente, ela concluiu seu primeiro livro, *The Misfit Economy*, e está envolvida em atividades como desempenhar o papel de "Amish Futurista" em conferências de tecnologia – são possibilitados pela sua posição como estranha, pessoa "de fora". Ela é uma provocadora genuína, uma eremita que se mistura com as pessoas e vê as coisas de uma perspectiva diferente e revela possibilidades para mudanças.

"Como cenário etnográfico, os negócios sempre foram uma coisa estranha para mim", contou-me ela. "Para mim, ainda é estranho ver o terno e a gravata e o ambiente mais conformista. As pessoas com quem sempre me identifiquei estão trazendo suas personalidades de estranhas para suas identidades corporativas. Isso é o que lhes permite inovar."

A inovação provocada por estranhos nunca foi mais importante, diz ela. À medida que fazemos o paradigma mudar dos centros de comando e controle dos modelos de capitalismo do século XX – corporações do trabalho em fábricas e burocracias de colarinho-branco – de volta para mercados entre pares compatíveis com indústrias caseiras, mais oportunidades de autonomia, criatividade e romance vão se abrindo. O trabalho de Alexa pretende despertar as pessoas para as possibilidades de experiências mais ricas e profundas dentro da cultura de negócios. "Precisamos reaprender a ser humanos dentro de nossas organizações", insiste ela.

Essa não é uma posição livre de controvérsias. Afinal, trazer mais humanidade para o local de trabalho nos deixa mais vulneráveis. Estamos nos colocando em risco de uma cooptação em grande escala de nossos valores culturais. Alexa chega a citar o exemplo de Henry Ford, um "capitalista horroroso", como ela o chama, que tentou criar no Brasil uma comunidade industrial utópica que misturava as agendas capitalista e socialista: "Ele invadia a vida privada dos seus trabalhadores. Proibia vícios como fumar e beber. Encorajava determinadas opções de estilo de vida. No Brasil, as pessoas se revoltaram. O assentamento criado por ele fracassou."

Contudo, apesar desse exemplo, Alexa afirma que esse é o momento exato para se assumir um risco. Nossas vidas já estão tão invadidas pelos valores normativos do capitalismo que a única opção é nos revelarmos inteiramente dentro da principal cultura de mercado.

É fácil imaginar como um empreendedor usando Kickstarter ou Etsy poderia fazer funcionar seu ego da melhor forma possível. Afinal, seu trabalho é paixão tanto quanto é salário. Mas Alexa também está tentando catalisar a agenda romântica do estranho na cultura corporativa tradicional. Seu trabalho com a Liga dos Intrapreneurs é uma ferramenta forte: "A Liga começou basicamente com vinte conversas com pessoas diferentes dentro de empresas enormes. Tive uma conversa de uma hora com cada uma delas e isso deixou-me literalmente elétrica. Elas estavam comprometidas com o trabalho naquelas empresas e foi assim que optaram por causar um impacto sobre o mundo."

Alexa e sua sócia Maggie criaram espaços para que aqueles executivos se conhecessem e partilhassem estratégias. Esses eventos dão aos intrapreneurs a oportunidade de trocar histórias a respeito das maneiras mais eficazes para implantar mudanças dentro de organizações maiores, inclusive conversas a respeito das alavancas corporativas de poder e de encontrar causas comuns com os membros mais conservadores da alta direção. Mais importante, a Liga permite que os intrapreneurs criem laços de camaradagem com seus colegas estranhos.

"Existe uma necessidade real de conectar os intrapreneurs, porque eles se sentem isolados de outras pessoas semelhantes. Por exemplo, Dave British, gerente de sustentabilidade social da Ford Motor Company, pertence à terceira geração de sua família na indústria automotiva – seu avô trabalhava na linha de montagem da Ford –, contudo, vê um futuro diferente para a empresa. Ele está tentando fazer com que ela pense além da fabricação de carros e adote um modelo de negócios de soluções para a mobilidade. Isso requer esquecer o modelo de 2,2 carros por família e trabalhar no sentido de serviços mais adequados à densidade urbana e de iniciativas mais sustentáveis em termos ambientais, como a partilha de carros", contou-me Alexa.

Permanecer fiel à sua vocação – em especial dentro de uma grande corporação – nunca será fácil. De acordo com Alexa, pessoas como Dave British são naturalmente apaixonadas e tenazes, mas muitas delas precisam de qualidades gerenciais para se comunicarem com altos executivos: para justificar projetos com um sólido quadro financeiro e mostrar como iniciativas como essas poderão crescer e ser integradas na organização como um todo.

Do executivo da Vodafone que identificou uma fonte externa de financiamento para criar o M-Pesa, a hoje onipresente solução móvel para serviços bancários na África Oriental, aos funcionários da Exxon-Mobil que trabalham em busca de soluções energéticas alternativas, aos executivos do Morgan Stanley que desenvolvem programas de microfinanças: os intrapreneurs – estranhos de dentro – estão trazendo suas grandes visões para mudanças sociais nos escritórios.[2]

"Se todos nós pudéssemos respeitar nossos egos desajustados, como seria a economia?", perguntou Alexa. "Em que as coisas seriam diferentes?"

A VOZ

Como diretora editorial do Twitter, Karen Wickre é a artífice oficial da palavra – e a voz – da empresa. Essa posição requer um ouvido astuto para a linguagem, mas também um senso inato de estilo. Karen sabe como tomar a temperatura da cultura do Twitter e responder de forma adequada.

"Geralmente eu tenho um bom senso de pelo que me esforçar em cada comunicação em qualquer formato", contou ela. "Algumas mensagens são inspiradoras, outras apelam para uma ação específica, outras ainda devem transmitir informações técnicas com clareza e algumas são para provocar. Conheço as diferenças e trabalho para garantir que nossas várias comunicações mostrem isso ao pessoal."

Karen assumiu essa recém-criada posição de diretora editorial em outubro de 2011. Na época a empresa já tinha cerca de setecentos funcionários e "carecia de uma voz unificada", disse ela, que recebeu a incumbência de criar coesão para todas as interações sem esmagar a cultura aventureira e de baixo para cima do Twitter. Hoje uma parte desse trabalho envolve o gerenciamento de uma rede de mais de 15 blogs, encontrar o formato correto para contar uma história a respeito de notícias ou produtos da empresa. Por exemplo, em esforços para alívio de desastres, como no caso do Super Tufão Haiyan, que assolou as Filipinas no final de 2013, ela usou o blog de Serviços Internacionais da Twitter para transmitir informações vitais aos sobreviventes.

"Não há dois dias exatamente iguais", contou Karen. "Minha equipe abrange várias funções inclusive a editorial, nossa iniciativa de mídia social, comunicações internas, oportunidades para falar a toda a empresa e projetos de guerrilha." Dessa maneira, o trabalho de Karen como voz unificadora nada tem a ver com a fixação de regras ou o papel de guardião oficial dos canais de comunicação. "Isso não seria possível, nem desejável", disse ela. Seu trabalho é mais semelhante àquele do chef de um grande restaurante, de orquestrar a preparação das refeições na cozinha.

Toda essa inventividade espontânea não seria possível sem a formação de Karen em artes liberais. "Não passa um dia sem que eu aplique minha formação ao trabalho", disse ela. Karen acredita que sua formação em humanidades – literatura, arte e história – moldou sua perspectiva sobre a natureza humana. Mais importante, essa formação requereu uma qualificação excelente em redação, o cultivo do gosto por assuntos literários e oscilações tonais. "A formação em humanidades pode servir para tudo, de citações literárias a precedentes históricos", salienta ela. "Sempre haverá necessidade de pessoas que podem escrever, pensar e sentir."

O Twitter pessoal de Karen (@kvox), repleto de curiosidades, sensibilidade artística e fantasia, oferece um retrato fiel da trabalhadora em tecnologia treinada em artes liberais. Ela diz "Amém" a um lembrete para não dizer "blog" quando deve dizer "blog post", tece comentários sobre *House of Cards* e outros grandes programas de TV e observa de forma perspicaz a versatilidade de outros usuários no Twitter ("Gosto de ver como você amplia sua rede até mesmo em seus tweets.").

Como artífice da indústria de tecnologia ao longo dos últimos e tumultuados trinta anos, Karen, hoje com 62 anos, é grata por sua perspectiva sobre a cultura da tecnologia. "Um dos maiores benefícios da idade é que posso me maravilhar. Posso desfrutar coisas a respeito da indústria que meus colegas, na sua idade, não podem de fato apreciar." Ela expressa uma sensação de prazer e surpresa na maneira pela qual sua vida se desenrolou. "Eu nunca teria previsto que iria trabalhar em tecnologia por tanto tempo", disse ela rindo. "Eu era formada em artes liberais: eu não tinha um plano!"

Ela iniciou sua carreira na Media Alliance, uma organização sem fins lucrativos, e isso levou-a, nos anos 1990, a criar publicações impressas e conferências que exploravam a nova tecnologia da internet. Depois de posições em redações de revistas de consumo como *PC World* e *Computer Life* e de consultoria na Sun Microsystems, ela ouviu falar a respeito de uma nova empresa de tecnologia que estava revolucionando a busca na internet. Karen ficou imediatamente intrigada e agarrou a oportunidade quando o Google, antes de abrir o capital, lhe ofereceu um emprego em 2002. Ela descreveu a empresa como "surpreendente" e "de mudar sua vida", termos impressionantes vindo de uma mulher não facilmente seduzida pelo canto de sereia da cultura da tecnologia. Karen ficou entusiasmada com o escopo dramático das ambições do Google, com o senso de aventura da empresa e seu impulso para a excelência.

Lá ela passou nove anos como "autora" digital, supervisionando mais de 150 blogs e, mais tarde, passou a ser a presença oficial da empresa no Twitter. Em busca de novas aventuras e surpresas – ela gosta de chegar ao trabalho pela manhã só para poder "descobrir o que aconteceu durante a noite" –, Karen passou para sua atual posição no Twitter. Enquanto espírito expansivo do Google e escala das suas capacidades revolucionárias, o Twitter faz com que ela dê valor à beleza transcendente de uma conversa de 140 palavras.

Ela se refere aos "momentos só no Twitter", em que pessoas e suas diversas esferas culturais colidem através da plataforma. Essas colisões sociais são típicas daquilo que os linguistas descrevem como comunicação "fática": a comunicação por uma questão de comunicação. O Twitter troca informações disseminadas – por exemplo, no caso de ajuda em desastres –, mas, com frequência, é só conversa fiada. O Twitter gosta dos prazeres das tiradas espirituosas, provocações e de alguma intimidade. O que torna a plataforma sem precedentes é que a conversação está acontecendo no palco global. Quando Bill Gates dá boas-vindas a Warren Buffett no Twitter, e Bill Clinton intervém rapidamente perguntando: "Por que você levou tanto tempo?", a troca de farpas se dá em público.

"Nunca houve um veículo como esse para autoexpressão radical, informação em tempo real e mistério", disse Karen. "Tudo isso é verdade devido a um fator central: os seres humanos movem o Twitter – e eles são misteriosos, sinceros, infinitamente criativos e criaturas de comunidades", disse ela.

O Twitter provê mais de 250 milhões deles com uma plataforma que faz suas vozes serem ouvidas. Assim, faz sentido que uma pessoa formada em humanidades como Karen esteja no comando, garantindo que a voz da empresa também soe humana.

Embora o Twitter seja certamente o veículo do momento, Karen não tenta fazer prognósticos. Quem sabe o que o futuro irá trazer? "Empresas da internet não fazem planos quinquenais!", disse ela. Essa constância de mudanças – um marco da indústria de tecnologia – criou um lar improvável para alguém como Karen. Como cultura, essa indústria não é propensa a cavar no passado – "Não somos nostálgicos a respeito dos velhos tempos. Se eu trabalho em tecnologia, a história ainda não está escrita; não está nem terminando" –, contudo, ela oferece momentos inesperados de comoção. Quando Karen reflete sobre o ritmo das realizações tecnológicas, tem uma sensação de assombro. Ela sente o drama humano, a maneira pela qual a constante inovação da tecnologia nos empurra para além de nossas limitações e no sentido de um futuro insondável.

"Eu estava em um evento comemorativo dos trinta anos de lançamento do Macintosh, em que havia muita gente de meia-idade. Havia um sentimento nostálgico – 'Estávamos lá no início' –, mas não eram saudades do passado, porque o outro sentimento reinante na sala era: 'Naquele tempo, tudo era tão primitivo!' É incrível o quanto fomos longe. Tudo que podemos fazer é ficar maravilhados."

O GUARDIÃO

Ansgar Oberholz é uma dessas pessoas que parecem estranhamente conhecidas, que deixam qualquer um à vontade instantaneamente. Com

42 anos, ele é o guardião espiritual do recente boom de novas empresas em Berlim e o verdadeiro coração no centro da cultura de negócios da cidade. Empreendedor com extensa experiência na indústria criativa, Ansgar fundou há nove anos o St. Oberholz, um café no Berlin Mitte, o centro nervoso da cidade. O fato de o café ter seu sobrenome indica o quanto o empreendimento é pessoal para ele. Um cartaz fora do café diz NEM TODAS AS VACAS PODEM SER ORDENHADAS e, no início da apresentação que fez para mim, ele insistiu que os fundadores das empresas em Berlim não estão atrás do dinheiro. "É a chance de contato com empreendedores com ideias semelhantes para criar uma cultura, a cultura *deles*", disse ele. Em contraste com centros de novas empresas como o Vale do Silício, o Beco do Silício (Nova York), a Rotatória do Silício (Londres) e a Praia do Silício (Los Angeles), Berlim ainda não conta com sua própria marca cativante e quer mudar isso. Em vez da mais recente rodada de capital de risco, a cena em Berlim exibe seu senso de comunidade, seu estilo de vida. Berlim, ao contrário do restante da Alemanha, é uma cidade em que o fracasso é permitido; na verdade, é um emblema de honra.

Ansgar contou-me: "Vejo Berlim como o laboratório para política e economia e o St. Oberholz faz parte desse laboratório. Em meio a todas essas mudanças, as pessoas ainda estão aqui e continuam tendo ideias."

A vida nem sempre é fácil em Berlim (A VIDA NÃO É UMA FAZENDA DE PÔNEIS, diz um cartaz no café St. Oberholz) e isso é palpável nos invernos berlinenses, mas a sobrevivência também não é particularmente difícil, devido ao baixo custo de vida, em comparação com outras capitais europeias. Num país que se sente muito melhor dizendo não do que sim, o metabolismo rápido de Berlim e seu gosto por ação são ao mesmo tempo assombrosos e inspiradores.

O próprio café St. Oberholz, com seu estilo retro, é a mãe dessa nova vibração de Berlim. Quando foi aberto em 2005, ele tornou-se instantaneamente o lar da comunidade local de novas empresas, mas também de jornalistas e artistas. Hoje é um clube aberto a todos, combinando o charme do velho mundo com vigor da nova economia, graça com ritmo e impulsos literários com tino comercial. Essa confluência especial de culturas se manifesta na rica história do próprio prédio do café. Os irmãos Aschinger, do século XIX, famosos empreendedores alemães em gastronomia, tinham um restaurante de dois andares no local do St. Oberholz que veio a se tornar um ponto popular para o cenário artístico e cultural de vanguarda de Berlim. Ansgar foi atraído pela história e pelo "espírito do lugar". "É preciso respeitar a história de um lugar quando se constrói uma coisa nova", disse ele.

No térreo e no primeiro andar o St. Oberholz é um café, com mesas espartanas e um amigável bar-café, uma anomalia numa cidade em que às vezes os motoristas de táxi recusam serviço se o destino é perto demais ("Você pode caminhar até lá!"). No segundo andar, ligado por uma escada magnífica, o prédio abriga várias salas para sublocação, nas quais até quarenta pessoas podem passar seus dias de trabalho. Um confuso conjunto de cabos pende do teto, para que os usuários possam plugar rapidamente seus notebooks. Os alemães chamariam isso de *Kabelsalat* (salada de cabos) – o arranjo não parece eficiente, mas é; além disso, ele dá ao espaço certa aspereza, bem típica de Berlim. As paredes apresentam desenhos a giz que imitam o caráter simplista de infográficos e uma falsa transitoriedade, com o giz coberto por um verniz protetor. Ele serve de metáfora para Berlim e para lugares como o St. Oberholz: aquela alegre reocupação da história através de meios artísticos, a coexistência de carga histórica e irreverência juvenil. Como seu fundador, o St. Oberholz não está tentando ser descolado. É um lugar honesto cheio de ironia amigável.

"Tento lembrar por que começamos tudo isso", disse Ansgar. "Aquele momento mágico em que eu disse: 'Preciso fazer isso! Preciso assumir esse risco!' Estou sempre tentando voltar para aquele lugar até hoje, nove anos depois. Delego o máximo que posso e isso me ajuda a manter as coisas românticas. Se você faz tudo sozinho, mata de uma vez o romance."

Ansgar está profundamente inserido no mundo de incubadoras e avaliações; contudo, como o Grande Gatsby, imagina um "sonho incorruptível". Ele não é um sonhador ingênuo, nem cético, nem idealista. Ele é um Romântico nos Negócios.

"O coração é muito importante", disse ele. "Não há muitas perguntas que se podem responder com uma calculadora. Meu coração diz: 'Devemos achar um local diferente', e então devemos fazer um plano e verificar se os números dão certo. Há muita tensão entre a calculadora e o coração, mas no plano estratégico você necessita de ambos."

E quando você o vê andar pelo café e conversar com seus clientes, tem de fato a impressão de que seu coração está aberto. Todas as ideias nascidas no St. Oberholz são dele, mas mais como partes de uma exibição imaginária da qual ele é o curador temporário do que como "ativos" de sua propriedade. No website do St. Oberholz, Ansgar produz um blog com avisos de "achados e perdidos", cada um começando com a frase: "Ontem alguém esqueceu..." Ele então descreve os itens esquecidos com muitos detalhes: um guardanapo com um número de telefone para "o belo garçom de camisa preta", um anel deixado para trás por um casal depois de uma grande briga, ou ingressos para ver uma aparição do papa no estádio olímpico de Berlim.

Ansgar também fundou uma editora que publica livros de nicho para "não leitores", os quais podem ser lidos "durante reuniões, no trem, ônibus, avião, no banheiro, na cama, durante sexo rotineiro, na pista de dança, em vez de tentar conversa fiada". Há alguns anos, Ansgar contou a história do St. Oberholz em um livro de não ficção, que foi recebido com muitos elogios na Alemanha, "mas não vendeu bem", como ele admite com um sorriso. Não se pode tirar leite de todas as vacas.

O VISIONÁRIO

Priya Parker, 31 anos, lembra exatamente onde estava quando teve uma crise de saúde. "Depois de concluir um estágio de verão muito competitivo, desmaiei no avião", contou ela. Priya, na época matriculada na Harvard Kennedy School e na Sloan School of Management, do MIT, estava sofrendo de exaustão extrema e estava perdendo contato com as ideias e os projetos que lhe davam energia. Seu corpo e seu espírito simplesmente não aguentavam mais. Quando foi a um médico, ele lhe disse:

"Você 'guerreou' nos últimos dez anos e seu exército simplesmente está sem suprimentos."

"Parecia que quase todos os inscritos em meu programa de dupla graduação queriam trabalhar na McKinsey ou no Goldman Sachs quando se formassem", lembrou Priya. "Mas eles não iniciaram o programa com essas metas."

"Comecei a sentir que também queria aquelas coisas, mas elas na verdade não me faziam vibrar. Havia uma enorme pressão sutil para que eu buscasse esses dois empregos, como se fossem a única forma de ter sucesso." Ela prosseguiu: "A cultura e os hábitos de muitas daquelas instituições contrariavam meu modo de ser. No MIT, todos os edifícios eram conhecidos por seus números (E-52, E-53 etc.) e não por seus nomes. Nunca consegui me lembrar do nome de nenhum deles, mesmo depois de um ano. Dar a um edifício um número em vez de um nome era contrário à maneira pela qual minha mente lembrava e a tudo que eu valorizava."

O médico de Priya sugeriu que ela deixasse os estudos de lado por algum tempo e se concentrasse na cura do seu corpo e refizesse contato com aquilo que lhe dava prazer. Nos quatro meses seguintes, ela não se permitiu fazer nenhum plano. Em vez disso, praticou viver momento a momento – uma coisa difícil para uma estudante e trabalhadora de alto desempenho. Quando sentia um desejo genuíno de trabalhar ou ler, ela o fazia. Quando sentia aquela sensação familiar de obrigação ansiosa – o sentimento de "preciso fazer isso" –, ela se forçava a deixar de dar ouvidos àquilo. Como consequência desse cuidado, conseguiu recuperar a saúde ao longo dos quatro meses. A ideia por trás daquele período era que ela se conectasse com aquilo que realmente quisesse e em que acreditasse, e aplicasse seus talentos e qualificações a esses itens. Em pouco tempo os dias se moldaram em torno do compromisso renovado dela com dançar, passar mais tempo com amigos e, mais importante, um conjunto único de qualificações que ela vinha perseguindo entre seus estudos: a imaginação.

Priya contou-me: "Em meus primeiros sete anos depois de formada, envolvi-me profundamente com resolução de conflitos, relações raciais e diplomacia, aqui nos Estados Unidos e também na Índia e no Oriente Médio. Isso levou naturalmente ao meu interesse por ajudar outras pessoas a articular uma visão para seu futuro."

Ela iniciou seu trabalho com colegas e amigos, criando uma experiência que lhes permitia articular metas e paixões. Durante sua licença de quatro meses da escola, ela se deu conta de que aquele trabalho era de fato a fonte do seu maior entusiasmo e senso de propósito. E decidiu que iria usar o tempo livre em seu programa de dois cursos estudando para tornar-se mestre na prática de visões.

"Consegui redefinir meu programa em um conjunto de aulas focalizadas no desenvolvimento de meus talentos. Usei todo o meu treinamento anterior em diálogo sustentado e resolução de conflitos e comecei a fazer cursos de tudo, de 'presenciamento' a relacionamentos entre gerações, orçamentação, transformações na sociedade e política."

Mas a conquista do domínio não é só uma questão de estudar. Priya sabia que a parte mais importante da sua empreitada era a prática. Por isso, fazia o máximo possível de "laboratórios de previsão". Durante o ano, ela realizava um laboratório em seu apartamento quase todos os dias, das três da tarde às sete da noite.

"Dê-me três ou quatro horas numa sala e eu sei exatamente o que quero fazer", disse Priya. "Tenho um talento específico." Durante aquele tempo, ela começou a ser procurada por organizações locais para aplicar aquele talento a equipes e empresas.

No fim, sua tese de mestrado foi sobre os colegas de classe: membros da Geração Y em busca de dois mestrados – administração e política – como uma procuração para as pessoas de sucesso da próxima geração. Em conjunto, seus entrevistados tendiam a ser de mais de uma raça ou multiculturais, com mentalidade internacional e de muito sucesso. "Eles têm senso de direção", disse Priya, "mas temem se comprometer com qualquer coisa." Ela descreveu o temor deles como FOMO, ou Fear-Of-Missing-Out [Medo de Perder], porque estão sempre à espera da melhor opção. Como disse um colega: "Escolher uma porta significa que todas as outras se fecham e não existe a possibilidade de voltar desse caminho. Assim, em vez de cruzar qualquer porta, é melhor ficar no saguão e esperar." A meta daquele grupo era "otimizar" para tudo e não se comprometer com nada.

Hoje a carreira de Priya cresceu e se desenvolveu na sua empresa, a Thrive Labs, e ela ainda vê variações do mesmo tipo – otimizadores e otimizadores recuperadores – em quase todos os seus clientes.

"Quando a pessoa identifica aquilo que é realmente importante para ela, pode fazer grandes avanços", contou ela. "Mas muitas pessoas com as quais trabalho se esqueceram – ou se desligaram – dos momentos da vida que as fizeram plenamente vivas."

Até esta data ela conduziu centenas de laboratórios de visualização, com organizações e líderes, no mundo inteiro. Além de conversações, Priya também leva exercícios para seus laboratórios, como redigir, mapear teorias de mudanças e cognição incorporada: ajudando seus clientes a sentir a conexão entre seus estados físico e mental.

Todo laboratório por ela conduzido é movido por uma única pergunta: qual é a maior necessidade no mundo que você teria paixão e capacidade para satisfazer? De acordo com ela, essa pergunta pretende levar os clientes à ação. A conclusão de cada laboratório é um manifesto pessoal cuidadosamente elaborado: uma declaração de visão para pessoas e organizações movidas por propósitos.[3]

"Passamos a maior parte das horas em que estamos despertos no trabalho", disse-me ela. "Devemos construir líderes e organizações que tenham profunda clareza sobre por que estão fazendo aquilo que fazem e o incorporem no centro do seu trabalho." Para fazer isso de forma eficaz, Priya se esforça para identificar os obstáculos enfrentados. Uma vez que a pessoa ou empresa articule um senso de propósito, os exercícios do laboratório revelam os impedimentos à realização. Os dois maiores vilões costumam ser o uso impensado de tecnologia e a priorização da produtividade sobre o propósito.

Precisamos questionar todos esses hábitos, disse ela, em especial quando nos sentimos esgotados ou sem inspiração. Afinal, algumas experiências têm maior significado quando estão longe de ser otimizadas, são ineficientes e até mesmo improdutivas.

O CRENTE

Scott Friesen, 40 anos, é diretor de critérios do consumidor e de análises de marketing da Ulta Beauty, uma varejista de cosméticos e produtos de beleza sediada na área de Chicago. Sua especialidade, análise de dados, dificilmente poderia ser considerada romântica. Mas, quando lhe descrevi o perfil do personagem, ele disse: "Sou eu!" Ele se lança ao trabalho, abrangendo novos funcionários, novos clientes, novos projetos e novas ideias. Recusa-se a sucumbir à política de olho por olho na empresa e a outros mecanismos transacionais. Para ele, o trabalho é uma tentativa para conectar seus funcionários e clientes a uma experiência de excelência.

Em 2004, recém-formado pela Columbia Business School, ele começou sua carreira com uma posição na grande varejista Best Buy em Minneapolis. Embora inicialmente não aspirasse ser um executivo corporativo, apaixonou-se por sua nova empresa. "Quando fui pela primeira vez à Best Buy, vi que era um lugar pelo qual valia a pena lutar", contou-me ele. "Era uma cultura igualitária: não definida pela educação ou pela experiência passada, mas pela contribuição do indivíduo. Acredito no capitalismo, é claro, mas ele tem que ser usado 'a serviço de' alguma coisa maior. Dentro do sistema dinâmico da Best Buy, isso era real."

Porém, ao longo de quatro ou cinco anos, o ambiente na Best Buy começou a mudar, tornando-se "mais transacional", lembrou Scott. A empresa estava lutando para deixar de ser uma varejista de lojas físicas para tornar-se uma distribuidora on-line. Embora a Best Buy tivesse um histórico de forte atendimento ao cliente, sua alta direção começou a focalizar, de forma míope, o curto prazo. A meta era menos a respeito de acrescentar valor real ao consumidor e mais de cumprir o resultado trimestral. Essa mudança refletiu-se na cultura da empresa. Quando Scott lá chegou, gostou da celebrada tradição da Best Buy de dar opções de ações aos funcionários que trouxessem as ideias mais inovadoras, independentemente da posição.

"De um momento para outro, simplesmente interromperam a doação de opções de ações, sem avisar nem dizer algo a esse respeito", disse ele. "Mais tarde, foi revelado que uns poucos executivos receberam pacotes de compensação de milhões de dólares."

De acordo com Scott, as mudanças no ambiente da empresa foram dramáticas. "O ambiente passou de 'estamos todos juntos nessa' para 'não estamos nem aí. Vocês estão nessa sozinhos'. A mensagem era clara: algumas pessoas irão receber milhões de dólares e muitos de vocês irão perder seus empregos."

Scott contou que naquele momento começou a reavaliar seus compromissos, a rever seu discurso. Perguntei se ele havia se tornado cético a respeito da empresa, das empresas americanas, considerando que aquela era sua primeira experiência depois de formado.

"Oh, não!", respondeu ele. "Mesmo hoje, acredito totalmente na experiência que a Best Buy pode trazer aos seus clientes. Quando um estudante tem um trabalho acadêmico atrasado, faltam oito horas até começar a aula e o disco rígido do seu notebook trava, é verdade que ele pode chamar a equipe de suporte da Best Buy – e eles podem tirar seu trabalho do disco. Quer permitamos que um soldado converse com sua família pelo Skype, ou que uma família assista junta a um filme, as experiências criadas pela Best Buy são reais quando são bem-feitas."

Scott vê o potencial de manter sua indústria e a si mesmo nos mais altos padrões. Ele acredita que todos nós merecemos negócios "bem-feitos". Porém, diante das mudanças na empresa, seu amor pela Best Buy desapareceu. Ele voltou seus ideais para excelência, honra e lealdade para com os membros da sua equipe e seus colegas.

"Eu ouvia com frequência que quando os homens iam para a guerra, iam por ideais de patriotismo, mas permaneciam pela pessoa à sua direita ou esquerda. Eu sentia o mesmo, em sentido menos dramático, a respeito do meu trabalho. Eu não estava mais lutando pela Best Buy; estava lutando pelas trinta pessoas da minha equipe, pelo meu chefe e todas as pessoas que trabalhavam abaixo de nós."

Finalmente Scott decidiu trocar a Best Buy pela Ulta. Porém, apesar de sair do seu primeiro lar e sua experiência fundamental, suas missões e metas pessoais tornaram-se mais ricas e satisfatórias.

"Gosto da experiência de observar pessoas de minha equipe absorvendo coisas novas e a seguir passarem-nas para outras. Finalmente, quero pegar tudo aquilo que estou aprendendo aqui e levar para a sala de aulas. É a experiência de ensinar e aprender que torna os negócios tão gratificantes para mim."

E também existe a alegria de uma criação com significado. Como todos os românticos, Scott tem muito prazer com seu trabalho quando este revela beleza e ordem inatas.

"Na Ulta, um dia realmente bom para mim às vezes envolve pegar dados que me causam orgulho e olhá-los. Pode ter valor somente intrínseco, mas é um trabalho que gosto de fazer. Muitas vezes, nem é preciso que outros os vejam. Apenas sei que têm valor."

Amantes, Viajantes a Negócios ou Estranhos; Vozes, Guardiães, Visionários ou Crentes: os Românticos nos Negócios estão por aí e seus números estão crescendo. Minhas conversas com esses e outros românticos no campo levaram-me a perguntar a respeito de nossas noções coletivas de trabalho. Nós, os Românticos nos Negócios, temos uma concepção platônica de trabalho? Temos um "molde" romântico? Decidi testar essa ideia no mais transacional dos mercados on-line: os anúncios classificados da Craigslist.

PROCURA-SE ROMÂNTICO NOS NEGÓCIOS PARA JUNTAR-SE À NOSSA EQUIPE

Respondendo ao CEO, o Romântico nos Negócios irá ajudar colegas, clientes, parceiros e a sociedade em geral a ver a beleza do mundo dos negócios com outros olhos. Adotando a esperança como estratégia, o Romântico nos Negócios apresenta narrativas coerentes que fazem com que as conversações em locais de trabalho e mercados, cada vez mais complexas e fragmentadas, tenham sentido. Em vez de focalizar ativos e retorno sobre o investimento, o Romântico nos Negócios expõe os tesouros ocultos dos negócios e preocupa-se com o retorno para a comunidade. O Romântico nos Negócios desenvolve, concebe e implementa "atos de importância" que restauram a confiança nos negócios como o mais impactante empreendimento humano, e oferece aos públicos interno e externo experiências de marca e do local de trabalho cheias de significado, deleite e divertimento. Estamos em busca de alguém com iniciativa e forte espírito empreendedor, bom gosto e um histórico comprovado de gerenciamento do imensurável.

As responsabilidades específicas incluem, entre outras:

- ✓ Conquistar espaços para o engenhoso e o alegre no trabalho
- ✓ Elevar as interações e transações do dia a dia para experiências "maiores que nós mesmos"
- ✓ Achar significado naquilo que é aparentemente banal
- ✓ Transformar as culturas organizacional e de marca de utilitárias/transacionais em generosas/transcendentes
- ✓ Criar zonas de desconforto e "eventos críticos" que substituem atrito por conveniência
- ✓ Fazer coisas sem razão e participar de atividades alegres e sem objetivo como reuniões misteriosas ou conversas sem resultados
- ✓ Criar e implantar projetos de paixão
- ✓ Fazer caminhadas regulares com o diretor financeiro
- ✓ Prover liderança para outros românticos no local de trabalho

Qualificações:

- ✓ 5 a 10 anos de experiência em romantização de negócios, de preferência em várias indústrias
- ✓ Capacidade de se apaixonar instantaneamente por ideias, memes e projetos
- ✓ Capacidade para equilibrar Dados e Intuição
- ✓ Estar à vontade com altos níveis de ambiguidade e imprevisibilidade
- ✓ Sentir-se à vontade dando oportunidade ao acaso
- ✓ Ter muita empatia e generosidade
- ✓ Ter muita imaginação e dar valor à beleza
- ✓ Capacidade de ativar e cultivar conexões profundas
- ✓ Ser tomador de riscos e aventureiro
- ✓ Ter atenção obsessiva com detalhes (porque a correção de um erro ortográfico pode mudar o mundo)

- ✓ Capacidade para interpretar atividades rotineiras como atos de amor
- ✓ Capacidade para guardar segredos
- ✓ Devoção excepcional pelo desconhecido
- ✓ Favorece a autenticidade, em vez da verdade
- ✓ Valoriza comédias românticas
- ✓ Extenso conhecimento de literatura romântica inglesa e alemã, experiência na composição de poemas
- ✓ Se você é igual a este perfil ou é romântico de maneiras que não conseguimos imaginar, esperamos notícias suas

Em menos de uma semana, recebi mais de cem pedidos de emprego:

- *"Suponho que você não deseja exatamente que eu envie um currículo. Então, o que você quer? Além da sua descrição, é claro."*
- *"Caro Romântico nos Negócios, estou fascinado e intrigado por esta descrição de cargo. Ela articula a possibilidade de expressar ideias de realidade de forma vaga e sutil. Como isso ficaria no trabalho do dia a dia?"*
- *"A ideia de trabalhar como Romântico nos Negócios numa consultoria é extremamente estimulante. Obrigado pelo anúncio."*
- *"Estou bastante intrigado e não compreendo 100% o que você está buscando, mas, pelo que posso ver, você está interessado no aspecto mais 'metafísico' do trabalho. Mais a respeito de como as pessoas interagem, como tornar positivo o ambiente de trabalho, como encontrar um significado mais profundo na interação com colegas, clientes e assim por diante. Por favor, corrija-me se entendi mal suas intenções."*
- *"Por que o trabalho não pode ser assim com mais frequência?"*
- *"Este anúncio me entristece. Nunca irei encontrar nada assim na vida real."*

É verdade: os Românticos nos Negócios provavelmente não irão encontrar um emprego como esse hoje, mas e quanto ao futuro? Se pudermos estabelecer um apoio, talvez venham a existir um emprego e uma organização como esses, e os românticos irão prosperar, não apenas por um momento, mas por toda uma carreira. Até lá, o que podemos fazer para manter vivo o romance? E como iremos protegê-lo contra nossos inimigos?

MANTER A CHAMA VIVA

A maior ameaça aos Românticos nos Negócios é o cinismo. O cinismo é a deformação profissional das pessoas de negócios. Seja na compra de empresas com dívidas enormes, na "redução" dos prejuízos esperados nos mercados de ações, na venda de empréstimos sob hipoteca a pessoas que não podem pagá-los, na instalação de um programa de responsabilidade social para ocultar deficiências éticas ou fazer com que um funcionário acredite que ele está prestes a ser promovido só para explorar sua motivação e seu comprometimento – o impulso cínico com frequência encontra abrigo nos negócios. Como disse Oscar Wilde: "Um cínico conhece o preço de tudo e o valor de nada." O *modus operandi* da empresa, seu ímpeto natural para tomar decisões, é estreitar as alternativas até que reste somente a opção mais explícita e tudo que é implícito (misterioso, perigoso e arriscado) é eliminado. A empresa formaliza, automatiza, padroniza e serializa nossas decisões e experiências até elas representarem o mais delgado estrato de humanidade. A empresa anseia por certeza e busca constantemente mitigar o risco. Quando o sublime é demasiado efêmero, e uma mente curiosa e aberta é demasiado vulnerável, o cinismo oferece um porto seguro – na sala do conselho, em reuniões, na lanchonete da empresa e na mesa de trabalho. Para citar o investidor Gordon Gekko do filme *Wall Street*: "Se você precisa de um amigo, consiga um cão."

Muitas vezes o cinismo é o disfarce de um idealista frustrado. Porém, quando você eleva o cinismo, retira dele toda a amargura e ele torna-se uma fonte fria de indiferença, onde "fazer diferença" não mais importa. Nos negócios e além, o cínico é o descrente fundamental. Nas empresas, é comum ouvir a frase: "A esperança não é uma estratégia." Para mim, isso sempre pareceu o máximo de cinismo. Sem esperança, não se tem nada.

O filósofo Peter Sloterdijk descreve o cínico como um "idealista esclarecido":[4] ele está plenamente consciente da grande diferença entre os ideais de sociedades, organizações ou indivíduos e suas práticas e assume que esse é o estado natural no qual se opera. De Diógenes, o grego pai da filosofia cínica, a Niccolò Machiavelli e Richard Nixon, ao mantra "não existe almoço gratuito", o histórico considerável do cinismo é incontestado. Alguns podem argumentar que nossa atual era de descontentamento faz do cinismo a única visão do mundo que restou.

O cínico é o antagonista do protagonista romântico: o cínico vê o memorando do CEO a todos os funcionários como uma tentativa óbvia para disfarçar desafios organizacionais usando clichês motivacionais e textos padronizados; o romântico valoriza o gesto e está interessado no significado nas entrelinhas. O cínico teme a reunião semanal da equipe como um fórum para se promover um falso senso de comunidade; o romântico a valoriza como uma oportunidade para promulgar e fortalecer a narrativa da comunidade. O contraste entre os dois torna-se ainda mais evidente em experiências de viagem e culturais: o cínico vê Los Angeles como um shopping center hipercomercial erigido entre vias expressas; o romântico gosta dela como uma tela em branco que ele pode programar com suas próprias histórias de acordo com necessidades em constante mudança. O cínico ridiculariza filmes, livros e bandas de grande sucesso como simulacros pretensiosos de emoções manufaturadas; o romântico acredita que eles são totens do espírito humano universal. O cínico desconfia de qualquer experiência que supostamente deve absorver. O romântico, no mínimo, fica arrepiado.

Como românticos, reconhecemos que nossa visão – nossa chama – possui o poder de iluminar departamentos inteiros, empresas ou um movimento ainda maior, mas também sabemos que ela é frágil. Precisa de cuidados e proteção, uma vez que a burocracia e o tédio podem extingui-la lentamente. Um dia, acordamos e descobrimos que a chama se apagou. Quando isso acontece, quando parece que "o romance se foi" – do nosso relacionamento, nossas viagens, nossos esportes, nossas marcas e nosso trabalho –, o que de fato estamos lamentando é a comodificação, a economia de algo que considerávamos raro, precioso e (até certo ponto) inexplicável. Quando sai o romance, entra a transação. De acordo com Rafael Ramírez, professor da Oxford Business School e grande estudioso da estética dos negócios[5] ("atratividade ou repulsão"): "Qual é o retorno sobre o investimento da estética? Quando você quantifica o amor, obtém prostituição."

David Kim, professor de estudos religiosos do Connecticut College, tem feito pesquisas importantes sobre nossas necessidades mutáveis no local de trabalho e na sociedade em geral. "O romântico, no sentido tradicional, acredita que a vida deve ser absorvente da maneira mais gratificante e saudável", disse Kim. "Há uma ênfase sobre os aspectos sentimentais da experiência." É claro, refletiu Kim, que essa emoção costuma ser acompanhada por angústia, tensão e pesar. São essas emoções, muito mais que o otimismo ou uma sensação de felicidade pessoal, que introduzem um senso de significado na vida de um romântico. "Elas ajudam a esclarecer a busca do romântico, a constante procura para encontrar a experiência consciente aumentada", disse Kim.

Se o cinismo é nossa maior ameaça externa, as ideias de Kim trazem à mente nossa ameaça mais premente, vinda de nós mesmos. Como românticos, buscamos espaço para a experiência aumentada, mas como homens e mulheres de negócios também estamos preparando o terreno para uma carreira. Uma coisa é ter uma série de momentos transcendentes – como pérolas em um colar –, mas queremos criar para nós uma vida que tenha dinâmica para adiante e um todo narrativo. Como iremos navegar entre esses dois impulsos? O que faremos à luz da chama do romance, e como podemos nos assegurar de que essa mesma chama permaneça acesa durante toda a nossa carreira?

As Regras de Encantamento, expostas a seguir, proveem a estrutura para responder a essas perguntas. Quer você precise achar maneiras de santificar a empresa que você mantém, de rituais para oferecer conforto e segurança em meio a águas desconhecidas, ou de truques para desarmar os cínicos e manter viva a magia de descobrimento, mistério e possibilidade, todos os Românticos nos Negócios poderão se beneficiar com essas regras. Elas não se baseiam em estudos de casos de empresas típicas e não tentam resolver problemas; não oferecem balas de prata e nada (ou pouco) fazem pela sua produtividade. Em vez disso, irão desafiá-lo a buscar novas perspectivas, a valorizar suas próprias intuições e emoções idiossincráticas, a aceitar conflito e atrito e celebrar sua humanidade. Elas irão ajudá-lo a levar uma vida muito melhor nos negócios.

Como Românticos nos Negócios, está na hora de reclamar nosso espaço. As Regras de Encantamento definem a latitude e a longitude do nosso território. Elas comunicam aquilo que defendemos e como queremos viver no mundo – no trabalho, em casa, em nossas comunidades e no mapa de nossas almas.

PARTE DOIS

REGRAS DE ENCANTAMENTO

CAPÍTULO 3

Encontre o grande no pequeno

Esperei por algo e algo morreu/assim,
esperei por nada e nada chegou.

– VILLAGERS, *Nothing Arrived*

Em 1º de junho de 2013, teve lugar um experimento social incomum em toda a cidade de Nova York. Voluntários distribuindo etiquetas com os seguintes dizeres: OLÁ! MEU NOME É ____ encheram as ruas. Por volta de meio-dia, centenas de milhares de nova-iorquinos estavam usando as etiquetas em suas camisas. Estranhos se transformaram em íntimos: "Bob", "Khalil", "Rocío" ou "Camille". O experimento – chamado de Dia do Crachá – foi concebido para causar surpresa e prazer a todos na cidade. Algumas vezes, a felicidade é tão simples quanto ouvir seu próprio nome.

Esses exemplos de pequenos gestos não pretendem elevar nossa produtividade ou nossa eficiência, mas nos fixam ao nosso espaço e lugar, nos lembrando de nossa experiência comum e nossa humanidade. Eles tornam melhores nossas vidas de maneiras pequenas e bem pensadas. A passagem pela imigração no Aeroporto Internacional de Pudong, em Xangai, oferece outro bom exemplo. Os viajantes são solicitados a classificar o nível de serviço da imigração pressionando um de quatro botões. O botão "extremamente satisfeito" mostra um rosto sorridente, visível para você e para o funcionário que o atendeu. Trata-se de um momento pequeno, mas significativo, de humor inesperado, em alguns casos desajeitado. É desconfortável avaliar o desempenho de um completo estranho bem na frente dele – e mais ainda com ele vendo. O fato de a avaliação ser comunicada por um desenho de rosto sorridente contribui para o surrealismo do momento, em especial quando o rosto sorridente é contrastado com as expressões sinceras no rosto do funcionário. As autoridades do aeroporto de Xangai conceberam esse experimento depois de receberem relatos de experiências ruins por parte de viajantes frustrados. É provável que o rosto sorridente tenha sido criado principalmente para colher dados, mas seu maior efeito é conquistar um momento de prazer subversivo no tédio do dia do viajante moderno.

Algumas vezes, o melhor projeto é sua ausência. Em vez de uma tela sensível ao toque de alta tecnologia ou de um dispositivo igualmente ambicioso, criado para facilitar a interação, a abordagem de baixa tecnologia muitas vezes produz as reações mais positivas. Por exemplo, o aeroporto de Hong Kong simplesmente presenteia o viajante com uma caixa de balas – "com os cumprimentos da autoridade do Aeroporto Internacional de Hong Kong". O momento da entrega do presente sugere que realçar a experiência do cliente pode ser simples e barato, e faz muito para humanizar a desumana experiência da viagem. A cerimônia poderia ter sido criada por uma criança, e é por isso que ela funciona. As balas criam um "excesso de prazer" em relação à funcionalidade.

Esses modestos momentos de intimidade também têm um papel vital em nossa experiência de serviços de saúde. Janet Dugan, especialista em serviços de saúde, inspirou-se em sua recente experiência de passar por um exame de ressonância magnética. Enquanto estava deitada esperando, ela notou um pequeno espelho colocado sob o suporte da cabeça. Ele estava posicionado de forma que ela pudesse ver o técnico em radiologia na outra extremidade do tubo e fazer contato visual com ele.

"Uma coisa pequena", contou ela. "Porém, que diferença ela fez. Senti-me menos só. Eu estava conectada a outra pessoa no momento em que precisava de apoio. E mesmo não sendo claustrofóbica, fiquei mais calma em poder ver fora do tubo. Eu não podia ver a cor do piso ou se o teto tinha revestimento acústico, nem se as paredes eram pré-moldadas. Não registrei nada disso em minha jornada como paciente. Mas registrei que o técnico era amigável e que a enfermeira fazia o possível para que eu risse. Não me entenda mal", concluiu Janet, "creio firmemente no poder do design no processo de cura – que a arquitetura pode moldar eventos e transformar vidas. Mas naquele dia, naquela experiência, o que me deu realmente conforto foi um pequeno espelho do tamanho de um Band-Aid."

Podemos conquistar nossos momentos simples, mas prazerosos, com outras pessoas em nossa vida profissional. Helen Dimoff, antiga diretora de comunicações na Gensler, uma firma de arquitetura e design, teve a ideia de uma história viral por voice-mail. Isso ocorreu em 2000, antes de o voice-mail ser integrado ao e-mail. Naquela época, os sistemas de voice-mail permitiam que os usuários acrescentassem uma nova mensagem ao início das mensagens recebidas antes de repassá-las para outras pessoas.

Helen reconheceu que o sistema estava pronto para a oportunidade de contar histórias. Ela começou com o final, registrando: "E eles viveram felizes para sempre", antes de repassar um voice-mail a um colega. Por sua vez, esse colega acrescentou algo como: "Quando o barco explodiu, eles mergulharam nas águas geladas", antes de repassar a mensagem a outra pessoa no escritório.

"O voice-mail acabou sendo enviado a dezenas de colegas e apresentava todos os tipos de heróis e vilões, numa aventura ao estilo de James Bond", lembrou Helen. "Ele ficou rodando pela empresa por cerca de um mês e voltou mais de uma vez ao voice-mail das pessoas. Finalmente transcrevemos toda a história para podermos ler a saga inteira."

A sede da AstraZeneca, uma empresa farmacêutica localizada em Wilmington, Delaware, acrescenta um pequeno toque de humor ao seu saguão. Quando os visitantes passam pela porta, são saudados por uma placa incomum no balcão de recepção com os dizeres "DIRETOR DE PRIMEIRAS IMPRESSÕES". A placa surpreende os visitantes por chamar a atenção para o absurdo inerente em todo o protocolo corporativo. Ela provoca uma ligação íntima e autêntica entre a empresa e o visitante. Dizem que Chris Young, fundador do Rainmaker Group, foi o criador da frase e cada vez mais empresas estão usando-a em vez de "recepcionista".[1]

Os CEOs também podem criar esses momentos deliciosamente estranhos. Guy Laliberté, CEO do Cirque Du Soleil, fez exatamente isso quando contratou um palhaço pessoal para acompanhá-lo nas reuniões da empresa e imitar suas apresentações em pé à sua esquerda. (Quer você considere palhaços engraçados ou horríveis, a simples presença de um deles gesticulando seria certamente memorável.)

O que todas essas coisas têm em comum? Elas usam um toque leve e, muitas vezes, um senso de humor irônico, para nos fazer lembrar da beleza do mundo. Elas são humildes por não tentarem assumir os grandes problemas. Em vez disso, existem para perturbar com gentileza. Elas nos lembram de olhar para cima, respirar fundo e dirigir nossa atenção para o mundo. O prazer é seu único retorno.

Os Românticos nos Negócios podem usar esse artifício quando abordam todos os aspectos da vida profissional, especialmente em ocasiões sociais. Sempre me perguntei por que certas pessoas entram no escritório e cumprimentam todo mundo, apesar de poucos responderem. Um terceiro grupo é agradável e educado, mas "amigável por encomenda". Eles querem se engajar, mas são constrangidos por aquilo que acreditam ser a economia da atenção: a crença comum de que o excesso de interação social pode prejudicar seriamente a produtividade. Eles parecem pensar que não existe tempo suficiente no dia para se dizer alô a todos, sorrir para quem merece um sorriso, engajar-se numa breve conversação. Aparentemente a atenção é um jogo de soma zero; assim, eles devem poupar seu estoque limitado.

Os Românticos nos Negócios reconhecem que isso é um erro. Um estudo de 2013 pela London School of Economics afirma que o trabalho remunerado continua a ser "correlacionado de forma negativa à felicidade", corroborando uma pesquisa anterior que havia mostrado resultados semelhantes.[2] Comparando o trabalho remunerado com outras atividades individuais como esportes, entretenimento ou viagens, o novo estudo constatou que ele era pior classificado do que qualquer uma das outras 39 atividades específicas quantificadas pelos entrevistados, com exceção de ficar de cama por doença. De acordo com os pesquisadores, existe somente um aspecto do trabalho que resulta em níveis de felicidade semelhantes àqueles experimentados fora do trabalho: interações casuais com colegas – em outras palavras, socializar no trabalho.

Então, se a melhor maneira para ser feliz no trabalho é conversar com seus colegas, por que não encorajamos mais conversas? Bem, porque estamos falando de *negócios*. E os negócios, em sua maior parte, ainda operam sob os princípios de ganhos de eficiência ou produtividade. Para ser justo, quando se trata de experiências dos clientes, especialmente no ponto de venda, as empresas há muito compreenderam o poder das microinterações casuais: uma conversinha aqui, um sorriso passageiro ali. Mas no local de trabalho e em nossa experiência como empregados? Nem tanto.

Os líderes empresariais com queda para o romance estão começando a ver as coisas de uma forma diferente. Algumas empresas estão repensando radicalmente o projeto dos seus locais de trabalho, colocando em questão até mesmo os aspectos mais básicos da vida no escritório, como mesa de trabalho e poltrona.

A principal característica do escritório de Nova York da agência de propaganda Barbarian Group é uma "mesa infinita" de 300 metros de comprimento, que ocupa uma sala de mais de 2.000 metros quadrados. Também chamada de "supermesa", ela oferece a todos os 125 funcionários – inclusive o presidente do conselho Benjamin Palmer – um lugar para trabalhar, além de salas de reuniões e um espaço comum sob sete arcos que pontuam o fluxo da supermesa. O arquiteto Clive Wilkinson disse que queria criar um ambiente que realçasse a coesão e trouxesse para o local de trabalho a sensação de uma praça urbana. O resultado é prático (mais flexibilidade e colaboração para uma força de trabalho que, em grande parte, não trabalha com papel), mas também uma expressão tangível do gosto criativo da empresa. A mesa provê – quase literalmente – espaço infinito para o desdobramento das histórias lá criadas.

Muitas empresas seguem uma estratégia de local de trabalho da cenoura ou do bastão: o Google dominou a cenoura e criou áreas de trabalho e regalias atraentes que constituem um antídoto para culturas corporativas mais uniformes. O Yahoo! ou a Hewlett-Packard, por seu lado, optaram pelo bastão e implantaram uma política que exige que determinados funcionários permaneçam no escritório certo número de horas.[3] A partilha de códigos e a comunidade GitHub [GitHub é uma desenvolvedora de software] vão além dessas duas opções afirmando que o escritório não tem mais um papel a desempenhar na produtividade convencional. Para Scott Chacon, fundador e diretor de tecnologia da GitHub, a "sede central" é basicamente uma arena social e não um centro de produtividade.[4] Quase todo o pessoal trabalha em sua própria casa. Em seus primeiros anos, a empresa nem mesmo tinha um escritório físico. A GitHub também tem regras como "horas são besteira", "as pessoas escolhem seu próprio trabalho" e "nada de reuniões", que questionam ortodoxias comuns do local de trabalho.[5] A definição de local de trabalho da GitHub é extensa. Chacon destaca um experimento chamado GitHub Destinations em que a empresa aluga um apartamento num local que as pessoas sempre quiseram visitar, como Toscana ou Montevidéu. "Elas optam por viver lá por um mês e têm interações privilegiadas, porque é possível fazer nesses lugares tanto quanto em qualquer outro", disse ele.[6]

Ara Katz, produtora de filmes de Los Angeles, empreendedora e diretora de criação da BeachMint, uma empresa nova, concorda que uma boa experiência de trabalho tem menos a ver com valores e manifestos da empresa e mais com pequenos momentos de intimidade, humor e prazer. Ela salienta a importância de brincar: "Penso nas empresas como penso em playgrounds escolares. Todas as empresas precisam oferecer um espaço para brincar. Pode ser na forma de uma incubadora ou um canal de inovação. É preciso haver espaço para explorar e crescer. Se você não tiver espaço para brincar, haverá um recuo."

Oportunidades para brincar existem nos lugares mais triviais; talvez o mais abundante de todos seja nossa comunicação do dia a dia. Um estudo de 2012 pelo McKinsey Global Institute afirma que trabalhadores de escritório qualificados passam mais de um quarto de cada dia útil redigindo e recebendo e-mails.[7] Mas se quisermos dar um toque humano à tirania da produtividade, precisaremos deixar de assinar e-mails só com nossas iniciais, para não mencionar abreviaturas como "Thx" ou "LOL" (que David Cameron, primeiro-ministro britânico, interpretou erradamente como "Lots of Love"[8]). "Estou ocupado", é o que queremos transmitir, "de fato, tão ocupado que não tenho tempo para escrever meu nome completo" (mesmo que seja curto, como Tim ou Ava). E com frequência cada vez maior, não iniciamos nossos e-mails com o nome do destinatário. Entramos abruptamente no conteúdo. (Uma colega deixou de colocar meu nome no e-mail no segundo dia de trabalho!) Mais uma vez, tudo isso parece reforçar a impressão de que somos supereficientes, super-racionais, atemo-nos aos fatos, somos máquinas de produtividade. Tempo é dinheiro – tanto que um vendedor contou-me a respeito de clientes em perspectiva: "Quanto mais longo o e-mail, menor o orçamento disponível." Isso pode ser verdade, mas com esse protocolo autoimposto de brevidade, fomentamos uma cultura de ocupação artificial e contribuímos para a extinção de momentos de relacionamento inesperados, mas essenciais. Pelo menos não estamos abreviando os nomes das pessoas para as quais escrevemos (se você sabe de exemplos que sugerem o contrário, por favor passe-os para mim num e-mail endereçado a "Tim" e não "TL"), mas não seria mais romântico escrever nossos nomes em vez de fechar e-mails com as iniciais ou com uma única letra?

Benjamin Ward, produtor musical e amigo meu, iniciou um experimento: ele começa cada e-mail de negócios com a palavra "Caro" e termina com seu nome completo e uma frase de encerramento ("meus cordiais cumprimentos"). Benjamin até se esforça para perguntar a respeito da família da outra pessoa e trata de outros itens ligeiros antes de entrar no assunto de negócios a ser tratado. Logo depois de iniciado o experimento, seus destinatários responderam com um tom mais cordial e pessoal. Em algum momento, ele começou a receber dos contatos e-mails que pareciam copiar seu estilo mais amistoso. Quando chegou um e-mail endereçado a "Caro Benjamin", de um parceiro de negócios anteriormente muito sucinto em seus e-mails, Benjamin soube que o toque humano havia prevalecido sobre o estilo "enxuto". Pelos padrões de eficiência, a prática de Benjamin pode parecer excessiva. Porém, pelos padrões de empatia, esse tipo de reconhecimento atencioso cria laços duradouros. John M. Gottman, especialista em relacionamento – reconhecido por seus mais de quarenta anos de pesquisa sobre casamentos –, afirma que bons relacionamentos não estão ligados a uma comunicação clara, mas a pequenos momentos de conexão e intimidade.[9]

A artista performática Miranda July realizou uma obra intitulada *We Think Alone* [Nós Pensamos Sós] que usava o e-mail como uma janela mágica para o mundo das outras pessoas. Ela solicitou contribuições na forma de e-mail de artistas e celebridades como as atrizes Lena Dunham e Kirsten Dunst. Fiz uma assinatura e gostei muito da emoção subversiva de abrir um e-mail pessoal escrito por um desconhecido famoso e ainda mais sabendo que eu estava na companhia de dezenas de milhares de outros assinantes. Numa declaração em seu website, July explicou: "Estou sempre tentando fazer com que meus amigos me enviem e-mails que enviaram a outras pessoas – a mãe, o namorado, o agente –, quanto mais triviais, melhor. A maneira pela qual eles se comportam nos e-mails é tão íntima, quase obscena – uma olhada nelas a partir do seu próprio ponto de vista."[10] O projeto de July investiga com delicadeza as tensões entre nossos personagens privado e público (este cuidadosamente cultivado). Era tocante ler os e-mails mais tediosos, precisamente porque eram escritos para outra pessoa: "Estou passeando com o cachorro. Xo." É a sensação de perscrutar a vida pessoal de alguém, em especial uma pessoa muito "conhecida", muito pública. Era uma pequena porção de intimidade mediada.

Rowan Gormley, fundador e CEO do serviço de vinhos on-line Naked Wines, decidiu jogar com esse conceito em seus e-mails comerciais. Temendo mais uma mala direta de e-mails para os clientes, ele decidiu tentar algo diferente quando lançou a Naked Wines: remover qualquer menção a "novo", "grátis", "único", "valor", "oferta especial" e qualquer outro termo do jargão de marketing. Em vez disso, escreveria aos clientes como se estivesse escrevendo a um amigo de maneira casual, espirituosa e amigável, sem nenhum "apelo à ação". A seguir, ele testou essa versão em relação à tradicional, mais mercadológica, para ver qual era mais eficaz. O índice de resposta do e-mail pessoal foi muito mais alto que o do tradicional. "Não é surpreendente como ser você mesmo é a melhor proposição de valor?", contou-me ele. "Isso não é reconfortante?"

Usei esse princípio de "ser você mesmo" num jantar com Priya Parker, uma das Românticas nos Negócios do capítulo dois. Ela e eu convidamos quinze participantes do Fórum Econômico Mundial em Abu Dhabi para um jantar que chamamos de "15 Brindes". Nossos convidados eram líderes de empresas, do governo e da sociedade civil, em sua maioria estranhos entre si. O escritor Anand Giridharadas, marido de Priya, sugeriu o formato para a noite: cada convidado tinha que propor um brinde, respondendo à pergunta: "O que é uma vida boa?" Como um toque especial – provendo um forte incentivo para movimentar a rodada de brindes –, a última pessoa teria que cantar seu brinde diante de todos. Depois de darmos as boas-vindas aos convidados, os brindes começaram lentamente, bastante formais, mas logo mudaram de tom. A terceira pessoa rompeu em pranto enquanto contava o que uma vida boa significava para ela, e outro convidado chorou enquanto falava sobre o recente falecimento de um amigo. O último a levantar seu copo foi o dono de uma conhecida empresa de marketing, que concluiu a rodada com a canção "Anthem", de Leonard Cohen: "There is a crack, a crack in everything/that's how the light gets in." [Existe uma rachadura em tudo – é assim que a luz entra.]

Isento de objetos de discussão prefixados, o jantar deu a quinze quase estranhos a permissão para que fossem vulneráveis, participassem como seres humanos de uma conversação aberta e genuína e surpreendessem uns aos outros e a si mesmos – algo muito diverso das interações mais formais que teriam durante a conferência. Nenhum deles sabia o que esperar quando começou o evento e, quando encerramos o jantar, nenhum sabia exatamente o que tinha acontecido. Alguém comentou depois: "Foi profundo, mas não pesado." Outro convidado nos escreveu: "Foi o primeiro jantar a que fui sem conhecer ninguém e do qual saí sentindo-me conectado com todas as pessoas." Corações, mentes e barrigas estavam satisfeitos quando todos voltaram para seus quartos de hotel.

Inspirados pelo sucesso da reunião em Abu Dhabi, decidimos transformar os 15 Brindes numa série e, alguns meses depois, começamos a promover outros jantares: "15 Brindes ao Medo" em San Francisco; "15 Brindes à Dignidade" na Cidade do Cabo; e "15 Brindes às Transições" em Genebra.[11] Mais e mais líderes de diferentes áreas tomaram parte e depois alguns deles passaram a organizar seus próprios jantares de 15 Brindes. Tínhamos criado uma pequena comunidade de jantares para provar que o mundo poderia ser um lugar melhor se poder e vulnerabilidade pudessem tinir copos à mesma mesa.

"As melhores coisas da vida acontecem em torno de uma mesa", Priya gosta de dizer. A experiência de conhecer estranhos ao jantar, frouxamente moderada, mas bem concebida e cuidada, pode ser um catalisador perfeito para experiências transformadoras. A maior parte das parcerias começa com um simples ato de "repartir o pão juntos". De fato, um artista amigo meu contou que nunca iniciou uma colaboração sem antes assar um pão para seus futuros colaboradores. Embora nem todas as pessoas possam seguir altos padrões culinários, podemos certamente permanecer conscientes da refeição à nossa frente em ocasiões importantes. Comida excelente intensifica emoções excelentes.

Ninguém sabe melhor isso que Chris Muscarella, cofundador da firma de software Kitchensurfing. Ele trabalha em tecnologia social há mais de quinze anos. Apesar de já ter tido algum sucesso iniciando uma empresa chamada Mobile Commons, a qual oferecia uma plataforma móvel para muitas campanhas sem fins lucrativos e políticas, ele começou a sentir-se esgotado. Em 2009, tirou uma folga do mundo da tecnologia e começou a explorar a culinária. Isso levou-o naturalmente até a cultura dos restaurantes e, em 2011, ele e alguns amigos abriram no Brooklyn um restaurante chamado Rucola.

A imersão de Muscarella no mundo dos alimentos e restaurantes de Nova York, combinada com sua experiência com a concepção de software, levou naturalmente a uma espécie de plataforma entre pares de software. Em 2012 havia nascido a Kitchensurfing, um serviço que conecta jantares em casa com chefs treinados, evitando completamente o intermediário (isto é, o restaurante). "Eu queria fazer meus próprios jantares, mas não tinha tempo para cuidar dos ingredientes e depois cozinhar tudo", contou-me ele. "Gostamos de dizer que toda cozinha é um restaurante *ad hoc* à espera de acontecer, e que todo chef é um roqueiro que precisa somente de uma fonte de fogo."

A Kitchensurfing permite que os chefs tenham um relacionamento mais íntimo e significativo com seus comensais. Essa ideia pode democratizar a acessibilidade de chefs particulares e jantares encomendados, mas o que torna o empreendimento de Muscarella mais interessante e certamente mais romântico é sua missão: iniciar e promover ótimas conversas em torno de comida e usar a conveniência das tecnologias digitais para criar espaços autênticos para interações humanas genuínas. Poucas ocasiões são mais propícias para uma conversação criteriosamente estruturada do que um jantar íntimo. Um exemplo notável é o fenômeno Morte Durante o Jantar, um movimento popular que reúne americanos em todo o país em pequenos grupos em torno da mesa de jantar para conversas a respeito do fim da vida. "Vamos jantar e conversar sobre a morte", dizem os convites, argumentando de forma implícita que as pessoas acham mais fácil digerir um assunto tão pesado diante de comida. "Sugerimos esse mito de que não queremos falar a respeito da morte, mas acho que não fizemos os convites certos", disse Michael Hebb, que teve a ideia para a série depois de conversar com prestadores de serviços de saúde a respeito da crise dos cuidados de final de vida nos Estados Unidos.[12] O website Death Over Dinner [Morte Durante o Jantar] oferece vários padrões e algumas sugestões úteis para tornar correta a experiência. "Esperamos provocar a mais delicada revolução imaginável", afirma Hebb.[13]

Quer se trate de etiquetas com nomes, e-mails, projetos de escritórios ou conversas ao jantar, os maiores prazeres provêm de colocar nossas experiências do dia a dia de pernas para o ar, "atacando-as" delicadamente, abrindo-as para que recebam um pouco de sol e uma lufada de ar fresco.

Priorize a felicidade sobre a otimização. Identifique e implemente a menor característica possível – do tamanho de um Band-Aid – para tornar uma experiência mais íntima. Projete com os olhos ingênuos de uma criança e encontre momentos genuínos de surpresa e conexão. Não se esqueça de rir das suas próprias imperfeições. Temos certamente grandes problemas para resolver, mas o Romântico nos Negócios reconhece que também temos muitas correções fáceis que produzem grandes vitórias. Afinal, o acúmulo de incontáveis momentos de prazer aumenta a alegria da vida.

CAPÍTULO 4

Seja um estranho

Estranhos são amáveis porque você ainda não os conhece.

– DEJAN STOJANOVIC

Aos 14 anos eu era tão tímido que muitas vezes evitava ir aos lugares mais comuns. Sempre que ousava sair – por exemplo, para ir ao supermercado –, procurava carne processada e queijo, em vez de ir à mercearia, para não ter que falar com ninguém. Eu detestava ser tímido e considerava a timidez uma limitação debilitante. Embora estivesse genuinamente interessado em outras pessoas, com frequência era apanhado por minha inibição.

De volta à minha atual vida profissional: oito anos atrás, pouco depois de começar a trabalhar na Frog Design, fui convidado por nossa agência de relações públicas para o jantar de gala do Financial Follies em Nova York. Era o evento anual para ver e ser visto das indústrias financeira e de mídia. Mesmo então, com mais de 30 anos, a mesma timidez de adolescente ainda persistia, e cheguei ao evento sentindo-me nervoso e ansioso. Embora me imaginasse acabando sozinho num canto, eu sabia que precisava derrotar meu medo da situação. Em vez de ver a noitada como uma função crítica de negócios (a própria palavra "função" provocava arrepios na minha espinha), eu romanticamente considerava aquele um encontro mágico com estranhos fascinantes. Coloquei a máscara de extrovertido e observei meu desempenho. No final da festa, eu estava surpreso com a rapidez da passagem do tempo. Aquele ato de transformação havia desmantelado parte da minha timidez. Conheci pessoas novas e até fiz alguns amigos.

Hoje compareço a uma dúzia de conferências por ano. Lidero encontros, reuniões de funcionários, e organizo jantares e festas. Com o passar do tempo, minha abordagem romântica a eventos sociais tornou-se uma segunda natureza. Ela me permitiu aceitar minha timidez como uma resposta legítima ao mundo e isso, por sua vez, tornou-me menos tímido. Aprendi a contar minha história em sessenta segundos, uma habilidade que desenvolvi quando morava em Los Angeles, onde todos aperfeiçoam a arte da conversa no elevador. Também aprendi a contá-la quando vivia em Berlim, onde a história de todos é longa. Tendo florescido tarde, percebi a certa altura que fazer uma pergunta ao acaso num evento de networking costuma ser suficiente para iniciar uma conexão e que as pessoas, em sua maioria, apreciam uma expressão de interesse genuíno. Na verdade, todos nós estamos à espera de um tapinha no ombro.

Dessa maneira, passei de bicho de canto de sala para borboleta social. Fazer novas conexões e conversar com estranhos tornaram-se meu modo de ser. (Seria interessante examinar quantas pessoas optam por transformar sua maior ansiedade em profissão, mas esse é um assunto para outra ocasião.) Algumas vezes, sinto falta da integridade e da intimidade – o isolamento esplêndido – que eu sentia quando era tímido. Em certo sentido, minha timidez era uma manifestação de respeito pelo mundo à minha volta. Cada sucesso social era uma surpresa e cada novo amigo era uma maravilha. Na vida adulta, é muito fácil esses encontros se tornarem rotina. Para os Românticos nos Negócios, isso não acontece.

Os negócios representam uma multidão de plataformas para explorar diferentes aspectos do ego e os Românticos nos Negócios gostam das oportunidades de moldar e alterar personas: de tímido para extrovertido; de sussurros para gritos; de amargo para doce; ou de cauteloso para franco. Os outros podem nos acusar de sermos transformadores – pois que seja! Como disse Nietzsche: "Você sempre é uma pessoa diferente." Essa sensação de diferença, em nós mesmos e nos outros, nos leva a conjeturar constantemente, sentados na ponta de nossas cadeiras. Os Românticos nos Negócios buscam essa estranheza em todas as formas de socialização. Nosso primeiro contato com um estranho, que nos abre e faz com que nele confiemos, é um momento milagroso. É assim que tudo começa.

É claro que essa visão difere em muito da perspectiva de um networker típico, um cruzamento de predador em sua ronda e um artista de rua colocando-se diante do público para avaliação e, finalmente, validação. Vi certa vez numa recepção um sujeito com seu cartão de visitas na mão abordar todas as pessoas que estavam sozinhas na sala. Em vez de puxar conversa, ele dava seu cartão, pedia um em troca e se despedia. Eu não sabia se devia condená-lo por sua aspereza ou admirá-lo pela eficiência. Qual a vantagem de ir direto ao assunto se não há uma trama?

Do ponto de vista transacional, os eventos que visam a formação de redes sociais são atraentes exatamente porque são muito eficientes. Num bom evento você pode conhecer mais "alvos relevantes" em duas horas do que poderia através de um ano de "esforços direcionados". Os eventos desse tipo também servem para cultivar influência, o que requer a preponderância de VIPs e dos assim chamados líderes de opinião, os mais famosos que for possível. Além disso, organizar um evento social oferece uma boa desculpa para enviar e-mails a centenas de pessoas desconhecidas. Você pode impressionar, mesmo que nenhuma delas apareça.

Mas essas são as razões racionais para se continuar a fazer networking. Todos nós sabemos, pela lógica, por que esperam que circulemos por uma sala tentando ser ouvidos por cima do barulho de dezenas de outros convidados competindo por atenção. Os Românticos nos Negócios, por seu lado, estão em busca de uma experiência cujas compensações imediatas são menos óbvias.

Num jantar para networking a que compareci, os lugares à mesa eram mudados constantemente, pondo todo mundo em contato com todo mundo durante a refeição. No fim da noite, eu estava sentado ao lado de uma mulher que se voltou para mim e disse: "Você é a única pessoa aqui com quem ainda não falei!" Sorrimos um para o outro e a seguir ambos mudamos de lugar, sentindo um elo mudo criado por aquilo que não foi dito. Não consigo me lembrar da maior parte das conversas que tive naquele jantar, ao passo que o rosto daquela mulher permanece em minha memória. Formamos uma conexão genuína sem nunca termos conversado.

Nada é mais frustrante para um romântico do que a dissimulação. Somos cautelosos em relação a eventos de networking disfarçados de outra coisa, como "jantar com amigos" ou "encontro divertido e informal". É claro que negócios constituem a razão para estarmos lá, mas nenhum de nós de fato comparece *estritamente* para negócios. Ninguém quer ser parte de um rebanho. Comparecemos porque queremos alguma emoção ou um vislumbre de esperança; estamos em busca de trocas que podem oferecer a possibilidade de uma conversa significativa, ou até mesmo transformadora. Comparecemos porque não podemos deixar de perguntar: E se?

Veja o caso de Harald Neidhardt, que voa com frequência entre Hamburgo e San Francisco. Ele é o fundador da MLove, uma rede de conferências que tem seu principal evento num velho castelo perto de Berlim.[1] Cada encontro reúne um pequeno grupo de participantes dos mundos empresarial, acadêmico e artístico – do gerente de TI da Lufthansa ao empreendedor do Vale do Silício e o hacker romeno – para três dias de conversas centralizadas em tecnologia e sociedade. O local é remoto para evitar distrações e encoraja os participantes a se comprometerem totalmente com a experiência. Muitos participantes de eventos MLove, e até mesmo palestrantes, dormem em acomodações provisórias no castelo, entre estranhos e longe do conforto e das regalias de outros encontros exclusivos. Somente um andar e uma escadaria separam o dormitório das palestras. Inspirado nos primeiros dias do Burning Man – o legendário festival no deserto de Nevada que festeja a autoexpressão através dos mecanismos da economia de permutas, Neidhardt preparou-se para criar a melhor conferência para os Românticos nos Negócios.

"Eu queria organizar um encontro de negócios onde as pessoas se sentissem menos sós", contou ele. No MLove há instalações artísticas, performances musicais, jogos sociais e jantares, e, é claro, também conversas. O foco está na criação de momentos de inspiração e revelação. A atividade de networking está fora do contexto e o evento não tem a atmosfera de uma conferência típica. "Se os participantes estabelecerem uma ligação, certamente acabarão tendo uma ideia de negócios que poderá ajudá-los a manter a conexão", disse Neidhardt rindo. "Minha noção de sucesso é fazer os olhos das pessoas brilharem."

Gianfranco Chicco, organizador de conferências que realizou numerosos eventos que tratavam de inovação e tecnologia na Europa, é ainda mais romântico em suas ambições. Ele contou-me que quer organizar um dia uma "conferência para dois". Será certamente a mais exclusiva do mercado. Experimente uma no seu escritório.

ESTRANHOS NA CASA

Temos nossa maior fonte de atritos – e emoção – em encontros com estranhos. Os opostos se atraem, diz a sabedoria popular. O melhor exemplo dessa oposição vem dos estranhos em nossa própria casa. São os oponentes e rebeldes que questionam o *status quo* e se desviam da norma; são as gemas ocultas de qualquer cultura inovadora.

As empresas acharam suas próprias maneiras de institucionalizar a oposição. Uma é o "artista residente" – um formato usado por várias organizações, como IDEO,[2] Siemens,[3] e Nasa, para permitir que indivíduos (artistas, curadores, estudiosos) atuem fora das suas comunidades usuais. Existe até um programa de artista residente no centro de reciclagem de lixo de San Francisco desde 1990.[4] Nos melhores casos, o artista residente desempenha o papel do estranho familiar. Ele é um residente corporativo, mas não um cidadão da corporação. Como não goza dos mesmos direitos dos membros efetivos da organização, ele tem mais liberdade para experimentar.

James George é o primeiro artista residente da Microsoft Research. Sob os auspícios do Studio 99, a unidade criativa e experimental especial da Microsoft, George passou três meses criando aplicativos de codificação que permitem que os artistas se acoplem a interfaces da empresa. "Os artistas abordam a codificação com uma mentalidade diferente e precisam de uma linguagem diferente", explicou George. "A Microsoft estava aberta para aceitar as lições que havíamos aprendido com iniciativas de fontes abertas e trazer esse modo de pensar para dentro da própria plataforma."[5] Vendo suas ferramentas através dos olhos de um estranho, a Microsoft ligou-se a uma comunidade de usuários totalmente diferentes.

Nas salas de imprensa, o editor público desempenha um papel semelhante, mas com um mandato diferente. Representando os interesses dos leitores e do público em geral, ele serve como cão de guarda interno que mantém a organização e seu pessoal dentro dos mais altos padrões éticos e profissionais, muitas vezes investigando decisões editoriais e analisando possíveis influências na cobertura. Por exemplo, Margaret Sullivan, atual editora pública do *New York Times*, fez com que a publicação revisse aquilo que ela criticava como cobertura insuficiente da política do governo americano com relação a drones [pequenos aviões não tripulados, usados para espionagem e atentados].[6]

Até mesmo as Forças Armadas, as mais hierárquicas das instituições humanas, abrem espaço institucional para opositores. O Exército dos EUA dirige uma unidade para ruptura interna: a University of Foreign Military and Cultural Studies, sediada em Fort Leavenworth, Kansas, também chamada de "Universidade da Equipe Vermelha". O currículo da escola é concebido para combater o pensamento grupal institucional dos militares dando autoridade e treinamento a céticos internos.

O cético interno, o editor público e o artista residente levantam sérias questões a respeito das instituições às quais pertencem e de como elas operam. Oscilando entre atrito e oposição aberta, todos são pessoas com alto grau de independência, posicionadas fora da ação, mas no centro dos assuntos. São os "desajustados", os estranhos permanentes. São os eremitas românticos do atual mundo dos negócios.

Várias iniciativas estão em andamento para dar a esses intrusos internos uma voz coletiva, com uma comunidade mobilizada à sua volta. Apresentei você à Liga dos Intrapreneurs, lançada por Alexa Clay e Maggie De Pree, no capítulo dois. Clay e De Pree visam equipar os funcionários opositores com as melhores práticas e ferramentas para capacitá-los para que se organizem de forma mais eficaz. Além disso, elas pretendem conscientizar os dirigentes sobre o potencial da delegação de poderes a essa forma positiva de desobediência.

"Uma das maiores dificuldades enfrentadas pelos intrapreneurs sociais", contou De Pree, "é manter seu estado de pessoa de fora. Como atingir o grau correto de desconforto construtivo para provocar mudanças de dentro para fora?"

Corporate Rebels United[7] e Rebels at Work[8] são redes semelhantes e, como a Liga dos Intrapreneurs, buscam conectar causadores de mudanças dentro de corporações. A Rebels at Work foi originalmente inspirada por um movimento de "rebeldes" internos da CIA que criaram a premiada Intellipedia, uma plataforma similar à Wikipedia para partilhar inteligência entre agências do governo. Os três grupos visam prover suporte estrutural necessário para impedir que os rebeldes corporativos sejam puxados de volta aos comportamentos normativos da cultura da organização.

As próprias empresas começaram a adotar sua oposição interna e organizar "instituições" que questionem as iniciativas de cima para baixo e sirvam como fortes contra movimentos que levem essas iniciativas a serem repensadas ou mesmo reformuladas. Algumas têm lançado unidades de perturbação interna que podem gerar inovações radicais a partir da esquerda. A Anheuser-Busch, por exemplo, montou em Palo Alto uma "Beer Garage"[9] [Cervejaria de Garagem]. Trata-se de uma tentativa de realizar experimentos com tendências emergentes no marketing digital sob o radar da cultura mais conservadora da empresa. O McDonald's fez o mesmo.[10]

Como alternativa, as empresas também podem contratar consultorias em inovação – como a IDEO ou a Frog Design, que são essencialmente oposições contratadas – com permissão para perturbar o pensamento convencional e superar a miopia organizacional. Nesse caso, a ressalva é que essas intervenções externas podem conduzir a mudanças temporárias, mas não conseguir chegar a fazer parte do tecido cultural da empresa a longo prazo.

As organizações que permitem desvios e oposição criativos têm mais benefícios: elas reduzem a probabilidade de "pensamento grupal"; mostram aos seus funcionários que os valorizam como indivíduos e pelas suas diferenças; encorajam um intercâmbio aberto e, com isso, melhoram sua sensibilidade às tendências externas que podem estar emergindo; e se mantêm na dianteira antecipando mudanças de humor potencialmente perigosas dentro da própria organização. Com uma oposição interna forte e bem organizada, as empresas podem cobrir toda a amplitude do seu caráter corporativo. Isso lhes permite reconhecer que são complexas e multipolares, que têm dentro de si múltiplas verdades e que, através dessa tensão, podem se tornar capazes de se expandir e realizar todo o seu potencial.

Os Românticos nos Negócios gostam de ser eremitas e desajustados: estranhos em suas próprias casas. Mas eles também guardam espaço para outros opositores e rebeldes, mesmo que esses grupos se voltem contra eles, pois entendem que aqueles que discordam do presente muitas vezes veem o futuro com mais clareza e consideram uma deslealdade ocasional a mais forte forma de lealdade. Assim, certifique-se de que seus oponentes internos tenham um amplo e seguro espaço para se organizarem. Pergunte a si mesmo: Qual é o seu "subterrâneo"? Quem são seus antagonistas? Quem está vendo as falhas na sua organização e procurando atacá-las? Convide-os a fazê-lo antes que eles o façam por conta própria (e levem outros com eles). Promova a inclusão deles e não seu isolamento.

OLHOS DE OUTRAS PESSOAS

Nossa especialização em nossos respectivos campos é, em geral, o que nos cega para as soluções mais estimulantes e inovadoras. A palavra "amador" vem do latim *amatorem*, que significa "amante". Amadores fazem coisas porque gostam de fazê-las, não porque são bons nelas. Não recebem remuneração nem uma revisão de desempenho por seus esforços, mas podem dar à empresa sua maior inspiração.

Por exemplo a LEGO, famosa empresa de brinquedos, conseguiu voltar da quase falência conectando-se com os "amantes" da marca. Ela concentrou sua energia nas comunidades de fãs LEGO em todo o mundo – envolvendo crianças e adultos – e saudou com entusiasmo o trabalho criativo dos seus usuários mais devotados. Alguns deles lançaram Brickfilms, uma série de filmes de animação apresentando objetos feitos com os blocos LEGO;[11] outro usuário criou uma série de fotos chamada

"The Legographer", uma coleção de fotos tiradas diariamente com seu celular, que mostram o mundo visto através dos olhos de um bonequinho LEGO;[12] outro criou conjuntos LEGO especiais para pedir em casamento sua namorada, outra amante de LEGO – é claro.[13]

Na Frog Design, a campanha de marketing de maior sucesso em que me envolvi foi obra de uma amadora, uma "amante", que não sabia o que estava fazendo. Ashley Menger, do nosso escritório em Austin, não era amadora em seu campo; na verdade, era uma das melhores pesquisadoras com quem tive o privilégio de trabalhar. Mas ela era uma amadora no sentido de que se afastou da sua profissão e criou um experimento motivado por nada mais que o desejo de uma investigação pessoal. Um dia, ela escreveu no seu blog:

> Quem sou eu? Adoro os copos descartáveis do pudim Jell-O. Projetei cinco esquemas de embalagem que estão em plena produção. Reciclo quando vejo um recipiente para reciclagem. Meu senhorio tem um dispositivo para compostagem que eu pouco uso. Sinto um pouco de culpa, mas na realidade esse problema ainda não é meu... Mas essa não é a pessoa que desejo ser. Quero realmente fazer uma diferença. Sempre achei que nossa enorme produção de lixo não tem sentido e nunca tive medo de dizê-lo. Contudo, estou começando a sentir a hipocrisia de escolher uma meta verde sem vivê-la no nível pessoal, diariamente. Tenho observado meus comportamentos esbanjadores e tenho muitas mudanças a fazer.[14]

Assim, um dia, Ashley começou a coletar seu lixo e levá-lo com ela num saco plástico amarelo. No quinto dia, o saco estava bastante grande e ela era uma figura muito comentada nas ruas de Austin. Ashley estava procurando chamar a atenção para nosso comportamento de excesso de consumo e sua ação drástica era tangível e facilmente compreendida. Aquele experimento não só a ensinava a respeito do seu impacto ambiental sobre o mundo, mas também como lidar publicamente com seu comportamento pessoal, inclusive a mistura de apoio, admiração, crítica e escárnio que ele provocava.

Ashley começou um diário no blog intitulado *Trash Talk* [Papo de Lixo] no qual documentava sua produção diária de lixo e trocava ideias sobre seus padrões de consumo. Sua iniciativa em pouco tempo tornou-se popular e não demorou muito para que seus colegas na Frog seguissem seu exemplo. Em poucos dias, tínhamos funcionários carregando lixo em Xangai, Seattle e Milão. Uma semana depois de começarmos a apresentar *Trash Talk* com destaque em nosso website e amplificar o esforço através de nossos canais de mídia social, seguidores de fora da Frog lançaram seus próprios experimentos de *Trash Talk*. A imprensa ficou sabendo e iniciou-se um minimovimento.[15]

O que fez isso acontecer? *Trash Talk* combinava dedicação a uma boa causa com ativismo pessoal. Não era apenas mais um programa de marketing de causas, nem uma empresa financiando atividades filantrópicas louváveis. *Trash Talk* foi lançado por um indivíduo com o desejo de assumir responsabilidade. Ashley o fez sem seguir nenhuma regra ou decreto profissional. Ela estava simplesmente curiosa: um amador é, acima de tudo, um amante do aprendizado. Fazer coisas com espírito amador renova nossos olhos: permite que experimentemos e apreciemos o desconhecido dentro do familiar.

Essa tensão entre desconhecido e familiar também foi tornada evidente numa das mais notáveis campanhas de marketing dos últimos anos: a campanha "Real Beauty Sketches" da Dove. A marca de produtos para cuidados pessoais contratou um artista judicial – um mestre em esboços criminais que costumam aparecer nos anúncios de "Procurado" e em reportagens na televisão – para desenhar dois retratos de cada uma de dez mulheres por ela selecionadas. No primeiro retrato ele usou somente a linguagem descritiva de cada uma, pedindo-lhes que respondessem à pergunta: "Com que você se parece?", mas nunca olhando para elas com seus próprios olhos. O segundo retrato foi criado com base na descrição de um estranho. Diferentes estranhos foram apresentados a cada uma das mulheres e tiveram a oportunidade de falar com elas. A seguir, esses estranhos sentaram-se na mesma sala com o artista e descreveram a aparência de cada mulher.

A Dove lançou um documentário a respeito do projeto, que culminou com uma exibição final dos retratos das mulheres mostrados lado a lado.[16] Uma a uma, as mulheres entravam na galeria e olhavam primeiro para o retrato baseado na sua própria descrição e, a seguir, para o retrato visto através dos olhos de estranhos. Em cada comparação, o primeiro retrato parece mais severo, mais ausente – menos "belo" do que o segundo. É difícil não se comover ao observar as mulheres cara a cara com suas próprias percepções ao lado daquelas do mundo. "Preciso trabalhar em mim mesma", disse uma mulher desapontada depois de comparar seus dois retratos.

A série da Dove usou os olhos de um estranho para revelar a beleza interior de cada mulher participante. Algumas vezes, somente a perspectiva de um estranho pode nos fazer apreciar aquilo que se tornou demasiado familiar.

Isso me faz lembrar uma história que minha mulher contou a respeito de um dos seus primeiros empregos depois de formada. Ela trabalhava numa empresa de propaganda em Nova York, onde respondia a uma vice-presidente. Ocasionalmente, às sextas-feiras, elas trocavam seus papéis: chamavam aquilo de "Sextas-feiras Bizarras". Trocavam de mesa, cada uma recebia as chamadas da outra e até mesmo tomavam algumas decisões uma em nome da outra. Logo que saiu da faculdade, minha mulher tinha sido contratada inicialmente como assistente administrativa, mas logo tornou-se uma gerente de projetos pau pra toda obra. Seu chefe era um executivo experimentado, e ela levava muito a sério a orientação dele. Trocar de papéis foi uma das muitas maneiras pelas quais ela abriu suas asas. Mas a "Sexta-feira Bizarra" não era benéfica para a parte subordinada; a chefe de minha mulher também deixava sua zona de conforto e aquele ritual lhe dava uma oportunidade para entender seu negócio através de outro par de olhos. A troca de papéis deixava as sextas-feiras diferentes e o caráter improvável do dia era estimulante para ambas.

Imagine se a chefe de minha mulher permanecesse em sua mesa e dedicasse seu tempo a aprender outras perspectivas. Por mais absurdo que isso pareça, cometemos esse erro o tempo todo, tratando a empatia como conceito abstrato que pode ser analisado separadamente da nossa experiência vivida no mundo. A empatia precisa ser sentida no corpo, talvez através de um ato físico como caminhar. O biólogo alemão Jakob von Uexküll proclamou certa vez: "A melhor maneira de constatar que não há duas visões do mundo iguais é ser liderado através de um território desconhecido por alguém que o conheça bem. Seu guia segue infalivelmente uma trilha que você não consegue ver."[17] A artista de instalações Janet Cardiff, famosa por estabelecer caminhadas com áudio e vídeo como formas de arte, convida os participantes a experimentar o mundo de uma maneira inteiramente nova movendo-se através do espaço ouvindo suas narrativas ficcionais através de fones de ouvido.[18]

As sessões de treinamento nas corporações começaram a formular seminários com base nas obras de artistas como Cardiff. Elas criam caminhadas temáticas exploratórias pelas cidades como uma via de inspiração para os líderes empresariais. Sendo forçados a deixar o caminho habitual, os participantes têm uma oportunidade para ver o mundo de uma perspectiva diferente. Em San Francisco, um grupo de reformadores corporativos, artistas e cientistas promove regularmente "caminhadas para pensar", cada uma dedicada a um tópico específico. Essas caminhadas podem ser usadas para preencher vazios e reduzir as tensões que surgem nas organizações. As empresas poderiam até instituir caminhadas regulares para pares de colegas que, devido às suas funções e seus papéis, tendem a ser antagonistas ou, no mínimo, mutuamente insensíveis.

Um caso que vem imediatamente à mente é a tensão natural entre o diretor de marketing (DM) e o diretor financeiro (DF), um antagonismo clássico na moderna corporação porque as agendas normalmente são muito desalinhadas: o DM gosta de gastar dinheiro para construir uma marca e conquistar clientes, ao passo que o papel do DF é forçar a responsabilidade fiscal, controlar despesas e responsabilizar aqueles que gastam pelo retorno sobre seus investimentos.

As consequências desse desalinhamento pode variar de perturbações atmosféricas a feudos passivo-agressivos ou à guerra aberta. A falta de compreensão mútua deve-se em geral aos mandatos opostos e não necessariamente a questões de personalidade. Durante meu período como DM da Aricent, a firma de serviços de engenharia, tive vários desacordos com o DF a respeito de orçamentos, bem como da direção estratégica da empresa, mas depois que ele a deixou enviou-me um e-mail simpático contando que tinha o maior respeito pelo meu trabalho e que sua oposição devia-se simplesmente ao fato de ele ter que "usar o chapéu de DF".

Se você pode usar um chapéu, também pode tirá-lo. Em vez de ficar trocando e-mails, imagine o DM e o DF fazendo uma "caminhada para pensar" duas vezes por mês para discutir as coisas. (Isso poderia ocorrer na forma de convites especiais para selecionar novos participantes.) Isso poderá parecer estranho no início, mas imagine como esse momento de estranheza comum será bom para você se revelar e reconhecer o outro. Se você for o DM, poderá até elevar seu orçamento. E pense como sua vida profissional será muito mais rica se for uma coleção de caminhadas e não de reuniões.

VAGUEAR SEM MAPAS

Todo plano de negócio é um mapa que aponta a posição de uma empresa no mercado em relação às outras. Precisamos de nossos mapas, mas como Românticos nos Negócios, também precisamos reinventá-los e até mesmo jogá-los fora de tempos em tempos. O movimento artístico e político Internacional Situacionista – ativo nas décadas de 1960 e 1970 – jogava com o que era chamado de "psicogeografia".[19] Em um dos seus experimentos mais famosos, os membros fundadores caminharam por uma região da Alemanha somente com um mapa de Londres para guiá-los.

Esse exemplo pode parecer extremo, mas caminhamos com mapas culturais conflitantes o tempo todo. Reúna seus colegas e peça-lhes que desenhem uma planta dos escritórios. Cada um deles irá criar um desenho diferente, baseado na sua experiência do espaço. Como no caso dos experimentos artísticos dos situacionistas, dê ao seu programador o mapa desenhado pela sua recepcionista. O que acontece quando um faz a jornada do outro? Peça que seus consumidores desenhem um mapa mental da estratégia da empresa. Será que ele corresponde de algum modo ao mapa desenhado pelo seu CEO? E como ele fica comparado com os mapas mentais das estratégias dos seus concorrentes?

Como alternativa, tente vaguear pelo trabalho por um caminho diferente. Se caminhar com os outros – gerenciar caminhando – é um ato de empatia que nos força a acertar o passo com o outro numa coreografia sintonizada, então passear sozinho é um exercício de consciência. O passeante, o famoso arquétipo do andarilho urbano, deixa seu apartamento de manhã sem nenhum plano. Ele sai pela porta com somente chapéu e bengala, aberto ao mistério e à serendipidade.

A cidade de Nova York tem bairros concebidos para andarilhos e também bairros projetados como grades para que a pessoa de negócios faça transações. Caminhar ao longo de grades permite que a pessoa vá rápido de um lugar para outro, para ver exatamente o que veio primeiro e o que está à frente. A parte central de Manhattan é um perfeito exemplo disso. Consegui recentemente fazer quatro ou cinco reuniões por dia, sem nunca deixar um raio de dez quarteirões.

O West Village, por outro lado, é o território do andarilho. Cheio de curvas, becos misteriosos, ruas e avenidas, ele é feito para se vaguear. Embora seja difícil chegar depressa a qualquer lugar, é fácil achar coisas para descobrir. O West Village é um lugar muito difícil para se fazer negócios, mas pode ser um lugar adorável para terminar uma tarde. Quanto do seu próprio espaço foi projetado, metaforicamente, para se parecer com a região central de Manhattan? E se você cultivasse um West Village em seu escritório? De vez em quando o Romântico nos Negócios tira trabalho da grade. Crie obstáculos à eficiência. Force as pessoas a olhar para cima e interagir. Junte departamentos para que eles se descubram. Encoraje seus clientes ou funcionários a ser andarilhos. Se eles são guiados de forma previsível de uma coisa para outra, dê-lhes esquinas para virar, espaço e histórias para descobrir.

Esse tipo de descoberta requer que haja informalidade suficiente no seu projeto organizacional. Na Frog Design, chamada pelos funcionários de "nova empresa de quarenta anos", dizia-se muito que, para prosperar, "é preciso ser a água, não a rocha", querendo dizer que é preciso não só encontrar, mas também *criar* seu próprio caminho através da organização.

Isso requer grande agilidade e flexibilidade e, acima de tudo, excesso de curiosidade. Mas isso somente funciona como princípio organizacional onde existe bastante espaço aberto, bastante território não mapeado, para recompensar o andarilho.

Quando você pensa a respeito, esse é um dos princípios vitais da inovação em geral. De fato a Bell Labs, uma das maiores fábricas de ideias do século XX e o lar de invenções que vão do transistor ao laser e ao sistema telefônico celular, foi concebida com esse princípio em mente. Mervin Kelly, presidente da Bell Labs, acreditava em encorajar cientistas de diferentes disciplinas a se misturar. Ele projetava longos corredores colocando físicos perto de engenheiros elétricos e químicos para que os pesquisadores fossem forçados a se encontrar e começassem a conversar.[20]

Estudos recentes constataram que uma superposição nos padrões diários de caminhadas aumentam o nível de colaboração.[21] As empresas mais inovadoras de hoje, como Google, Samsung, Salesforce.com e Tencent tornaram os encontros felizes parte integrante dos projetos de seus locais de trabalho, e os arquitetos desenvolveram modelos de computador complexos que não deixam nada para o acaso. Para sua sede em Las Vegas, a varejista on-line Zappos chegou a introduzir a nova métrica de "colisões de pessoas" (com colegas e estranhos fora do edifício da empresa) para promover a criatividade.[22]

Porém, esses exemplos de felicidade casual cuidadosamente planejada não podem substituir a verdadeira imprevisibilidade. Allison Arieff, que escreve a respeito de arquitetura e projeto para o *New York Times*, comentou: "As únicas pessoas que você realmente encontra são seus colegas de trabalho e, em certo ponto, penso que isso conduz a certo nível de egocentrismo, porque você está sempre falando com pessoas que concordam com o que você está dizendo."[23]

Esse fenômeno se aplica a outros aspectos de nossas vidas. Nossos "gráficos sociais", expressão criada pelo Facebook para descrever nossos laços on-line e off-line, podem ditar nossa exposição uns aos outros. Como a tecnologia digital torna-se cada vez mais sofisticada na personalização de nossas experiências sociais, cada um de nós está cada vez mais preso em seus feudos cultural e moral – "Bolhas de Filtro", como Eli

Pariser, ativista da internet e presidente da MoveOn.org os chamou.[24] Essas são obras de algoritmos programados para refletir constantemente para nós as variações de nossa própria imagem. Quanto mais os alimentamos com nossos "gostos", "cliques" e "opções", mais sobre nós os algoritmos devolvem. Se não tomarmos cuidado, logo começaremos a viver numa casa de espelhos. Todo o nosso conteúdo é especificamente concebido para se parecer conosco. Mas quem não é nós? Onde estão os estranhos? Não temos a menor ideia.

Os encontros românticos correm o risco de serem reduzidos a algoritmos: as uniões são feitas por sites para marcar encontros; a comunidade é cuidada menos por um senso de cidadania do que por "preferências" comuns; e a imprevisibilidade das viagens está sendo minimizada por características exclusivas como serviços privados de segurança, privilégios para usuários frequentes de linhas aéreas e aplicativos sociais que permitem que os viajantes escolham quem irá sentar-se ao seu lado no avião.[25] O resultado será mais opções, mas menos oportunidades para encontros casuais. Temos mais reuniões sem que realmente nos encontremos com alguém.

A tecnologia pode agravar a dor, mas também pode ser a cura. "20 Day Stranger", um aplicativo para iPhone desenvolvido pelo Media Lab do MIT e pelo Dalai Lama Center for Ethics and Transformative Values, promete "uma pequena janela para um mundo mais amplo". Ele permite que dois estranhos dividam sua experiência do mundo – anonimamente – ao longo de vinte dias, promovendo empatia e tolerância no processo.[26]

A ascensão da economia de intercâmbio – modelos de negócios que permitem a divisão de recursos entre consumidores – também tem o potencial para nos expor a mais estranhos – e mais estranheza. Considere a Airbnb, o mercado on-line de aluguéis para férias privadas ou acomodações só com café da manhã. Sem dúvida, o serviço é perturbador. Há apenas alguns anos a ideia de alugar sua própria casa a estranhos teria sido completamente insondável, mas a Airbnb transformou-a num negócio e numa prática social amplamente aceitos. Existem razões econômicas evidentes para o sucesso da Airbnb, mas para os românticos o principal valor da empresa é sua capacidade para trazer de volta a estranheza às viagens. Seus usuários dividem entre si uma pequena parte de suas vidas. É certo que eles têm opções e tipicamente entram em acordo com amplo conhecimento a respeito da outra parte, mas ainda se trata de um jogo para ambos os lados e o acaso permanece como parte do jogo. Você apenas não sabe exatamente quem irá conhecer – e essa é a emoção romântica da coisa.

Outros exemplos de serviços de consumo colaborativos oferecem benefícios similares, além de serem meramente um serviço: pense em provedores de transporte solidário como Carpooling, Uber ou Lyft. Todas essas empresas operam com base em redes que facilitam as conexões entre motoristas e passageiros. Os usuários classificam os motoristas, motoristas classificam usuários e usuários classificam usuários; e as notas de confiança resultantes minimizam as preocupações quando se entra no carro de um estranho. Mas também aqui existe um elemento de risco e a emoção do desconhecido é um ingrediente importante da experiência. De fato, além da economia de combustível, o elemento social – a possibilidade de conhecer estranhos – é uma parte grande da fórmula do sucesso. A Carpooling, por exemplo, afirma em seu site que levou a "mais de 16 casamentos e milhares de amizades".[28] É interessante notar que em um dos roteiros originais, de Berkeley a San Francisco, estranhos embarcaram nos carros e criaram leis estranhas a respeito do que poderia e não poderia acontecer no carro.

A Uber, a controversa "Empresa de Rede de Transporte", como ela mesma se descreve, resume o potencial romântico da economia de partilha. Devido à densidade da sua rede e à natureza sob encomenda do seu serviço, é mais provável que você se conecte rapidamente com um motorista da Uber na sua vizinhança do que achar um táxi. Quando você pede uma viagem através do aplicativo móvel da Uber, a interface lhe dá o nome do motorista e também sua foto, sua classificação em termos de serviço, sua atual localização e o modelo do carro. Então você tem alguns minutos – geralmente menos de cinco numa grande cidade – para pensar no estranho que está sendo enviado. Quando ele chega, você pode saudá-lo pelo nome – "Alô, George" – criando imediatamente um pequeno elo entre vocês. O aspecto transacional da relação é mitigado pelo uso de cartões de crédito na rede da Uber e assim passageiro e motorista estão livres para experimentar a evolução da conversa. O modelo de negócio da Uber é mais conveniente e eficiente que o dos táxis, mas o Romântico nos Negócios o aprecia por outras razões. Um táxi provê um serviço; a Uber provê um estranho útil, que gentilmente lhe oferece um passeio.

Tirando proveito do excesso de capacidade, os pioneiros da economia de partilha têm tornado o consumo mais colaborativo e conveniente. O passo seguinte, mais romântico, poderia ser nos tornar mais felizes utilizando o excesso de capacidade *social*: todos os estranhos que estão perto de fazer diferença em nossas vidas – e na deles. Um estudo realizado pelos cientistas comportamentais Nicholas Epley e Juliana Schroeder ilustra o potencial das microinterações casuais.[29] Os dois pediram a passageiros de trens de subúrbio que conversassem com estranhos em um trem a caminho do trabalho e depois perguntaram a respeito da experiência que tiveram, em comparação com aquela de passageiros que viajaram sem conversar com ninguém. Aqueles que tiveram interações sociais casuais relataram em geral mais emoções positivas. Até mesmo os pesquisados ficaram surpresos por essa constatação, pois haviam previsto o oposto e portanto evitariam fazer contato. Essa diferença entre nossas expectativas e nossas experiências reais indica que subestimamos de forma consistente a importância de pequenos momentos de conexão, bem como o impacto que estranhos podem ter sobre nossa felicidade. Aparentemente, laços mais fracos são tão importantes quanto os fortes.

Os pesquisadores Michael Norton e Elizabeth Dunn, autores do livro *Happy Money*, fizeram recentemente um experimento semelhante, pedindo a clientes da Starbucks que tivessem uma "conversa genuína com o caixa", em vez de se limitarem a interações mínimas e eficientes.[30] Mais uma vez, aqueles que concordaram e puseram a conexão humana acima da eficiência, mostrando-se generosos com seu tempo e sua atenção, disseram que se sentiram mais alegres depois.

VENDER

Os vendedores talvez sejam as pessoas mais transacionais nos negócios, ou pelo menos isso seria de se pensar, dado o papel deles e a maneira pela qual seu desempenho é medido. Há somente uma medida, um tanto brutal, que é importante: quanto dinheiro você traz para a empresa. Existe pouca ambiguidade e nada a ser discutido; se as metas não são atingidas, cabeças rolam. Mas os vendedores não são somente as pessoas mais transacionais nos negócios; também são as mais estranhas. Com frequência são estranhos às suas indústrias e, muitas vezes, estranhos às suas organizações: "vendedores" que são desligados dos "produtores".

Todos os vendedores – como qualquer outro grupo nos negócios – têm estilos diferentes. Existem os "agricultores" (aqueles que cultivam as contas existentes); os "caçadores" (aqueles que vão atrás de novos clientes); e os "fechadores" (aqueles que fecham negócios). Contudo, a função parece atrair certo tipo de indivíduo com um conjunto universal de atributos: flexível, agressivo, faminto, obstinado e eternamente otimista. Os vendedores com quem trabalhei foram todos cordiais, amigáveis e gregários – e de repente iam embora. "Não atingiu sua meta", disseram quando perguntei ao departamento de recursos humanos a respeito do que havia acontecido com um de meus colegas. É por isso que os vendedores algumas vezes são considerados os "mercenários dos negócios": dada a natureza volátil do seu emprego, eles tendem a pular de um lugar para outro, transferindo rapidamente sua lealdade e sua identidade para diferentes organizações – ou talvez não se identificando com nada.

Em meu trabalho, recebo regularmente chamadas de vendas de representantes que querem vender patrocínios de conferências ou soluções de CRM (*customer relationship management* – gerenciamento de relações com clientes – parece haver muitas). Uma vez um sujeito deixou uma mensagem de vendas de seis minutos em três mensagens de voz separadas. "Receber muitas respostas negativas fará com que você receba mais respostas positivas", diz a sabedoria de vendas, mas perguntei-me como chamadas não solicitadas como aquela, baseadas em critérios tão superficiais, poderiam ser eficazes.

Eu deveria saber. Já fiz chamadas desse tipo, quando trabalhava com telemarketing em tempo parcial durante meus estudos. Trabalhando três tardes por semana, eu fazia parte de uma equipe de call center, cuidando de ligações em resposta a comerciais de TV que anunciavam de tudo, de medalhas a selos ou assinaturas de canais de TV paga. Eu recebia e fazia chamadas através de uma sofisticada plataforma de tecnologia, concebida para direcionar cada chamada ao agente certo. Embora se esperasse que eu "vendesse" para quem ligava para nós, o verdadeiro esforço de vendas estava nas chamadas para fora, em que eu – equipado com um minucioso roteiro e uma enorme relação de perguntas mais frequentes para orientar-me em praticamente todos os cenários possíveis – deveria ligar para estranhos de todas as idades e profissões, algumas vezes em horas impróprias, tentando forçar a venda de todos os tipos de itens. Uma noite liguei para mais de cinquenta mulheres na tentativa de vender a alguma calcinhas anticelulite.

Eu me sentia incerto a respeito do trabalho: por um lado, ficava chocado com meu atrevimento de incomodar pessoas em suas casas com ofertas não solicitadas. Eu era tão intrusivo quanto um vendedor na porta da casa delas, ou pior. Por outro lado, secretamente gostava de aprender pessoalmente a respeito da psicologia de vender. Além disso, a experiência de estar em um call center – o qual se parecia muito com uma *fábrica* de chamadas com centenas de terminais e agentes – era um exercício em dissonância cognitiva: vibrante e estimulante, mas também bizarro e alienante. Havia ocasiões em que eu me sentia como uma cabeça de gado, desprovida de qualquer dignidade humana, e depois havia momentos em que me sentia muito vivo como ser humano, prosperando na conexão com "os outros" da maneira mais direta e honesta imaginável.

Todos nós somos vendedores: alguns persuadem outras pessoas a comprar alguma coisa; outros persuadem a comprar uma ideia. Se os mercados são comunidades simpáticas para o intercâmbio social, então vender é a busca por um *indivíduo simpático.*

O aspecto mais surpreendente da minha curta carreira em telemarketing era o quanto as conversas eram íntimas com alguns dos meus "alvos" – alguns tão solitários que agradeciam pela oportunidade de conversar com outro ser humano (os idosos muitas vezes entravam em monólogos a respeito dos netos, tornando quase impossível para mim desligar o telefone). Com frequência os negócios começam quando termina a conexão romântica, mas também podem constituir um último recurso para qualquer tipo de conexão. Como o ato de receber uma mensagem numa garrafa numa praia distante, uma transação de negócios pode prover um contato humano genuíno em um mar de isolamento.

Vender permite que nos relacionemos com os outros sem a necessidade de aceitar todas as implicações emocionais de um relacionamento. Qualquer pessoa que vende oferece uma parte de si mesma, e talvez o calcanhar de aquiles do vendedor seja sua proposição única de venda: quando a rejeição é seu pão de cada dia, você não a sente tanto. No fundo, estar em vendas é profundamente romântico. Requer um perpétuo estado de insatisfação: o vendedor sempre anseia alcançar cada vez mais metas, atingir novas alturas antes inconcebíveis. É uma jornada sem fim. Os números podem crescer com o tempo, mas nunca serão suficientes.

O sociólogo Georg Simmel descreveu o estranho como alguém que "vem hoje e fica amanhã".[31] Ele está no grupo, mas não é *do* grupo; está mais distante do que perto. Esse estranho é uma figura comum em novelas, no teatro e nos filmes, mas também tem um papel essencial a desempenhar nos negócios. Se realmente pretendemos "fazer negócios juntos" – aquilo que o psicólogo Steven Pinker define como o gesto supremo de paz[32] – precisamos nos conhecer um ao outro, não melhor, mas de um modo diferente. Assim, continue se perguntando: Quem é você? Aja como um amador. Resista à conformidade e dê aos desajustados um lugar em sua casa. Veja o mundo através dos olhos de outro e vagueie sem mapas. Arrisque-se. Dê um passeio de carro. Faça mil chamadas não solicitadas em busca de um momento de calor humano. (Não) espere bondade de estranhos. Nem todas as pessoas podem ser conhecidas. Nem tudo pode ser familiar. Isso não é motivo para uma comemoração?

CAPÍTULO 5

Dê mais do que recebe

Sei o que te dei... não sei
o que recebeste.
– ANTONIO PORCHIA

Todo mês de dezembro, há mais de vinte anos, Tom Taylor e Jerome "Jerry" Goldstein, um casal de San Francisco, transformam o exterior de sua mansão vitoriana no Noe Valley numa representação fantasmagórica de animação pelas festas de fim de ano. A "Casa de Tom e Jerry", como ela é conhecida na vizinhança, fica no alto de uma das ruas mais íngremes da cidade e ostenta uma gigantesca árvore de Natal iluminada (um pinheiro comprado pelo casal em 1973), além de uma porção de ornamentos e ursos coloridos. Acima da porta da garagem (transformada em lareira) estão penduradas duas meias de mais de 2 metros, repletas de bichos de pelúcia. Um trem de brinquedo enorme, incluindo um urso-polar, apita rodando em torno de uma roda-gigante; são necessários pelo menos 15 minutos para contar os inúmeros ursinhos embutidos no painel cuidadosamente decorado. O Papai Noel aparece todo fim de tarde, muitas vezes acompanhado por multidões de Toms e Jerrys distribuindo panfletos e presentes. Com o passar do tempo, a casa tornou-se um destino popular para as crianças e seus pais, uma atração municipal que causa admiração e prazer e também orgulho cívico. A casa até inspirou um documentário: *Celebrando o Natal*: *A visão da Árvore de Natal de Tom e Jerry*.[1] Tom e Jerry não aceitam doações, pois a árvore e a casa são um "reconhecimento do espírito das festas, inclusive de ricos e pobres, jovens e velhos, crianças de todas as idades e a beleza, o espírito e a diversidade que San Francisco oferece".[2] Em poucas palavras: a Casa de Tom e Jerry é um presente.

Em *The Gift*, sua obra seminal sobre arte e economia, o poeta e crítico cultural Lewis Hyde diz que presentes, ao contrário de commodities, criam relacionamentos.[3] Dando um presente a uma pessoa, nós estamos reconhecendo-a, e esse reconhecimento é a maior dádiva de todas. Um presente também envolve um elemento surpresa: quem pensaria em pedir a Casa de Tom e Jerry? Contudo, muitas famílias têm sido encantadas por ela. Um bom presente não satisfaz nossas necessidades imediatas; ele revela nossos desejos latentes. Alarga nossos horizontes e estica nossas almas. Os cartões de presente, por outro lado, são o máximo em antipresentes: delegam a escolha a quem recebe. Dar dinheiro reduz a troca de presentes a uma mera transação.

A magia dos presentes me faz lembrar uma história que ouvi certa vez a respeito da filmagem de *O franco-atirador*. Enquanto a equipe estava filmando a famosa sequência do casamento, o diretor Michael Cimino encorajava os muitos extras a tratar as festividades como um casamento de verdade, para aumentar a autenticidade das cenas. Antes de filmar a recepção, Cimino instruiu os extras a pegar caixas vazias em casa e embalá-las como se fossem presentes de casamento reais e levá-las ao local das filmagens no dia seguinte. Os falsos presentes seriam usados na recepção filmada. Os extras seguiram as instruções; porém, quando Cimino inspecionou os presentes, percebeu que eles eram muito mais pesados do que caixas vazias. Ele abriu alguns deles e constatou que os extras haviam embrulhado presentes de verdade para o casamento.

Quando se vê o filme hoje, é difícil deixar de imaginar o prazer de cada um dos atores, a alegria que eles devem ter sentido em carregar presentes reais, escolhidos por pessoas de verdade. Por exemplo, não é sempre um desapontamento no Natal quando as lojas de departamentos enchem as vitrines com caixas e caixas de falsos presentes sob as árvores? Nesse caso, os presentes são mera decoração, sem nenhum significado além de sua aparência superficial. Mas, como nos mostra o filme, presentes falsos carecem de significado. Há algo espiritual que emana de um presente de verdade, algo que fala ao espírito das pessoas nos dois lados do relacionamento.

As empresas estão começando a embutir doação e generosidade em sua estrutura transacional. "Crie mais valor do que você recebe", recomenda o consultor de tecnologia e editor da internet Tim O'Reilly a respeito de produtos e serviços que constroem ecossistemas sustentáveis.[4] Em seu livro *Give and Take*, Adam Grant, professor da escola de administração de Wharton, explora os benefícios da generosidade no trabalho.[5] Grant afirma que o altruísmo no local de trabalho é uma fonte subvalorizada de motivação. As empresas deveriam ter um forte interesse em promover um comportamento de doação, uma vez que ele amplia aspectos vitais do seu desempenho, inclusive colaboração efetiva, inovação, excelência em serviços e garantia de qualidade. Por exemplo, um dos estudos de Grant sugere que interromper o trabalho dos funcionários dando-lhes tarefas altruístas ocasionais aumenta seu senso geral de produtividade. Analogamente, diz Grant, a disposição para ajudar outras pessoas está no centro de uma carreira plena. Ele cita o conselho de Adam Rifkin, empreendedor e a pessoa mais conectada na rede social LinkedIn: "Você deveria estar disposto a abrir mão de cinco minutos do seu tempo para qualquer pessoa."

Ser generoso com o próprio tempo pode ser o maior presente nos negócios. Por mais de dez anos, a Frog Design sediou a festa de abertura da South By Southwest (SXSW), o influente encontro anual da comunidade de tecnologia em Austin.[6] Mas o termo "sediar" não diz toda a verdade: a Frog trouxe um tema diferente a cada ano (de "Jogar com o Tempo de Luz" a "A Outra Singularidade"), concebeu a experiência do evento e construiu todos os tipos de artefatos e instalações interativas para serem exibidos no local. Aquilo que começou como um pequeno evento para amigos e a comunidade local cresceu ao longo dos anos para uma festa imperdível na SXSW e uma das maiores da indústria de tecnologia. Em 2013, compareceram mais de 3 mil pessoas.

Enquanto trabalhava na Frog, tive o privilégio de testemunhar a paixão da equipe da empresa em Austin, que cuidava de tudo todos os anos, liderada pelo incansável Jared Ficklin, o gênio de projetos e mestre de cerimônias. Quer se tratasse de versões reais de jogos de computador como Eletro Tennis e Tetris Humano, criaturas híbridas como Zen Robots ou, meu destaque pessoal, Port-A-Potties ativado por sensores de movimento (com projeções de vídeo que eram exibidos quando um penico estava ocupado e se a pessoa que o estava usando estava sentada ou em pé): se fosse estranho, Jared e sua equipe podiam construir.

Porém, a coisa mais notável a respeito da festa era sua natureza extracurricular: a equipe da Frog trabalhou nela principalmente nas suas horas de folga: em fins de semana e à noite. Apesar disso, o custo de oportunidade foi alto. Um volume ainda significativo de horas faturáveis foi para a produção do evento e a linha entre paixão e obsessão foi cruzada muitas vezes. Em termos estritamente de negócios, eu gostaria de poder dizer que o investimento produziu retornos importantes. A festa certamente obteve cobertura nacional de mídia e nos deu a oportunidade perfeita para impressionar os clientes, levando em alguns casos a novos projetos. Mas, francamente, isso não foi nada comparado com as horas que a equipe da Frog investiu e com a eficácia com a qual poderíamos ter investido o dinheiro em esforços direcionados para desenvolvimento de negócios. A festa ocupou quase todo o nosso estúdio em Austin nos três meses anteriores ao evento. Todos os anos fazemos a nós mesmos a mesma pergunta: "Será que vale a pena?" E a resposta sempre é a mesma: "Claro que sim!" A decisão é fácil. A festa tem de acontecer. Isso não é negociável.

Os Românticos nos Negócios reconhecem a beleza de todo esse esforço. O fato de não termos um retorno quantificável para todo o nosso empenho e criatividade transformou a festa de produto num presente precioso para anfitriões e participantes: ela foi o resultado de uma dedicação excessiva, de uma curiosidade pelo estranho e do anseio pelo ilimitado.

Os negócios oferecem outras avenidas, menos esperadas, para presentear. Em 1º de abril de 2013, a Google anunciou uma versão beta do Google Nose, reconhecendo que, durante anos, a empresa havia ignorado o sentido do olfato como dispositivo crítico de pesquisa.[7] Revelado rapidamente como brincadeira de 1º de abril, o conceito espalhou-se pela internet. Como todo profissional de marketing sabe, o dia 1º de abril representa uma grande oportunidade para as marcas, em especial para aquelas que têm expectativas bem estabelecidas que podem superar.[8] Mas outra coisa é interessante a respeito das brincadeiras de 1º de abril com marcas: elas constituem um exemplo peculiar de generosidade nos negócios. Discretamente, elas dão mais do que recebem. É claro que os profissionais de marketing espertos as usam para gerar impressões e lealdade às marcas. Porém, mais importante, também nos dão permissão "para sermos tolos". Nesse sentido, a brincadeira com o Google Nose, entre outras, torna o mundo, apenas por um dia, um lugar menos racional e um pouco mais romântico.

Presentear também abre oportunidades para tipos alternativos de moedas em nosso cotidiano. Certa manhã, em minha cafeteria local, um homem oferecia a cada cliente na loja – havia cerca de uma dúzia – uma quantidade ilimitada de café. O barista, algo embaraçado quando anunciava o presente, mas todos os clientes aceitaram, agradecendo ao generoso gastador. Depois que todos estavam servidos, o homem iniciou um pequeno discurso, dizendo que havia pago café a todos para receber alguns minutos de atenção. A seguir ele falou da sua instituição sem fins lucrativos, tendo essencialmente "comprado" nosso tempo com seu presente.

Algumas semanas depois, eu estava almoçando com um amigo em um restaurante de San Francisco. Meu amigo e eu estávamos tão imersos na conversa que nem percebi que minha carteira havia sido furtada até o momento em que fui pegar meu cartão de crédito para pagar a conta. Estávamos sentados à luz do dia em um pátio externo, com poucos outros clientes. Senti-me subitamente vulnerável. Uma carteira roubada é como uma tecla faltando em seu teclado, ou uma súbita dor de dente – abala momentaneamente suas plácidas suposições a respeito do mundo.

Meu amigo emprestou-me algum dinheiro para pagar o estacionamento e ir para casa. Chamei imediatamente a operadora de cartões de crédito e mandei bloquear meus cartões e fui para a cama com uma forte dor de cabeça, provocada pela simples ideia de que teria de trocar todos os meus documentos de identidade. No dia seguinte tocou a campainha e uma voz masculina desconhecida perguntou: "Tim?" Esperei pelo pior e ainda de mau humor resmunguei: "Sim. O que você quer?" – achando que se tratava de um vendedor. O homem respondeu: "Achei sua carteira." Abri a porta. O estranho, acompanhado por seu filho pequeno, disse que havia encontrado a carteira e me identificado pela carteira de habilitação. O dinheiro se fora, mas meus cartões de crédito e minha carteira de habilitação ainda estavam lá. Fiquei muito aliviado, mas também um pouco indeciso. Como deveria responder? Qual tinha sido a motivação do homem? Bondade? Agradeci muito a ele e então perguntei: "Posso lhe dar algum dinheiro?", apesar de não ter certeza de que aquela era a pergunta certa. Sua resposta foi um decidido: "Sim." Ele contou que havia gasto combustível extra para ir até minha casa. Assim, dei a ele uma nota de vinte dólares. Ele me agradeceu; eu agradeci de novo – e ele se foi, deixando-me na porta confuso com aquela interação transformada em transação.

Os dois casos – o "suborno do café" e a "taxa de devolução da carteira" – deram-me inicialmente uma sensação de desequilíbrio. Esses atos de bondade continham transações ocultas. No início senti-me algo ludibriado e continuei pensando que, quando a bondade torna-se uma moeda, deixa de ser bondade. Mas depois de refletir mudei de ideia a respeito dos dois eventos. O homem na cafeteria havia comprado minha atenção. E o estranho que devolveu minha carteira pode ter feito aquilo esperando uma recompensa. Mas ambos criaram para mim momentos importantes, e eu, nos dois casos, fui tocado pela *experiência*, pela *percepção* de generosidade. Para os românticos, os motivos são incidentais. O que é dado deve ser recebido.

O uso da bondade como moeda também está presente no movimento do Café Suspenso.[9] A ideia é simples: as pessoas pagam adiantado um café que será consumido por outras pessoas. Por exemplo, elas pedem e pagam por quatro cafés e dizem ao garçom que três deles estão "suspensos". Então o cliente toma apenas um, e o garçom pode doar os outros. Essa troca embute um presente secreto em transações convencionais. A ideia do Café Suspenso começou em Nápoles, Itália, antes de tornar-se um sucesso viral no Facebook. Desde então espalhou-se pelo mundo e cresceu, passando para sanduíches e até refeições inteiras.[10]

O Reddit, um website social de notícias e entretenimento que agrega conteúdo de usuários, iniciou sua forma híbrida de presente e transação. A Random Acts of Pizza, ou RAOP, permite que os usuários do Reddit comprem pizza para outros usuários, com base em até que ponto eles consideram imperiosas suas "solicitações de pizza".[11] Está claro que, antes de apresentar uma solicitação, aqueles que estão com fome de pizza devem se tornar usuários do Reddit. E, depois de receber um RAOP, espera-se que o usuário compre pizza para outra pessoa. Os usuários se comunicam através de sua inteligência e de jogos de palavras. O sistema todo prospera não porque as doações de pizza são muito generosas, mas porque o processo é divertido.

A marca de chocolate Anthon Berg abriu em Copenhagen uma loja temporária que operava de forma semelhante: a "Loja Generosa" pedia que seus clientes pagassem pelos seus chocolates não com dinheiro, mas com a promessa de uma boa ação para uma pessoa amada.[12] Como nos casos do Café Suspenso e do RAOP, ela transformou uma transação em interação e converteu a generosidade em moeda "real".

A empresa de roupas esportivas L.L. Bean, famosa pela política de aceitação de devoluções absurdamente generosa, com frequência é vítima da sua maior dádiva. Histórias de devoluções doze anos depois são inúmeras. O que diz toda vez a L.L. Bean? "Foi um prazer fazer negócios com você."

A mídia social oferece hoje em dia a arena mais poderosa para a generosidade. No Facebook, Twitter, Instagram ou Tumblr, constantemente damos mais do que recebemos. Postamos no ar, muitas vezes sem resposta, sem retorno imediato. Compartilhamos demais. De acordo com um estudo de 2013 pelo Pew Research Center, quase um quinto dos usuários adultos da internet postou vídeos pessoais; muitos deles esperam, diz o Pew, que "suas criações se tornam virais".[13] E esse rápido compartilhamento de eventos e conteúdo pode provocar ondas de doações exponenciais.

Liba Rubenstein, diretora de estratégia e alcance externo do serviço Tumblr de microblog, enxerga uma nova espécie de ativismo social a partir dessa cultura de compartilhamento na mídia social. Por exemplo, durante os debates da eleição presidencial de 2012, quando Mitt Romney fez sua malfadada observação a respeito de "fichários cheios de mulheres", o Tumblr foi um de vários sites de mídia social que tornaram a frase viral quase instantaneamente.

"Aquilo esclareceu o que, para muitas mulheres, estava realmente em jogo", disse ela. "E então as pessoas desconectaram a ideia e passaram a acrescentar suas próprias interpretações a ela. Vi mulheres fantasiadas de 'Fichários Cheios de Mulheres' em festas reais de Halloween."

Para Rubenstein, esse exemplo tornou-se emblemático da fluidez entre o envolvimento on-line e off-line. "A coisa muitas vezes começa como uma brincadeira, mas toca num ponto sensível porque as pessoas se preocupam. Elas atuam off-line e depois trazem o assunto para a conversa on-line", disse ela.

Os movimentos políticos e sociais inspirados por clips virais muitas vezes não têm líderes no início. É impossível rastrear a primeira "partilha" e, em meio a uma sensação viral, isso também é irrelevante. Como chamas catalíticas, os movimentos virais queimam com brilho e então morrem. As causas podem ser profundamente triviais ou realmente profundas. Em um extremo do espectro está o resíduo pop-cultural, como os comerciais do Pequeno Darth Vader,[14] os vídeos do LOL cat[15] ou as paródias do filme *Downfall*.[16] No outro extremo, você tem eventos históricos, do comemorativo ao catastrófico, chamando atenção para a mídia social de massa.

Em seu ponto mais baixo de cinismo, o compartilhamento coletivo pode ser visto como um mercado de egos desesperados por reconhecimento e no pior caso pode até levar a uma onda de raiva, tumulto e rugidos on-line que todos deverão seguir. Para cada campanha Kickstarter bem-sucedida, haverá uma "tempestade de merda" em algum ponto da web. Pense por exemplo na campanha "HasJustineLanded", quando o controverso tweet da executiva de relações públicas Justine a respeito de HIV/AIDS na África desencadeou uma caça às bruxas no Twitter.[17]

Porém, na melhor das hipóteses, o compartilhamento na mídia social pode resultar em histórias expressando nossa própria humanidade. A Fundação Make-A-Wish criou uma sensação viral com sua campanha

"Batkid for a Day" [Menino Morcego por um Dia] que mostrou o sonho de um garoto de 5 anos que sofria de leucemia: ser um super-herói por um dia, saudado por milhares de voluntários em San Francisco e uma audiência global on-line.[18]

O vídeo *Primeiro Beijo* é outro exemplo desse amor viral. Apresentando dez pares de estranhos que foram solicitados a se beijarem pela primeira vez, ele tornou-se uma sensação na internet no início de 2014 e teve mais de 50 milhões de acessos apenas uma semana depois de ser postado. O vídeo mostra a conversa desajeitada enquanto os estranhos tentam quebrar o gelo e facilitar um ato forçado de intimidade. Alguns deles no início se moviam um ao redor do outro timidamente. Então, ao som da canção "We Might Be Dead Tomorrow" [Podemos estar mortos amanhã], os casais se beijam pela primeira vez como se fosse a última. Quase todos os encontros são muito intensos, com os beijoqueiros visivelmente – para surpresa deles mesmos – dominados pela força da experiência. É fascinante observar como um breve momento de intimidade com um estranho supera a leveza da ocasião encenada.

Porém, logo depois que *Primeiro Beijo* tornou-se uma sensação, surgiram algumas reações negativas. Comentaristas na web acusaram o vídeo de ser falso, alegando que ele havia sido encomendado por um fabricante de roupas e que os beijoqueiros eram modelos profissionais.[19] De fato, o vídeo era um anúncio para a butique de moda Wren, de Los Angeles, cujo logo era exibido na abertura e no fechamento do vídeo. O orçamento da produção foi de apenas 1.300 dólares (quase tudo para o aluguel do estúdio) e nenhum dos estranhos que se beijaram, todos amigos do dono da loja ou do diretor, foi remunerado.[20] Seja como for, "Primeiro Beijo" ofereceu, a milhões de pessoas on-line, momentos genuínos de afeição. Como o Suborno do Café ou a Carteira Roubada, ele continha uma bela interação dentro de uma transação.

Ou considere a história de Scott Simon, apresentador da NPR, que noticiou a morte da sua mãe pelo Twitter a seus mais de 1 milhão de seguidores, numa série de mensagens ternas e amorosas, compartilhando, com detalhes íntimos, como os dois passaram as últimas horas dela no ICU. As mensagens desencadearam uma multidão de respostas de apoio e condolências, levando estranhos a contar a Simon que ele havia feito que chorassem e pensassem a respeito de "boas mortes e boas vidas".[21]

Em casos como esse, o compartilhamento viral nos une em luto coletivo. Quando figuras públicas como Steve Jobs, Nelson Mandela, o ator Philip Seymour Hoffman ou a escritora Maya Angelou morrem, esses eventos tristes levam a um "lamento entre pares", como dizem os escritores Paul Ford e Matt Buchanan: "Cronologia em tempo real, líderes de opinião e notícias selecionadas significam que a internet, com sua mistura de expressão individual e classificação automática, redige o primeiro rascunho dos elogios fúnebres."[22]

No dia da morte de Steve Jobs, 5 de outubro de 2011, milhões de pessoas em todo o mundo lamentaram a perda e a esmagadora tristeza universal destacou que o cofundador e CEO da Apple era de fato um dos últimos "magnatas" dos negócios. Em seu trabalho e na sua morte, Jobs provocou nossos mais profundos sentimentos, tornando-se objeto de uma adoração quase religiosa. Quase todos acreditavam que sem ele – sem sua visão, liderança e aura – a Apple iria se transformar em apenas mais uma empresa excelente de tecnologia. O romance terminara.

No dia em que Steve Jobs morreu, eu estava trabalhando na Frog Design. Jobs havia empenhado a firma numa colaboração seminal sobre os primeiros computadores Apple da década de 1980 e, em consequência disso, a Frog alcançou a fama. Nas décadas seguintes, por ocasião do lançamento de um novo produto da Apple, nós nos certificávamos de que os blogs de tecnologia mostrassem nossos dias de glória trabalhando para a Apple e nunca nos cansávamos de puxar algum velho conceito ou protótipo de nossos velhos arquivos para uma pequena campanha de relações públicas. Nossa colaboração com Jobs foi uma dádiva continuada.

Depois que soubemos da morte dele, lembro-me de termos decidido instantaneamente dedicar toda a nossa homepage a uma mensagem de adeus que dizia: "Obrigado por tudo, Steve." Bloqueamos a navegação, para que por 72 horas ninguém pudesse entrar no site, nem contatar nosso pessoal ou comprar nossos serviços. Por três dias, nosso website praticamente saiu do ar numa saudação final a Jobs. Inicialmente, houve alguma preocupação a respeito de remover a navegação. Afinal, até mesmo o website da Apple, que mostrava uma foto de Jobs e um link para seu obituário, ainda apresentava links para outras páginas; o espetáculo tinha de continuar. Mas um jovem membro de minha equipe, com instinto infalível para o humor daquele momento, insistiu sobre um gesto mais radical, realmente "purista", e nós concordamos.

A decisão não resultou de uma deliberação cuidadosa ou de um cálculo de relações públicas. Apenas pareceu a coisa certa a ser feita. Nosso gesto teve repercussão e colegas, parceiros, clientes e até concorrentes nos contaram que haviam ficado comovidos com nossa homenagem. Provavelmente perdemos alguns negócios e geramos muita boa vontade, mas o mais importante foi que fitamos a página muitas vezes. Era nosso momento de dar.

Os Românticos nos Negócios fazem da generosidade – na verdade, uma espécie obsessiva de generosidade – uma estratégia padrão. Ajudar os outros promove nosso compromisso emotivo com o mundo e permite que nos conectemos com algo maior que nós, mesmo que seja apenas nosso vizinho. A maneira mais fácil para subverter a reciprocidade dos mercados é simplesmente dar mais do que recebemos. Da Casa de Tom e Jerry às brincadeiras de 1º de abril, da festa SXSW da Frog ao amor viral e à lamentação on-line, nossas ações são românticas quando elas nada esperam em retorno.

Certifique-se de investir naquilo que você acha importante. Seja excessivo em intenção, atenção e execução. Prometa e se comprometa demais, entregue em excesso. Quando lutamos pela beleza, o prazer costuma ser a garantia. Afinal, algumas pessoas têm maior probabilidade de cometer atos casuais de bondade depois de comer um enorme pedaço de chocolate. O romântico não faria diferente.

CAPÍTULO 6

Sofra (um pouco)

Mas eu não quero conforto. Quero Deus, quero poesia, quero perigo real, quero liberdade, quero bondade. Quero pecado.

– O Selvagem em *Admirável mundo novo*, de ALDOUS HUXLEY

A padaria Tartine no distrito de Mission, em San Francisco, é um destino popular para café e doces. Ela é tão popular que todas as manhãs, a partir das sete horas, uma longa fila de clientes famintos serpenteia pela rua, muito antes de a loja abrir. Dizem que ela tem os melhores croissants fora da França. Passo pela Tartine todos os dias a caminho do trabalho e sempre fico fascinado por aquela fila de gente bem-sucedida esperando pacientemente. Tendo crescido na Alemanha, lembro-me da sociedade socialista da Alemanha Oriental, onde as filas diante de lojas eram comuns em busca de itens básicos (não de um item de luxo, como os doces da Tartine). Ainda acho difícil conciliar essas duas imagens. Afinal, escolha e conveniência não são as insígnias de uma economia de mercado? Por que esperar numa fila tão grande quando há muitos cafés e padarias nas ruas próximas, sem nenhuma fila?

Meu palpite é que as pessoas gostam de esperar por três razões: a óbvia é que os doces da Tartine são tão bons que valem a espera. (Pessoalmente eu acho que não, mas é que cresci na Alemanha e assim prefiro pretzels a croissants.) A segunda razão é que a fila proporciona às pessoas um espaço público para encontrar amigos e vizinhos. Mas a terceira razão é a mais importante para os românticos: esperar na fila representa um pouco de sofrimento; é um investimento de tempo e esforço em troca de alguma exclusividade. Esperar na Tartine faz parte de ir à Tartine; é um ingrediente vital da experiência e da marca. A Tartine tornou-se tão popular precisamente porque é preciso muito esforço para se chegar até lá. Você precisa *merecer*.

A sabedoria comum diz que experiências convenientes criam uma lealdade mais forte nos clientes. Os românticos sabem que isso está errado. Clientes de padarias sem fila podem estar mais satisfeitos, até mesmo mais felizes, mas sua experiência carece de algo quando comparada com uma busca de visão como a Tartine. Reconhecemos elementos desse fenômeno em todos os aspectos de nossas vidas como clientes. Acampar durante dias diante de uma loja Apple à espera do lançamento de um novo iPhone, esperar horas na Disney para passar três minutos com Mickey Mouse, escalar com esforço até os altos planaltos dos Alpes para ver, por alguns segundos, os maiores ciclistas do mundo passarem disputando a Volta da França: em todos esses casos, o próprio esforço dramatiza o momento e aumenta o valor perceptível, a exclusividade da experiência.

Veja os programas de lealdade de clientes, como o das milhas para passageiros frequentes. Parte do princípio operacional deles é adiar a gratificação, para forçar os clientes a serem pacientes em troca de terem suas necessidades satisfeitas. É notável o fato de desperdiçarmos nosso tempo em qualquer coisa, numa era em que o despacho instantâneo e a entrega quase em tempo real passaram a ser a norma. Também é notável que, em casos assim, sejamos capazes de pensar no longo prazo – o que normalmente não é nosso ponto forte, como lhe dirá qualquer psicólogo –, em vez de pensar no curto prazo. Isso acontece porque os programas de fidelização de clientes fazem com que nos sintamos especiais a partir do momento em que nos inscrevemos neles. O prêmio é mais importante para nós porque tivemos de investir nele – não apenas pagar por ele, mas merecê-lo através de nossa lealdade.

A IKEA, a varejista sueca de móveis que são montados pelos clientes, aperfeiçoou a arte de frustrá-los. Ela divide a experiência de dor em duas partes: primeira, o roteiro de compras, com seu layout padronizado e de mão única, manda os clientes através de um labirinto aparentemente interminável de salas ao estilo escandinavo antes de libertá-lo no limbo de caixas sobre prateleiras de 3 metros ("Oh, não temos mais esse item em estoque"). Se parece que a loja em si é o sétimo círculo do inferno, o sofrimento continua em casa com a montagem do móvel. Quase sempre há um parafuso que não serve, uma conexão faltando ou o momento supremo de derrota quando o móvel acabado de montar desaba depois de horas de trabalho. Montar um móvel é um exercício de sacrifício, um doloroso lembrete da nossa incompetência existencial. Dado seu modelo único de sofrimento, não é de surpreender que a experiência da IKEA tenha se tornado uma prática cultural com folclore próprio, que inclui um blog proclamando os "10 Mandamentos da Móveis IKEA"[1] (por exemplo, "Deve gastar seu tempo") ou um exame na web chamado "IKEA ou Morte", que testa seu conhecimento dos nomes de produtos IKEA comparando-os com os nomes de bandas de heavy metal.[2]

Um estudo recente, publicado pelo *Journal of Consumer Psychology*, criou a expressão "Efeito IKEA" para descrever o fenômeno de que os clientes tendem a dar mais valor aos produtos montados por eles mesmos.[3] Os pesquisadores reconhecem que isso exige a montagem completa do produto; caso contrário, o aborrecimento certamente irá reduzir a sensação de propriedade. Eles afirmam que o nível correto de esforço é crítico: se o esforço é muito pequeno, os consumidores não investem emocionalmente; se é excessivo, desistem pela inconveniência. De qualquer maneira, o esforço é parte integral da experiência.

Todos esses exemplos de experiências de clientes nos dizem que exageramos a importância da conveniência e subestimamos o papel do sacrifício. O que é recompensado é nosso empenho e esse é reforçado com cada recompensa que recebemos – é um círculo virtuoso. Quanto mais esforço acumulamos, mais empenhados ficamos. E a frustração é uma parte grande da equação. "O Trabalho Conduz ao Amor", como sugere o título do estudo da IKEA – e não existe amor sem sofrimento.

É por isso que gostamos de conferências e eventos realizados em lugares inconvenientes. Não é fácil participar do encontro anual do Fórum Econômico Mundial, realizado na aldeia montanhosa de Davos (a menos que você esteja entre os felizardos que vão de helicóptero ou jatinho). E quando chega lá, normalmente você é recebido por um vento congelante e calçadas cobertas de gelo. Contudo, nunca foi sugerido que o Fórum fosse mudado para um hotel perto de Genebra. Por que o Caminho de Santiago na Espanha não tem um trem expresso? O Burning Man Festival não poderia acontecer no adorável Napa Valley, em vez de no deserto de Nevada? Existe uma razão pela qual criamos uma história de peregrinações até nossos locais de encontro mais importantes – e inconvenientes.

O psicólogo Ulrik Lyngs estuda a relação entre os desafios da vida e a felicidade. Quando me encontrei com ele em Londres, ele descreveu o descompasso entre nosso aparato biológico e nossas condições externas evoluídas como o enigma de "Cérebro da Idade da Pedra na Era Espacial". Para ele, ainda estamos programados para competir pela sobrevivência, mas na maior parte das sociedades civilizadas modernas as ameaças existenciais praticamente desapareceram. Em artigo seminal sobre "A Evolução da Felicidade", um colega de Lyng, o psicólogo David M. Buss, refere-se à "grande discrepância entre os ambientes moderno e ancestral" como nossos maiores impedimentos para atingir a felicidade na vida moderna.[4] Como vivemos em um ambiente significativamente mais seguro e estável do que o de nossos ancestrais, carecemos dos "eventos críticos" que nos ajudam a distinguir entre amigos falsos e reais, a avaliar nosso preparo físico, e nos dão algum sentido de realização. Essa falta de eventos de avaliação crítica, escreve Buss, pode causar "a solidão e a sensação de alienação que muitos sentem na vida moderna, uma falta de sentimento de ligações sociais profundas a despeito da presença de muitas interações aparentemente cordiais e amistosas". Os Românticos nos Negócios têm uma maneira mais sucinta de expressar isso: nos falta o drama.

Essa eliminação do drama deve-se em parte aos avanços da tecnologia. O software nos deixou mais fracos. Tornou nossas vidas mais seguras e certas, mas também mais domesticadas. Na era do comércio digital, a gratificação instantânea e a conveniência total tornaram-se os modos padrão de interação. Hoje podemos pedir quase tudo on-line e receber em nossa porta. Podemos até terceirizar nossas relações a serviços como Delightful, um "porteiro personalizado"; HowAboutWe, que organiza experiências românticas para casais casados; ou serviços móveis de mensagens como BroApp ou Romantimatic, que automatizam a comunicação íntima.[5] Como se tudo isso não bastasse, a BreakUpText nos prepara para notas de rompimento automatizadas. Os criadores do aplicativo conceberam-no inicialmente como uma brincadeira, mas nem todos acharam-no engraçado: "Esse aplicativo não é muito bom, meus textos de rompimento são sempre muito melhores", reclamou um usuário.[6] E o máximo de tudo isso é o Wevorce, um serviço on-line que ajuda casais a "se separarem" e terceirizarem o processo de divórcio.[7]

Numa era de competição global, para marcas e indivíduos, conveniência, facilidade de uso e consumo instantâneo são os menores denominadores comuns, os requisitos básicos para todos os produtos e serviços. Mas com tudo terceirizado e automatizado, simplesmente tornado fácil *demais*, onde encontramos aqueles "eventos críticos" para pontuar nossas vidas? Alguns se voltam para paraquedismo, alpinismo e ultramaratonas, enquanto outros tentam montar móveis IKEA e esperam horas na fila de uma padaria elogiada.

No trabalho, no nível do dia a dia, muitos usam prazos para ter a emoção do sofrimento. Os prazos são nosso equivalente de escalar o monte Everest. Você se lembra do PowerPoint para seu chefe? De como você nem tinha começado na manhã do dia em que devia entregá-lo; de como o prazo do "fim do dia útil" parecia distante até que ficou escuro e seus colegas foram embora? Você comprou um lanche no café da esquina, voltou à sua mesa e lá ficou até a madrugada, preparando os slides até que seus olhos começaram a doer. Quando você pensou que havia terminado, deu-se conta de que ainda precisava de mais uma hora para redigir o e-mail de acompanhamento para seu chefe. Finalmente você desligou o computador, apagou as luzes e pegou um táxi para casa, onde caiu na cama cansado, mas feliz.

Ficar acordado até tarde, trabalhar horas extras para preparar uma proposta ou apresentação, é uma experiência enfática que aumenta sua consciência e desafia suas limitações físicas. Tememos a experiência e, ao mesmo tempo, gostamos dela. O trabalho – tão fácil de descarregar – cresce diante dos seus olhos.[8] Contudo, a excitação do desafio também é palpável. Com nossos corações a mil, vibramos com a sensação do tempo se reduzindo com cada minuto passado. Diante dessas experiências próximas da morte profissional, nos mantemos vivos.

Arquitetos e desenhistas sofrem essa síndrome da corrida do último minuto por muito tempo em suas carreiras. A causa está na sua educação profissional. Como estudantes, eles são condicionados para essa mentalidade de corrida contra o relógio desde o início do seu treinamento. Não é diferente para escritores, estrategistas de marcas, anunciantes, diretores de filmes, pesquisadores, analistas, jornalistas e outros trabalhadores do conhecimento: uma vez que experimentam o aumento de adrenalina, eles não conseguem deixá-lo, apesar de todas as tentativas para eliminar o pânico e dominar a volatilidade no processo criativo. Queremos secretamente drama e suspense e desenvolvemos uma impressionante capacidade para criá-los através do nosso trabalho.

Ter prazos, deve-se notar, é um privilégio para aqueles que têm certo grau de autonomia sobre seu trabalho, que não estão presos a turnos monótonos ou a uma sequência padronizada de tarefas. Ser capaz de determinar quando trabalhar, ou pelo menos *como* trabalhar, aumenta as chances para criar drama através de prazos finais. Como trabalhadores do conhecimento, podemos intensificar nossas experiências porque podemos determinar quando elas começam e terminam, onde se intensificam e onde têm uma pausa. Sem essa liberdade para procrastinar, o sofrimento romântico é muito mais difícil de alcançar. Esse tipo de sacrifício autoimposto ocorre o tempo todo no local de trabalho, mas é mais evidente entre os fãs de esportes. Não é por coincidência que a palavra "paixão" vem de *pathe*, que em grego quer dizer "sofrer". Um fã está comprometido com seu time e sofre com cada derrota. O nível de sofrimento é proporcional ao nível de devoção. As emoções expressadas pelos fãs através dos eventos esportivos são semelhantes à experiência de uma crise pessoal: de entusiasmo e euforia a choque, trauma e até mesmo depressão. E os momentos mais memoráveis não são os de alegria, mas de dor intensa: o desgosto posterior às derrotas.

Para mim, o esporte mais romântico é o futebol, porque oferece não só drama, mas também um alto grau de ambiguidade. "A maior falácia é que o futebol é o primeiro e o último a respeito de vencer", disse certa vez Robert Dennis "Danny" Blanchflower, o lendário capitão do Tottenham Hotspurs britânico.[9] Para provar o que disse, está nas regras que jogos de futebol podem acabar empatados, ou mesmo sem gols. Arsène Wenger, treinador do Arsenal London, chegou a dizer: "A marca que você deixa no espírito das pessoas é mais importante que o resultado."[10] No melhor dos casos, os torcedores são recompensados com combinações de passes de bola e movimentos que levam a geometrias de beleza quase divinas. Equipes de alto desempenho como FC Barcelona ou Bayern de Munique elevam o meramente mecânico ou físico a um sublime prazer de enorme poesia: elas transformam correr em balé.

A despeito da recente tendência de fazer das estatísticas um fetiche e da introdução do vídeo como evidência para anular decisões do árbitro, o futebol tem mantido sua subjetividade e sua imprevisibilidade. Tudo pode acontecer, e quase tudo que acontece deve-se a erros humanos. Quando o desempenho não é premiado com o resultado correto, quando os "deuses do futebol", como dizem os fãs, não fazem justiça, o coração deles sangra e a frustração aumenta. Mas os fãs continuam dedicados e a história do time – as vitórias e derrotas seminais – passam a fazer parte das vidas deles. Partida após partida, temporada após temporada, essas memórias criam camadas, uma sobre a outra, até a vida do fã ser vivida juntamente com o time. Mesmo diante de frustrantes sequências de derrotas – como a "seca" de troféus sofrida pelo legendário clube brasileiro Corinthians entre 1954 e 1977[11] –, os fãs nunca mudaram sua lealdade para apoiar um time mais bem-sucedido: ser um fã significa que a fé foi estabelecida há muito tempo. Como em todos os nossos relacionamentos mais importantes, esse investimento emocional nunca irá compensar plenamente. Ela nos absorve e exaure e não existe saída – mas nosso capital romântico irá crescer com cada partida assistida.

Os momentos em negócios podem nos dar uma sensação de importância porque investimos recursos valiosos como tempo, cuidado ou atenção. Quanto mais inconveniente a experiência, mais importante ela parece. Quanto mais sacrificamos, mais dependemos. Quanto mais próximo o prazo final, mais nos sentimos vivos. Para um romântico, não existe nada mais aterrador que uma vida de facilidade e conveniência completas: o tempo todo, a qualquer momento, em qualquer lugar. É isso que você está oferecendo aos seus clientes e funcionários? Por quê?

Os Românticos nos Negócios gostam de sofrer (um pouco). Sabemos que nas fendas entre conforto, satisfação e felicidade, o romance espera por nós. Peça aos seus clientes e colegas para fazerem um esforço. Torna mais inconveniente para eles alcançar a gratificação. Deixe que se esforcem mais. Deixe que esperem. Frustre-os para que deem valor àquilo que não podem obter. E colha a suprema recompensa: insatisfação permanente. O desejo intacto, a emoção presente.

CAPÍTULO 7

Falsifique!

Tudo é falso, tudo é possível,
tudo é duvidoso.
– GUY DE MAUPASSANT

O grande Gatsby, filme do diretor australiano Baz Luhrmann, foi um grande sucesso quando foi lançado em 2013. Também foi considerado uma fraude total. Os críticos não gostaram de ele ter posto sua marca de autor sobre o mundo. Em vez de se parecer com uma descrição "real" do romance "real" de Fitzgerald, disseram os críticos, Luhrmann criou uma terra de fantasia, um passeio carnavalesco do espalhafatoso e do grotesco.[1] Mas eu gostei do filme. Era como se eu estivesse olhando para East Egg, o mundo de Gatsby, através de um globo de discoteca. Tudo tinha um brilho próprio; o mundo era mais real que a realidade. Na verdade, era uma celebração do falso.

Luhrmann não é estranho a essa estética – nós o vimos desenvolver a mesma magia cinematográfica na Paris do século XIX com *Moulin Rouge* e na Verona de Shakespeare em *Romeu e Julieta*. Qualquer pessoa em busca de uma representação fiel do universo de Fitzgerald fará melhor ficando em casa e lendo o livro. Mas por que iríamos querer de outra maneira? Afinal, toda obra de arte está tentando representar – falsificar – a experiência de realidade de um artista. Como disse Picasso: "Com frequência eu pinto falsificações."

Considere o grafiteiro Banksy, um provocador chamado pelo *Guardian* de "um mestre do óbvio".[2] Usando estêncil e epigramas para subverter as fachadas dos prédios e objetos existentes, Banksy mostra sua visão artística com uma dose saudável de desobediência civil. Ele é ainda mais famoso por suas façanhas que geram manchetes, construindo falsas aparências e falsas notas na tentativa de revelar verdades. Uma vez ele deixou uma boneca inflável vestida de prisioneira de Guantánamo na Disney e outra vez usou um engraxate de verdade para polir os sapatos de uma estátua de Ronald McDonald em Nova York.[3]

Uma espécie semelhante de falsificação provocante estava presente numa campanha de conscientização realizada pela Unicef na Finlândia. "Seja mãe por um momento" colocou carrinhos de bebês com trilha sonora de choro em lugares movimentados de catorze cidades. Quando as pessoas olhavam nos carrinhos, encontravam uma mensagem: "Obrigado por se importar, esperamos que haja mais pessoas como você. Unicef: Seja mãe por um momento." A reação do público foi impressionante, com cobertura nos principais noticiários da TV, do rádio e da web. O alcance na mídia médio estimado foi superior a 80% da população finlandesa depois de dois dias.[4]

O artifício da obra de Banksy e da campanha da Unicef ressoa conosco, os românticos, porque preferimos naturalmente a intriga à informação, a emoção à evidência. Uma frase no romance de Donna Tatt, *O pintassilgo*, ganhador do Prêmio Pulitzer, articula magistralmente a alquimia entre verdade e ilusão:

> Entre "realidade" de um lado e o ponto em que a mente descobre a realidade, existe uma zona intermediária, uma beira de arco-íris onde a beleza passa a existir, onde duas superfícies muito diferentes se misturam e nublam para prover aquilo que a vida não dá: e esse é o espaço onde existe toda a arte e toda a magia.[5]

Como Românticos nos Negócios, nossa sensibilidade a essa magia nos permite celebrar o falso e, ao mesmo tempo, destruir verdades universalmente aceitas. Prosperamos nisso mudando constantemente no espaço, usando-o como campo de jogo para provocações e comentários subversivos.

Em nenhum lugar isso é mais evidente do que na web social, onde a linha entre o real e o falso está desaparecendo rapidamente, deixando uma terra de ninguém para ser explorada por trapaceiros e provocadores.

O Twitter é um ótimo exemplo. Como pode atestar Karen Wickre, uma de nossas Românticas nos Negócios do capítulo dois, a natureza pública do Twitter nos permite desempenhar, jogar, experimentar poses e representar nossa perspectiva do mundo. O Twitterverso está repleto de personagens e brincalhões falsos: contas como @WillMcAvoy ACN e @PaulRyanGosling parodiam a cultura predominante provendo um feedback instantâneo para as idiotices da sociedade. Um site como @MayorEmanuel leva a coisa ainda mais longe criando uma conta para comentar os esforços e as gafes de Rahm Emanuel, prefeito de Chicago. Esses personagens do Twitter, além de muitos outros, permanecem completamente anônimos – mascarados por anos – enquanto atraem milhares de seguidores.

Ou tome Eric Jarosinski: na vida real, ele é conhecido como estudioso de literatura e filosofia alemãs, mas seus fãs em todo o mundo conhecem-no por seu personagem no Twitter, @NeinQuarterly. Várias vezes por dia, os leais seguidores de Jarosinski provam sua sensibilidade romântica única na forma de aforismos, jogos de palavras e missivas da vida cotidiana ("Kapital entra num bar. Sai com dois."). Combinando sarcasmo com uma sinceridade que desarma, Jarosinski usa filosofia e literatura para expor as peculiaridades e propensões de nossas vidas hiperconectadas. "Nunca tive atração por ser artífice", contou ele, "mas parece uma maneira natural de se conectar. O Twitter é o lugar onde posso achar a liberdade para todas as ideias em que estou interessado: irreverência, jovialidade, provocação."[6]

As campanhas falsas usadas por grupos de ativistas nos convidam a adotar plenamente esta ambivalência no mundo das marcas. A série de anúncios on-line "Shell: Pronta para o Ártico" satirizou o esforço da gigante do petróleo para perfurar nas praias do Norte dos Estados Unidos (um anúncio mostrava o *Titanic* afundando juntamente com a frase "Nunca Mais: Vamos embora!").[7] Um anúncio falso da Burger King no Twitter dizia que a empresa havia sido vendida à McDonald's e que todos os seus funcionários eram drogados.[8]

Essa fusão do falso com o real também foi ilustrada na campanha da cadeia de taco e burrito Chipotle intitulada "Espantalho", apresentando um desenho animado ao som alegre de "Pure Imagination".[9] Coerente com a missão da marca de "Cultivar um Mundo Melhor", o anúncio critica a criação industrializada de animais através de uma visão distópica de galinhas em perigo em prisões de muitos andares. Pouco tempo depois, comediantes lançaram uma paródia intitulada "Espantalho Honesto", que zomba do vídeo original, mudando a letra da canção para "pura manipulação" por uma "corporação gigante".[10] O notável é que ambos os filmes, o original e a paródia, são eficazes e surpreendentemente comoventes. A arte, a beleza e o charme do original, apesar de chamado de falsidade cínica na versão satírica, sobrevive à zombaria criativa.

Essas mesmas experiências de autenticidade em meio à falsidade também têm um lugar em nossas vidas como consumidores e trabalhadores. Como Românticos nos Negócios, gostamos de usar máscaras. Dos contos de Grimm ao Carnaval de Veneza, Halloween, Batman e a rede de hackers Anonymous – as máscaras nos permitem escapar não só dos outros, mas de nós mesmos. Elas nos transformam magicamente de indivíduos em ícones. Religiões e cultos compreenderam isso há muito e usam máscaras como símbolos dos papéis mais arquetípicos da humanidade. Dessa maneira, as máscaras estão como limites entre o literal e o simbólico, o utilitário e o transcendente. Elas são usadas para proteção física – pense em esgrima, máscaras de oxigênio ou as máscaras antipoluição que nos acostumamos a ver na Ásia –, mas também para fins de disfarce e desempenho.

Como consumidores, colocamos máscaras e tentamos diferentes identidades quando entramos nos showrooms, quando compramos e compramos os produtos, serviços, culturas das marcas que reverenciamos. Por exemplo, Ralph Lauren, um rapaz do Bronx, convidou seus clientes a experimentar a máscara da pessoa na moda e próspera.

Todos nós também usamos máscaras no local de trabalho. Mostramos desempenho concluindo tarefas e atingindo metas fixadas em sua maioria por outras pessoas. Mas também representamos nossa própria narrativa coreografando nossas interações e desempenhando diferentes papéis sociais. Esses tipos de desempenho tornaram-se ainda mais essenciais em nossa "revisão de desempenho". A economia do conhecimento automatizou muitas das nossas tarefas quantificáveis e concretas, deixando-nos somente com o espaço indistinto de tarefas *subjetivas*: moldar percepções; construir e cultivar relacionamentos; gerenciar nossa reputação; compartilhar conhecimentos tácitos; conquistar respeito, popularidade, autoridade e influência. Como afirma Matthew B. Crawford em seu livro *Shop Class as Soulcraft*, nós nos tornamos "trabalhadores do conhecimento simbólicos":[11]

> Um gerente deve tomar muitas decisões, pelas quais é responsável. Porém, diferentemente de um empreendedor com sua própria empresa, suas decisões podem ser revertidas a qualquer momento por alguém que está acima na cadeia de alimentação (e sempre há alguém acima). É importante para sua carreira que essas reversões não pareçam derrotas e que você não precise passar muito tempo administrando o que os outros pensam de você.

Exagerando muito, pode-se dizer que não somos mais aquilo que fazemos – somos o que os outros pensam que somos. Somos o quanto somos apreciados ou temidos. Somos aquilo que não nos contam. Isso tem implicações de longo alcance. Nossos projetos e iniciativas envolvem mais e mais departamentos, mais e mais interessados e, como resultado, nos desviamos cada vez mais de qualquer senso de satisfação com a conclusão de nosso trabalho. Se acabamos com a lista do "que fazer", linear e de causa e efeito, a única coisa que nos resta é "ser": construir e viver de acordo com a promessa de nossa marca pessoal, servir como símbolos do nosso trabalho e contar ao mundo a respeito dele.

Esse é um terreno altamente volátil e vulnerável, e muitas pessoas necessitam de mais do que apenas um personagem para navegá-lo. Assim usamos máscaras quando estamos no trabalho e desempenhamos rituais que dão forma às nossas frágeis identidades: pensar em todos os relatórios semanais, mensais e trimestrais; nas recorrentes verificações e revisões; nas reuniões diárias, comuns entre equipes de desenvolvimento de produtos; e nos retiros fora da empresa. Pensar nos comitês especiais, nas forças-tarefas e nos conselhos que são criados não só para dispersar mais o poder (ou sua percepção), mas também para nos prover com múltiplos palcos para representar. E pensar nas trilhas de crescimento paralelas criadas pelas equipes de recursos humanos para nos dar várias identidades e mais espaço para atualização, distinguindo com frequência entre "título" (p. ex., associado sênior, diretor) e "papel" (p. ex., líder de varejo, gerente regional de marketing). Alguns trabalhadores do conhecimento podem considerar todos esses rituais um pântano de burocracia corporativa, mas os Românticos nos Negócios valorizam cada um deles como uma oportunidade para explorar diferentes lados dos seus egos. Hoje as hierarquias podem ser mais planas, mas há mais avenidas do que nunca para nosso trabalho de conhecimento simbólico, ou em outras palavras: para falsificar nosso desempenho.

Esse desejo por expansão, por uma história de nossos egos profissionais que sangra fora das linhas de uma narrativa linear, está finalmente sendo refletido nas ferramentas de networking da mídia social.

Uma nova empresa, apropriadamente chamada Somewhere [Algum Lugar], está destinada a substituir a LinkedIn e outros sumários mais convencionais. Algo semelhante a uma Pinterest para profissionais, a Somewhere é uma plataforma de descoberta visual para empresas. Indivíduos ou equipes postam imagens e rubricas para contar as histórias do seu trabalho e, ao fazê-lo, podem compartilhar o que gostam de fazer e como o fazem ("O que você faz realmente?", pergunta o site). A Somewhere permite que os usuários se apresentem como seres humanos complexos e contraditórios e exibam suas paixões, emoções e preferências estéticas. Essas narrativas conectam esses usuários com outros profissionais com mentalidades semelhantes. Quando você navega pelo site da Somewhere, fica logo evidente que as apresentações do "ego que trabalha" são criações estéticas. Todos estão mentindo! Para os românticos, essa é uma coisa maravilhosa. Finalmente carreiras são apresentadas como sendo ambíguas e em evolução, e a identidade do profissional é oferecida como um personagem fluido. Justin McMurray, um dos fundadores da Somewhere, contou-me que criou a empresa em 2012 para colocar os trabalhadores "de volta ao centro e ao controle das histórias profissionais que contam". "As pessoas levam vidas profissionais fascinantes: nossa esperança é que possamos ajudá-las a abrir o mundo do trabalho, ajudá-las a ver por trás das cenas, a achar inspiração e as pessoas com quem deveriam estar trabalhando", disse ele.

É claro que nem todos os mundos profissionais são tão imediatamente fascinantes, nem esteticamente coesos. Em 2005, George Nachtrieb, produtor de filmes e TV, além de artista performático, estava produzindo conteúdo para a Amgen, a empresa de biogenética, quando teve um impulso artístico.

"Estávamos naquele escritório padrão, sem janelas e com fileiras e fileiras de cubículos", contou ele. "Durante as reuniões, uma convenção totalmente aceita era que as pessoas ficassem em pé diante dos seus PowerPoints e lessem seus slides palavra por palavra. Ninguém jamais disse: 'Essa é uma maneira terrível de transmitir informações.'"

Essa experiência, juntamente com uma longa história de experimentação artística, levou Nachtrieb a criar um alter ego, Steve Musselman, e uma corporação inteiramente falsa: a YD Industries (YDI), produtora de tudo, desde esponjas anticoncepcionais para dinossauros, até "Butter Pups", um lanche para crianças e bife de tofu. Musselman apresenta regularmente seminários em Los Angeles e San Francisco, explorando tópicos como "Como Fracassar" e "O Sucesso da YDI", inclusive as sessões obrigatórias de debates e brainstorming.

Tudo isso pode soar mais como uma sátira dirigida a círculos artísticos, exceto pelo fato de o trabalho de Nachtrieb estar ganhando popularidade junto a empresas reais. Vivendo em San Francisco, o coração da cultura de novas empresas, ele se deu conta de que a caminhada na corda bamba do seminário, entre verdade e artifício, oferecia um espaço para a exploração do processo de inovação. Recentemente ele se associou a um antigo produtor da empresa de design IDEO para criar seminários para novas empresas.

"Fizemos uma sessão para um grupo de engenheiros, e eles estavam completamente confusos", disse Nachtrieb rindo. "Mas logo no início da apresentação quase todos acabaram entendendo. Ela lhes deu uma chance para ver sua própria empresa com alguma perspectiva. Os engenheiros são muito focalizados naquilo que é possível e tendem a trabalhar dentro de uma prática rígida."

A apresentação de Nachtrieb ensinou-lhes técnicas de improvisação teatral como "sim e", uma regra pela qual toda sugestão de um participante improvisado deve ser recebida com uma forma positiva de aceitação pelos outros participantes. O espaço alternativo de jogo da YDI – seu caráter absurdo e sua irônica ludicidade – impediu que os engenheiros traçassem possibilidades imaginativas com praticidade. Depois de uma dessas performances públicas, uma mulher abordou Nachtrieb e disse: "Ainda não tenho certeza de que aquilo foi ou não real." Nada poderia ter lhe dado tanta felicidade.

O mundo dos negócios deveria buscar inspiração em empresas como YDI e Somewhere e adotar o nome "I" como reservatório divertido de incontáveis verdades e mentiras, performances e ensaios, escritórios e lares, a qualquer hora. Stowe Boyd, um observador da economia digital, destaca: "Pela nova maneira de trabalhar, o trabalho não é um lugar aonde você vai, é uma coisa que você faz."[12] Estamos todos fingindo para senti-lo.

Embora os funcionários sejam encorajados a aceitar várias verdades, não damos aos nossos líderes a mesma permissão para que sejam inconsistentes. Rejeitamos de forma obstinada os líderes que não usam máscaras para exibir personagens múltiplos e mudar entre as diferentes facetas do seu caráter. De fato, desmascarar tornou-se o mais recente modismo nos negócios. Em blog postado para a *Harvard Business Review*, Peter Fulda pede "Líderes, Tirem Suas Máscaras", exortando cada um a "Apenas ser você".[13]

O escrutínio rigoroso da audiência da internet reduziu ainda mais a gama de expressões adequadas para os líderes empresariais. Eles estão hoje numa casa de vidro, onde qualquer sinal de emoção pode causar um escândalo. Como eles podem ceder aos seus impulsos, agir de forma irracional ou expressar uma emoção imprevista quando milhares ou milhões de olhos os estão responsabilizando o tempo todo? Espera-se que sejam consistentes, integrados e previsíveis. Qualquer coisa menos que isso e eles são acusados de inconstantes ou, pior, rotulados de falsos.

Aquilo que projetamos e o modo pelo qual nos comportamos devem sempre combinar. Essa é nossa base de integridade.

Mas uma vida não é suficiente. Como consumidores, funcionários ou líderes, o desejo de escapar à uniformidade e à consistência nos leva a tomar emprestados traços de mestres da ilusão, como o impostor e o vigarista. Vigaristas e empreendedores em particular dividem muitas características similares: o primeiro vende uma visão sabendo que ela nunca irá se materializar, ao passo que o segundo gosta de acreditar que irá.[14] Ambos sabem que ser enganado é parte da natureza humana. "O grande segredo da arte é que ninguém quer que ela seja verdadeira", como colocou o psicoterapeuta Adam Phillips.[15]

A "síndrome do impostor" no trabalho está disseminada e bem documentada,[16] e a melhor maneira de neutralizá-la é celebrá-la. A psicóloga de Harvard, Amy Cuddy, que estuda o comportamento não verbal em sua relação com o poder, proclama: "Finja até que você se torne o que finge ser."[17] Ela ilustra sua posição contando sua própria história: como jovem professora em Harvard ela sentia-se uma impostora, duvidando da sua capacidade acadêmica. Então se deu conta de que o fato de se sentir uma impostora podia ser o próprio remédio: ela começou a fingir uma postura de confiança e competência no ambiente de sala de aula. No início, como uma atriz nos primeiros ensaios para um papel, sua postura foi desajeitada. Mas com o passar dos anos, à medida que se sentiu mais à vontade, o papel começou a fundir-se perfeitamente com seu senso de si mesma.[18] Fingir ser outra pessoa é o primeiro passo para transformar-se nela. Quando agimos como impostores, o que fazemos realmente é abrir nossas asas, criando espaço para versões mais expansivas de nós mesmos.

Não me entenda mal: não proponho que os Românticos nos Negócios se transformem em vigaristas ou em mestres da mentira. Porém, recomendo que reconheçamos que muitas vezes a razão tem pouco a ver com nosso comprometimento com uma empresa ou marca. Seria tolice ignorar que queremos acreditar em algo que não compreendemos totalmente. Esperança e fé são os motores por trás da maior parte de nossos empreendimentos humanos.

Ninguém conhece isso mais que os norte-americanos. Uma nação de imigrantes – sou um deles – tem uma admiração especial por quem vence pela falsificação, ao menos inicialmente. A América é chamada de "terra da promessa" por uma razão: uma imaginação poderosa e uma noção ampliada de realidade são ingredientes vitais do espírito americano. Sempre nos interessamos mais pelo futuro do que pelo passado e tendemos a ser irracionalmente exuberantes a respeito de nossas projeções: tudo é possível, tudo pode tornar-se verdade se apenas acreditarmos que será. Temos Wall Street, o Vale do Silício e Hollywood, para não mencionar o espetáculo teatral diário que tem lugar "dentro do governo". Habitamos mitos de heróis e o folclore urbano. Temos uma fraqueza pelos grandes persuasivos. Desde a tenra infância, aprendemos a contar nossas histórias; como moldar a narrativa de nossas vidas, nosso script e nossa marca pessoal. Somos obcecados por nossas celebridades e amamos a história da história, a iconografia, a metanarrativa, os ângulos da produção e das corridas de cavalos. É claro que existe uma linha tênue entre visão e excesso de confiança, milagre e miragem, profissão de fé e falsidade, mas até os cínicos devem admitir: o Sonho Americano continua a ser a mais poderosa ideia romântica para qualquer pessoa que queira estar nos negócios.

Como Românticos nos Negócios, precisamos não temer falsidades. Para vencer a uniformidade e a consistência, podemos tirar verdades da ficção; podemos tirar beleza de ilusões; e podemos fazer mudanças transformadoras a partir de nós mesmos. Os românticos estão mais interessados em experiências subjetivas do que na realidade objetiva, na percepção de realidade do que na própria verdade. Qual dos anúncios da Chipotle é mais comovente: o verdadeiro ou o falso? Para os Românticos nos Negócios, a resposta é: ambos. Buscamos esta ambiguidade em todos os aspectos de nossas vidas: o dublê, o objeto e sua sombra, a máscara e quem a está usando. Isso nos dá liberdade para distorcer a realidade, fabricar eventos, fingir ser outra pessoa. Continuamos produzindo novas ilusões para nos protegermos da desilusão.

Como comerciantes de marcas, podemos criar marcas e campanhas falsas que expõem emoções reais. Como líderes, podemos usar máscaras para nos ajudar a revelar todo o escopo de nossa personalidade, quem de fato somos. Como trabalhadores do conhecimento simbólico, podemos fazer nossas narrativas com uma preocupação pela estética. Como empreendedores, podemos imitar os traços de vigaristas e prever um mundo que não corresponde à realidade, pelo menos ainda não. Todos esses esforços nascem do desejo romântico de flertar com a mentira astuta, com a possibilidade de outra vida, com a ideia de que nem tudo é aquilo que parece ser.

CAPÍTULO 8

Mantenha a mística

Um sorriso é uma porta meio aberta e meio fechada.
– JENNIFER EGAN

James Bond, o mais famoso espião do mundo, é um dos segredos mais bem guardados da nossa cultura. Carismático e sempre opaco, Bond nunca é realmente simpático. Ele nos puxa com sua atração magnética e a seguir nos empurra com sua indiferença e seu desapego. Depois de uma série de Bonds mais gentis, como Roger Moore e Pierce Brosnan, o Bond atual – o ator britânico Daniel Craig – traz o espião icônico de volta às suas raízes românticas, mais perto do personagem original, concebido pelo autor Ian Fleming. Em seu livro *The James Bond Dossier*, Kingsley Arms descreve o pai de todos os Bonds: "Ele é solitário, melancólico, dotado de um belo físico natural que se tornou, de certa forma, devastado, de semblante igualmente belo, mas também devastado, com expressão sombria e inquietante, fria ou cínica, acima de tudo 'enigmática', que possui um segredo sinistro."[1]

Os negócios podem tirar inspiração da aura de sigilo de Bond. Não nos contam tudo; deixam-nos supondo. Segredos, quando usados de forma judiciosa, criam possibilidade e suspense. Em meio à obsessão da nossa cultura atual com transparência, eles podem fazer com que as experiências pareçam excitantemente fora do alcance.

É claro, pode haver um lado sombrio do sigilo. Quando empresas são dirigidas com medo e estão cheias de paranoia, os segredos podem oprimir e corromper. Não estou promovendo reuniões amedrontadoras atrás de portas fechadas, projetos ocultos pelas costas de colegas, nem a completa falta de transparência na tomada de decisões e nas informações aos clientes. É claro que fraternidades secretas entre os membros da elite podem assumir um sentido nefasto, revelando as falhas sísmicas entre poderosos e impotentes. Mas não despreze o valor dos segredos ou das reuniões secretas. Em suas formas mais inocentes, eles atraem nossa empatia e nossa curiosidade e nos forçam a considerar aquilo que mais prezamos. Quando tudo está aberto, nada está aberto. O que optamos por fechar?

AMBIGUIDADE (OU NÃO)

Nos negócios, a marca é o domínio designado para essa espécie de mística. Ela é o ativo intangível (e muitas vezes invisível), uma fonte de enorme valor para uma empresa, mas notoriamente difícil de captar, para não falar em medir. Por essas razões, a indústria de marketing se esforça para desenvolver uma metodologia universal para quantificar o "valor da marca" (por exemplo, duas grandes empresas de classificação chegaram recentemente a avaliações muito diferentes da Apple: a BrandZ diz que a marca Apple vale 185 bilhões de dólares, ao passo que a Interbrand diz que ela vale "somente" 98 bilhões. A diferença é de colossais 87 bilhões).[2] A marca permanece esotérica e opaca; contudo, ainda é a estrutura conceitual mais forte nos negócios, uma maneira de entender e designar uma identidade coletiva com base em inúmeras experiências, individuais e comuns, ao longo do tempo. Ela é o poder brando da empresa.[3]

O conceito de marca mudou muito nas duas últimas décadas. À medida que a eficácia da propaganda de massa começou a declinar nos anos 1990, novos formatos de marketing surgiram para controlar a natureza cada vez mais dispersa e fluida de mercados e audiências fragmentadas. O *Cluetrain Manifesto*, escrito em 2000, foi um alvará clarividente para a profissão de marketing. Ele previu muitas das mudanças fundamentais causadas pela ascensão da mídia social e baseadas na noção de "marketing coloquial".[4]

Hoje, espera-se que as marcas sejam coloquiais e ricas em conteúdo: elas iniciam, adicionam ou revisam diálogos on-line com coisas interessantes a dizer e encaminham opiniões, pontos de vista e até mesmo argumentos. Nessa nova era, a celeridade é tão importante quanto a adaptabilidade: vá para um lado antes de ir para o outro, voe antes de cair. Embora os valores da marca devam permanecer consistentes, os especialistas recomendam que a mensagem evolua, porque a mera repetição infindável da mesma declaração significa que você acaba com um monólogo atordoante – uma commodity, não uma conversa.[5]

Em consequência disso, os estrategistas de marcas veem a si mesmos como repórteres que acompanham as histórias que criam tendências na mídia social. Alguns chamam isso de "marketing de redação".[6] E com a "propaganda nativa" – outro modismo – os profissionais de marketing confundem deliberadamente os limites do conteúdo jornalístico. Como muitas empresas, entre elas Cisco, General Electric, IBM e Starbucks, começaram a criar seu próprio conteúdo de qualidade, as linhas entre a mídia tradicional e a gestão de marcas estão se tornando indistintas. Alguns jornalistas muito respeitados já mudaram de lado indo trabalhar em empresas em cargos como "estrategista de conteúdo" ou "editor-chefe". O megafone da marca tornou-se um tagarela, o equivalente de um amigo com peso na conversa nacional ou global – sempre acessível, pessoal e transparente.

Em meio a isso tudo, os consumidores tornaram-se aptos para identificar publicidade e truques de marketing, mesmo que sejam muito inteligentes, e estão informados o suficiente para chamar um limão de limão e um fracasso de fracasso. "Dell Hell", blog de Jeff Jarvis, critica os produtos e o atendimento ao cliente da Dell,[7] e o sucesso de 2009 no YouTube do músico canadense Dave Carroll "United [Airlines] Breaks Guitars"[8] são exemplos clássicos.[9]

O JPMorgan Chase sentiu diretamente a verdadeira percepção da sua marca quando foi anfitrião, em nome do espírito de abertura, de uma sessão de Perguntas e Respostas do Twitter e sofreu seis dolorosas horas de críticas duras e assédio ("@jpmorgan, para onde envio meu currículo? Sou esperto e tenho princípios morais muito flexíveis").[10] E a varejista britânica HMV chegou a perder o controle da sua equipe de mídia social quando membros desonestos usaram seu site para disparar uma rajada de mensagens de Twitter fazendo ataques a ela.[11] Diante desses e de muitos outros exemplos, é compreensível que algumas marcas percam as estribeiras: a Nokia da Nova Zelândia enviou um simples "f--k you" aos seus seguidores no Twitter.[12] Até amigos têm seus limites.

Contudo, as empresas precisam aceitar o fato de que suas declarações e seus comportamentos são hoje monitorados e examinados por uma audiência global que nunca dorme. O que acontece em Vegas acaba no YouTube. Mas é complicado. Por um lado, as marcas têm menos controle porque "sua marca é o que outras pessoas dizem a seu respeito quando você não está na sala", como diz o ditado. Por outro lado, elas têm mais controle: graças à mídia social, podem estar naquela sala em qualquer momento. Os partidários da transparência radical afirmam que uma marca precisa estar conectada 24 horas por dia, sete dias da semana, sempre "ligada", sempre na conversa. Mas como transparência e abertura passaram a ser a norma, hoje elas são tão inflacionárias que não mais oferecem o apelo genuíno de confiabilidade, personalidade ou intimidade. A pressão da visibilidade máxima e a exigência de autenticidade tornam ainda mais assustador para uma marca levantar-se e criar conexões significativas com seu público.

É aqui que entram os Românticos nos Negócios. Tentar responder a todas as informações divulgadas a nosso respeito no cenário digital não é nossa ideia de conversação convincente. Em vez disso, como Greta Garbo, nós nos retiramos – sempre em demanda, sempre fora de alcance. Não estamos interessados na transparência como virtude. Uma marca é, por projeto, mais ambígua, e começa a perder sua força quando se torna demasiado uniforme e consistente. Na era das conversas ela pode ser eloquente, mas nunca deve ser totalmente explícita.

As oportunidades de remistificação são abundantes. Tome, para começar, o "livro de marcas". Muitos estrategistas de marcas defendem a criação de diretrizes da marca, com instruções detalhadas sobre comunicação, linguagem, estilo de apresentação e comportamento adequados para apoiar a promessa e a pessoa da marca. Tenho visto livros de marcas de duas páginas e outros com duzentas, com regras para toda e qualquer expressão da marca imaginável – da colocação de imagens em PowerPoints até a linguagem que deve ser usada em "mensagens de elevador" em eventos para networking ou a cor da sua gravata. Fui responsável pela criação de vários livros de marca em minha carreira, e demorei alguns anos para perceber que sempre sentia aversão a eles. É claro que eu não gostava de ser regulado – nenhum "embaixador de marca" gosta –, porém, mais importante, eu não acreditava no propósito declarado de um livro de marca. Se pode ser codificada, se pode ser gerenciada, não é uma marca.

As marcas mais fortes, distintas e resistentes são aquelas que não precisam de um livro de marca; a promessa implícita da marca é compreendida (ou melhor, *adivinhada*) por todos, dentro e fora da organização. Por exemplo, na Frog Design, o DNA da empresa era tão único que os novos funcionários não recebiam um livro da marca; em vez disso, eram convidados para uma reunião com um cliente. "Pule logo e aprenda a nadar na lagoa" era o lema. Assim como ideologias, cultos, tribos e outras comunidades intencionais, as marcas cultivam um segredo em seu núcleo, um vazio místico que não deve ser enchido. A Apple pode ter um livro da marca, mas o apelo vem da aura pessoal incorporada por Steve Jobs, do sigilo orquestrado e do mistério que ele criava em torno de cada lançamento de um novo produto. Em conjunto, amávamos e odiávamos a Apple – muitas vezes, sentindo os dois extremos no mesmo instante. Isso é o que uma grande marca faz para nós.

O mesmo se aplica às mensagens comerciais de elevador. Nunca entendi realmente por que as pessoas ficam tão presas a elas e recusei-me a criá-los em todas as empresas para as quais trabalhei. Na Frog Design, costumávamos brincar: "Mensagem de elevador? Boa sorte! Você irá precisar de um longo passeio nele!" A Frog era uma organização complexa, que exigia muito conhecimento tácito; uma mensagem idiotizada de cem palavras nunca seria capaz de captar "o que queríamos".

Meus colegas de vendas na Frog queriam que eu elogiasse nosso trabalho o máximo possível com os melhores clientes, mas muitos deles relutavam em servir como referências públicas (devido à síndrome do não inventado aqui, eles não estavam dispostos a dar a uma agência externa qualquer crédito por suas inovações). Nossa única opção era transformar aquela fraqueza em força e, ao longo dos anos, cheguei até a apreciar os méritos da nossa decisão. Encorajei meus colegas a construir deliberadamente a mística sempre que lhes perguntassem a respeito do nosso portfólio de clientes: "Bem, é difícil, mas nosso trabalho é tão de vanguarda que a maioria dos nossos clientes não quer que falemos a respeito dele"... "Trabalhamos para quase todas as marcas da Fortune 500 e é muito provável que você tenha usado um produto desenhado por nós"... "Infelizmente, isso é tudo o que podemos lhe contar a respeito."

Para os Românticos nos Negócios, o livro de marca mais eficaz e a melhor mensagem de elevador são a declaração aberta que deixa mais perguntas abertas do que respondidas. Ela não oferece clareza; desperta curiosidade e às vezes até confunde.

Note como as pessoas ficam interessadas quando recebem informações apenas suficientes, isto é, não totalmente suficientes: "Você pode explicar isso um pouco mais?"

Uma mestra nesse tipo de mística é a McKinsey, "a mais conhecida, mais sigilosa, mais cara, mais prestigiosa, consistentemente mais bem-sucedida, mais invejada, de maior confiança, mais detestada firma de consultoria gerencial do mundo". Assim declarou a revista *Fortune* em 1993.[13] Mais de vinte anos depois, a declaração ainda soa verdadeira, o que é um testemunho da durabilidade da força da marca depois de ela ter sido a pioneira na prestação de serviços de consultoria para a alta direção. A McKinsey, com frequência chamada de "A Firma", foi a primeira a estabelecer uma poderosa combinação de capacidade analítica superior e estratégia gerencial generalista que afirmava superar a competência interna e a experiência dos especialistas.

Mas não é só isso. "Você não pode ser demitido por contratar a McKinsey", diz o ditado, e isso ilustra os fatores emotivos que são parte integrante do sucesso da empresa. Com o resultado do aconselhamento estratégico muitas vezes difícil de extrapolar, esses fatores pesam ainda mais em outras indústrias. Felix G. Rohatyn, banqueiro de investimentos e especialista em fusões, observou de forma pungente: "Como você pode julgar um conselho? Peça que as pessoas que receberam conselhos lhe contem como elas se sentem."[14]

A viabilidade dos serviços profissionais de consultoria se baseia na percepção de que o consultor sabe mais que o cliente. Os consultores gerenciais em particular são "lojas de soluções", de acordo com o pensador gerencial Clayton Christensen.[15] Eles entram numa organização cliente vindos de fora, com o mandato para perturbar o *status quo*. Eles prescrevem uma "solução", por procuração, dão aos clientes a legitimidade para tomar decisões (muitas vezes impopulares). A McKinsey, em particular, mais que suas concorrentes, desfruta de um contrato invisível com seus clientes. No centro do seu modelo de negócio está um ativo altamente intangível: uma *suposição* de autoridade que confere autoridade *real*. A recomendação da firma não é questionada porque vem com uma aura elitista impregnada de um forte senso de mistério.

Outros serviços profissionais – como arquitetura – fecharam-se num mundo de fixação de preços de tempo e despesas baseado no custo, que raramente reflete todo o escopo do trabalho, para não mencionar o valor que ele cria. Na McKinsey não é assim. Para chegar às suas recomendações, a firma incorpora vários serviços – de pesquisa e desenvolvimento de cenários e planejamento – a um documento final confiável de estratégia. Enquanto outras profissões são cada vez mais forçadas a "abrir" seus pacotes porque seus clientes exigem mais transparência, a McKinsey tem recusado, e com sucesso, o acesso à sua "caixa preta". O excesso de transparência iria simplesmente questionar a proposição de valor. Consequentemente, a firma traça uma linha inflexível entre o pessoal de dentro e o de fora; ela mantém uma cultura de opacidade e faz com que os clientes jurem guardar segredo. A divulgação de qualquer trabalho é tabu. O resultado costuma ser publicidade zero e as manchetes negativas só ocorrem quando um mau conselho é exposto. Da malfadada fusão da Time Warner com a AOL à fracassada estratégia da General Motors contra a concorrência japonesa,[16] e a AT&T (a McKinsey aconselhou a empresa a considerar os telefones celulares como mercado de nicho), os erros conhecidos da McKinsey estão bem registrados (mais recentemente no livro *The Firm: The Story of McKinsey and Its Secret Influence on American Business*, de Duff McDonald),[17] mas eles não parecem ter prejudicado seriamente a reputação da empresa – e certamente não a sua aura.

O que é mais ameaçador para a McKinsey é o risco crescente de comodificação. Algumas firmas de consultoria já começaram a padronizar alguns dos seus conhecimentos e transformar em produtos uma parte das suas propriedades intelectuais. Porém, se a McKinsey compromete sua capacidade de prover mais que apenas soluções padronizadas, ela enfraquece a fonte de sua proposição única de valor. No momento em que uma empresa tem somente uma resposta para qualquer pergunta, ela começa a se transformar em commodity ou a ser terceirizada. É uma ironia o fato de a McKinsey, que prega clareza estratégica, rigor analítico e eficiência, acabar prosperando com o poder enganoso de intangíveis. Numa das indústrias mais implacáveis e dirigidas por números que existe, ambiguidade e sigilo permanecem sem preço. Somente os românticos sobrevivem.

A teoria da política administrativa reluta em admitir que as empresas necessitam de ambiguidade, mas os românticos sabem que ela pode ser um fator essencial no sucesso a longo prazo. A firma da desenhista de moda Eileen Fisher é um bom exemplo. Seu trabalho visa mulheres de todas as idades que preferem roupas elegantes, que não chamem muita atenção sobre as opções de estilo. A cultura da organização dela é perfeitamente coerente com essa filosofia de desenho, conhecida pela discrição: um estilo sóbrio que prefere a distinção à diferenciação. Em um perfil na revista *New Yorker*, Fisher descreveu as unidades da estrutura da sua empresa: a "equipe central de conceito" e o "fórum de liderança", bem como uma "espécie diferente de liderança", em que o líder "facilita o processo" e "mantém o espaço".[18] O artigo observa que a descrição parece um texto hermético: "Sempre que as operações da empresa ficavam sob discussão, a linguagem tornava-se peculiar e evasiva, como se alguma coisa estivesse sendo escondida." Até mesmo Hilary Old, vice-presidente de comunicação da Fisher, que participava da conversa, era "igualmente incapaz de explicar o inexplicável".

Os Românticos nos Negócios reconhecem que ambiguidade e sigilo são maneiras eficazes para promover um senso de identidade dentro de uma organização, ou mesmo para transformá-lo. Em vez de workshops inclusivos, do tipo "suba a bordo" ou da divisão de tarefas para obter capacidade intelectual coletiva, procure fazer uma coisa mais exclusiva e misteriosa, como aquilo que fizemos na NBBJ, uma empresa de desenho e arquitetura.

Identificamos trinta "líderes durões" em todos os escritórios da NBBJ e os convidamos a "entrar na nbbX". Essa foi posicionada como a "plataforma de liderança dura da NBBJ", mas na verdade a nbbX era outra coisa: um distintivo de honra para os pensadores mais prolíficos da empresa, uma comunidade exclusiva e selecionada, com rituais e símbolos, um clube especial, regras rígidas de engajamento, alto grau de conexões interpessoais e confiança mútua. Em outras palavras: a nbbX era uma sociedade secreta.

Para lançar a nbbX, organizamos um "laboratório" de um dia. Tínhamos somente um princípio para o dia: fazer com que o evento parecesse um casamento. Indicamos aos nossos colegas que era uma honra participar da nbbX; esperávamos que se comprometessem o dia inteiro, das nove da manhã às nove da noite. Só para aumentar o suspense, nunca deixamos claro o propósito da reunião, permitindo que os convidados preenchessem o vazio com sua imaginação: aquele seria apenas mais um exercício com programas de interação (mas com comida melhor) com relatórios dos grupos? Ou receberíamos convidados surpresa – mágicos, monges, gurus – para fazer meditação coletiva? A ansiedade e a excitação eram palpáveis. Cada vez mais colegas pediam para ser convidados (recusamos educadamente), e a sensação de antecipação ficava mais forte à medida que nos aproximávamos do evento.

Criar uma sociedade secreta na NBBJ, que era conhecida por sua cultura altamente inclusiva e democrática, era uma maldição. Durante décadas, a empresa havia se saído bem como uma firma de arquitetura de visão, com um legado de setenta anos e uma clientela selecionada. Ela mostrava uma *persona* forte, baseada num conjunto amplamente aceito de valores e comportamentos, mas não tinha uma *agenda* (sempre analiso esses dois aspectos quando avalio o potencial e a trajetória estratégica de uma organização). A NBBJ carecia de um argumento distinto, que fosse além da prática da arquitetura e bons projetos. Ela estava parada no meio, entre arte tangível e metas mais intangíveis, indústria e intelecto. A firma estava muito consciente da sua responsabilidade – melhorar vidas humanas através de ambientes construídos –, contudo, muitas pessoas nela temiam verbalizar opiniões fora do domínio arquitetônico. Discreta, a empresa tinha uma propensão contra falar a respeito do seu trabalho e também fortes reservas a respeito de entrar em áreas controversas.

A discrição era nobre, mas também uma desvantagem. As firmas de serviços profissionais de hoje enfrentam mercados de complexidade sem precedentes: tudo, a partir da confusão das relações entre acionistas até as questões sociopolíticas interligadas do nosso tempo, está se tornando mais complicado. O consultor em inovação Adam Richardson fala em "problemas-X": difíceis de identificar, de articular e de resolver.[19] Uma empresa como a NBBJ pode resolver problemas-X de duas maneiras: através de trabalho ou de pensar – de preferência ambos. Como afirmei antes a respeito da McKinsey, um serviço cujo valor está tipicamente preso a horas faturáveis corre o risco de se transformar em commodity. A NBBJ não tinha escolha a não ser afirmar-se como uma rede de pensadores com ideias que podia estender aos seus clientes e além. Para nós, a maior oportunidade era identificar as causas básicas e as maiores alavancas para mudanças sociais positivas. O principal desafio era de ser uma firma de projetos e *mais* que isso ao mesmo tempo. Significava fazer perguntas para as quais não tínhamos uma resposta (ainda).

O rico diálogo que teve lugar no laboratório nbbX deu aos nossos trinta colegas a permissão implícita para ter opinião sobre os tópicos importantes para eles: como arquitetos e, mais importante, como seres humanos. Logo depois do laboratório lançamos um blog, começamos a promover conversas durante o almoço, trouxemos especialistas de fora e estabelecemos outros formatos de conversação: todos eles ajudaram a deixar a NBBJ mais à vontade com a ideia de sair por si mesma da sua zona de conforto.

O X em nbbX significava apenas isso: território desconhecido, abertura, o invisível, o aventuroso e incerto. Além disso, também marcava o alcance da nossa iniciativa dentro e fora da organização: de perguntas a opiniões a pontos de vista e, finalmente, uma agenda intelectual ambiciosa. "Alteramos" a venerável marca NBBJ – as quatro letras representam as iniciais dos fundadores – substituindo o J pelo X. Criamos um espaço romântico: um X para mais de um significado.

Esses tipos de encontros secretos são igualmente provocativos fora dos limites dos nossos escritórios. Imagine que você está lutando com o projeto de uma nova característica de um produto e que durante um evento incomum de negócios um estranho misterioso lhe oferece ajuda. No final da sessão, você descobre que o estranho é Jonathan Ive, famoso líder de projetos da Apple. Bem-vindo à Casa dos Gênios: uma série de eventos para líderes empresariais e empreendedores que usa o anonimato para criar melhores condições de colaboração e troca de ideias.[20] Um típico evento de Casa dos Gênios reúne de quinze a vinte participantes e três oradores – cada um deles faz uma apresentação de cinco minutos sobre um importante desafio ou problema de negócios. No início da sessão, solicita-se aos participantes que não revelem informações pessoais ou profissionais ("somente os primeiros nomes") para que as ideias sejam aceitas pelo que são, encorajando todos a contribuir de forma igual, sem propensões pessoais ou sociais. Este campo de jogo limpo – juntamente com a recusa em revelar o conteúdo antecipadamente – possibilita o diálogo baseado em reações instintivas e remove qualquer filtro que possa impedir o processo criativo. No fim da reunião, ocorre a revelação das identidades, em geral acompanhada pelo som de muitos "ooohhs". Jonathan Ive estava na casa. Ou não.

EDIÇÕES LIMITADAS

Sociedades secretas como a nbbX ou a Casa dos Gênios são importantes para as empresas e seus líderes, mas também são essenciais para experiências com consumidores. O sigilo cria espaço para nossos verdadeiros desejos (e não só nossas "necessidades"). Mais especificamente, o anonimato nos permite falar livremente e sem temer as consequências ou ameaças à nossa reputação no mundo real.

A internet em particular elevou a proposição de valor do anonimato: quanto mais nos mostramos através da ubíqua mídia social, mais buscamos lugares para nos esconder. Depois dos quadros de mensagens (4chan), das redes de perguntas e respostas (Ask.fm) e dos sites de confissão (Post-

Secret), agora inevitavelmente existem os "aplicativos para isso": o Whisper, lançado em maio de 2012, possibilita que os usuários troquem anonimamente mensagens com pessoas nas proximidades de onde estão. E quando este livro estava sendo escrito, o Secret acabara de surgir como o mais recente aplicativo de compartilhamento anônimo. Cercado por acusações de prover um fórum para cyber-bullying,[21] o Secret lhe permite fazer confissões ou postar outras declarações para suas listas de contatos existentes – no anonimato. No fundo de cada "segredo", outros membros da sua rede podem ver onde ele foi postado, quantas pessoas comentaram sobre ele e quantas lhe atribuíram corações. Quanto mais corações, mais o segredo irá se espalhar pela sua rede e pelas redes dos seus amigos. Esse princípio revela um interessante paradoxo: quanto mais forte a moeda social, seja através dos laços sociais ou da popularidade do conteúdo, maior o risco para o anonimato. Mas é o risco que é bom, não é?

Colocando-nos em contato íntimo com risco, exposição e infâmia, o Secret satisfaz nossa necessidade de anonimato e também nosso desejo de sermos vistos. Ele expõe nossa ambivalência com respeito à privacidade e à publicidade: os românticos gostam de ser anônimos, sim, mas só se outros estiverem olhando.

O Secret também ilustra outro marco da economia pós-conhecimento: o valor experiencial de não saber. Por projeto, o aplicativo introduz a moeda da dúvida, possibilitando todos os tipos de trapaças e "jogos de adivinhação". Os pontos cegos do usuário são seu maior ativo. As coisas compartilhadas no Secret (p.ex.: "Eu trabalho na Evernote e ela vai ser comprada", ou "Dormi com a mulher do meu melhor amigo") podem ser um boato ou uma confissão; isso pode não ser verdade, mas certamente desperta nossa curiosidade, em especial se vier anonimamente de alguém da nossa rede. Somos fanáticos por aquilo que desconhecemos. Conhecimento é poder, mas não saber pode ser mais poderoso.

É nisso que a série Secret Cinema, fundada no Reino Unido, também é boa. O Secret Cinema revigorou completamente a tradicional experiência de ir ao cinema tornando-a social, imersiva, interativa e, mais importante, secreta. Pense nela como um encontro às cegas com um filme. É um encontro para pessoas que se reúnem para "classificações de mistério" de filmes seminais, de *Casablanca* a *Alien* ou *Blade Runner*, em locais incomuns. Os espectadores não sabem o que irão ver, embora tenham recebido algumas pistas sutis on-line antes do evento. Além disso, eles são avisados para não passá-las adiante! É claro que nem todos respeitam esse pedido, o que proporciona ao Secret Cinema uma grande força de vendas.

A montagem do evento só aumenta a excitação e a vontade de participar. Os espetáculos muitas vezes assumem vida própria, incorporando performances ao vivo, música e comida. Por exemplo, numa projeção de *Asas do desejo*, de Wim Wenders, um trapezista executou, sincronizado, a cena do trapézio do filme. Para *Um sonho de liberdade*, o Secret Cinema transformou a Cardinal Pole School de Londres numa prisão. Para a exibição de *Prometheus*, de Ridley Scott, o Secret Cinema transformou um armazém numa nave espacial e os participantes em membros da tripulação. Ao longo de várias semanas, 14 mil pessoas pagaram 35 libras por um filme que veio a ser *A batalha de Argel*, a que a maioria provavelmente já havia assistido.

O Secret Cinema alterna jogos de realidade com ajuntamentos instantâneos, caso você queira. Recentemente, ele começou a organizar "sessões de imersão" de novos lançamentos, mostrando, por exemplo, o filme *O Grande Hotel Budapeste*, de Wes Anderson, antes mesmo do lançamento para o público.[22] Fabien Riggall, fundador e CEO da empresa, acredita que "o Secret Cinema é o futuro do cinema". Poderemos não ir mais assistir a filmes, mas sim *experimentá-los*.

Isso também pode descrever o futuro da música. Em 2012, o pop star Beck lançou seu álbum *Song Reader* como "partituras" – como um produto físico bem embalado. Em vez de gravar ele mesmo qualquer das vinte novas canções, Beck convidou seus fãs a gravá-las e compartilhá-las on-line. Fazendo isso, criou uma escassez artificial: ele próprio só iria executar as canções em concertos ao vivo, ao passo que a falta de um produto digital criava um novo e obscuro mercado para "versões cover". Esse formato permitiu que fãs e músicos do mundo inteiro (co)criassem seu álbum Beck, tornando os seus concertos ainda mais atraentes.

Os românticos apreciam o efêmero, a magia do momento fugaz. Nada nos irrita mais que um vídeo de má qualidade de um evento ao vivo memorável, um simulacro patético do icônico momento de "você tinha que estar lá". É por isso que eventos ao vivo como Pop-Up Magazine, uma série que se autointitula "a maior revista ao vivo do mundo, criada para um palco, uma tela e uma audiência ao vivo", não tem nenhum espetáculo arquivado. De fato, os organizadores prometem: "Nada irá chegar à sua caixa postal. Nada irá on-line. Nada será filmado ou gravado. Uma edição existe para uma noite, em um lugar."

Nesta era em que tudo o que dizemos e fazemos é gravado permanentemente na internet, a mídia efêmera está em ascensão. Há apenas alguns anos, o aplicativo de compartilhamento de fotos Snapchat, que deleta as fotos automaticamente depois de alguns segundos, teria sido inimaginável; hoje ele é o padrão ouro da nova onda de efemeridade.

Um grupo de dramaturgos de Nova York chegou a usar a efemeridade como princípio para o seu empreendimento. O grupo, chamado 13P pelos treze autores envolvidos, intitulou sua estrutura organizacional "The Implosion Model". Cada um dos treze dramaturgos teve a oportunidade de supervisionar sua própria produção. Quando todos eles haviam terminado – um total de treze peças –, a companhia foi desfeita. Declarando de forma explícita sua vida útil, o grupo deixou claro que seu foco estava no trabalho e não na instituição.

"A meta de longo prazo não era ter lucro. Era simplesmente sacrificar-se para fazer alguma coisa. Então, quando os espetáculos foram montados, tudo estava acabado", contou-me Rob Handel, um dos fundadores.

Numa entrevista para o *Huffington Post*, outro membro do 13P, Young Jean Lee, declarou: "Foi uma das experiências artísticas mais puras que já tive. Tenho minha própria organização e o fato é que preciso me preocupar a respeito da sustentabilidade de continuar a pagar meus funcionários e manter a empresa em funcionamento. Não tenho essa experiência pura onde posso fazer o que quiser. Não é assim que funciona."[23]

"O que você pode fazer quando a sustentabilidade é a sua meta?", acrescentou Madeleine George, cofundadora. "Isso abre todo tipo de oportunidades."

Em 2012, depois de quase dez anos de produções premiadas, os membros do 13P reuniram-se numa festa de despedida no Public Theater de Nova York. A implosão foi o tema de todos os brindes, performances e discursos. E depois da contagem 5-4-3-2-1 – o 13P não existia mais.

ESPAÇO NEGATIVO

Minha filha e eu visitamos recentemente uma loja de brinquedos em meu bairro porque os donos haviam organizado um evento especial: uma sessão com Karl Johnson, um dos maiores artistas de silhuetas dos Estados Unidos, que iria recortar perfis. A demanda era alta e havia uma longa fila. Até minha filha finalmente sentar-se para servir de "modelo", usei o tempo para observar o trabalho do artista.

Johnson ficou sentado numa pequena poltrona das nove da manhã até as seis da tarde, naquele dia, sem intervalos, criando cerca de sessenta retratos. Ele pedia que as crianças ficassem imóveis e conversava amistosamente com elas para que se sentissem à vontade. O tempo todo ele estava falando, mas também cortando. Sua tesoura movia-se sem parar no papel, mas seus olhos ficavam fixos no modelo. Ele analisava os contornos da criança à sua frente e então traduzia aquele padrão visual em cortes de tesoura. Fiquei espantado com a complexidade do seu trabalho e, ao mesmo tempo, com sua simplicidade. "Retratos de silhuetas captam a essência dos modelos – quem eles são – na maneira mais simplista", escreveu Johnson em um post.[24]

Mais tarde, li que ele atribuía seu talento único à sua visão monocular inata. Ele enxerga somente com o olho direito e diz que isso força-o a avaliar a distância e a forma de um objeto examinando sua sombra, significando que ele vê o mundo inteiro como uma série de silhuetas. Dessa maneira, trabalha excluindo outras informações. Ele cria a percepção de profundidade tridimensional através de algumas linhas aparentemente randômicas, capazes de revelar o caráter único de uma pessoa – o espírito humano – em um piscar de olhos.

Observando um mestre como Johnson em seu trabalho, lembrei-me da maneira pela qual certas marcas têm cultivado uma arte de espaço negativo, chegando a uma visibilidade apenas suficiente para que elas fiquem "ausentes". Como uma pós-imagem, elas permanecem visíveis em nossas mentes depois que desaparecem. Só a sua silhueta perdura. Como uma marca desaparece de forma artística?

A marca de moda Maison Martin Margiela (MMM) pode oferecer algumas pistas. A empresa permaneceu cercada pelo anonimato durante toda a sua história de vinte anos, e seu desenhista, Martin Margiela, em geral é representado por uma cadeira vazia em seus próprios desfiles. O mundo da moda acostumou-se a esse comportamento. Quando atendem à demanda por ubiquidade e personalidades marcantes, ele opta pela invisibilidade, fazendo dela um ativo inesperado. Margiela, formado na Real Academia de Belas-Artes da Bélgica, foi assistente de Jean Paul Gaultier no início dos anos 1980. Na época, a moda na Bélgica, e em Antuérpia em particular, era profundamente inspirada pelos desenhistas desconstrucionistas mais radicais. Unindo forças com um grupo de desenhistas de mente aberta – que se referiam a si mesmos como o Antwerp 6 –, Margiela começou a trazer as ideias subversivas da desconstrução para a Europa, rasgando roupas e expondo as costuras. Hoje, muitos dos estilos que damos como certos – jeans retalhados e o uso de materiais reciclados em vestimentas, por exemplo – podem ser diretamente atribuídos à sua influência. Em vez de criar uma história em torno da sua linha de produtos, a fachada sem personagem tornou-se a essência da marca; de fato, seus desfiles muitas vezes tinham modelos "sem rosto", com grandes perucas cobrindo suas cabeças inteiras.

Até hoje, esse culto à *im*pessoalidade predomina na estética da marca: as lojas nunca são identificadas por placas ou luminosos; o pessoal nas lojas e na sede da MMM veste aventais de laboratório brancos; a cor branca está em todas as lojas e no mobiliário; as embalagens são monocromáticas e sem logos; e o critério de atendimento é por ordem de chegada, evitando o padrão da indústria de hierarquia de atendimento. Nem mesmo pessoas importantes da indústria conseguem chegar diretamente até Martin Margiela. Todos os pedidos à empresa devem ser feitos por fax endereçado à "Maison Martin Margiela". Tudo a respeito do processo criativo da MMM comunica a força da ausência. Em consequência disso, os fãs da marca assumem o papel de porta-vozes. Eles divulgam os "fatos internos" que a marca recusa-se a reconhecer. A ausência serve como convite implícito à participação.

Em 2009, Renzo Rosso, acionista majoritário da MMM, admitiu publicamente que Margiela não era visto na empresa havia muito tempo: "Ele está aqui, mas não aqui."[25] Alguns meses mais tarde, um comunicado à imprensa anunciou que Margiela havia deixado a empresa, mas que nenhum diretor de criação seria nomeado para substituí-lo.[26]

Semelhante ao princípio de desenho de ausência da MMM, a varejista japonesa Muji acredita nas virtudes do espaço vazio. Kenya Hara, filho de um monge xintoísta e diretor de arte da Muji, coloca esse vazio dentro de um rico contexto da religião xintoísta japonesa, especificamente o templo. Ele falou numa conferência:

> Não existe maneira de marcar um encontro com os deuses. A única coisa que podemos fazer é convidá-los. Existe no Japão um tipo curioso de estrutura que é comum a nós. Seu nome é Shiro. Ela é feita com quatro pilares arranjados em quadrado e com os topos unidos por uma corda de palha. Dentro não há nada. Isto é, está vazio; de fato, é um espaço vazio. Se criamos uma condição de espaço vazio, os deuses, que são as forças da natureza, podem enchê-lo. Porque o espaço vazio é, em si, a possibilidade de ser preenchido, os deuses que tudo veem não poderiam deixar de notá-lo. Mas isso não nos dá a certeza de que eles irão entrar. Eles podem entrar e seu peso pode ser grande. As pessoas rezam pela possibilidade.[27]

"O vazio não é uma mensagem", concluiu Hara. "Oferecer um vaso vazio é fazer uma única pergunta e estar sempre pronto para aceitar uma enorme variedade de respostas."

Isso me fez lembrar do que o fotógrafo Platon, famoso por seus retratos de líderes mundiais, contou-me a respeito do seu trabalho: "Procuro estar o mais vazio possível quando abordo meu assunto. É como se eu o visse pela primeira vez e minha mente vazia permite que eu o reconheça como ele é."

Marcas como MMM e Muji e artistas como Platon estão nos convidando a contemplar um mundo de empresas onde os livros de marcas e as mensagens de elevador estão fora do ponto. Seus sensos estéticos dividem uma preocupação com criar condições, quase como se fossem químicos juntando os elementos certos em um tubo de ensaio antes de aquecê-lo no bico de Bunsen. Evocam um estado de espera receptiva – e não passiva.

Essa espera receptiva pode ser definida – na terminologia romântica – como esperar pelo golpe da musa. O fabricante italiano de notebooks Moleskine, que comemorou seu IPO com uma valorização superior a 600 milhões de dólares – um enorme anacronismo nesse mundo que normalmente glorifica novas empresas e produtos digitais –, criou todo um modelo de negócio baseado na noção romântica da musa moderna. O legendário livro de anotações de papel, levado à fama por artistas como Van Gogh, Hemingway e Picasso, quase havia desaparecido em 1997, quando a pequena editora milanesa Modo & Modo abriu as portas. A empresa começou a vender o livro de forma muito inteligente, como um reservatório tangível daquilo que é artístico e divertido, como o diário nostálgico para as ideias, inspirações e emoções do conectado ser humano moderno.

A história por trás desse renascimento é romântica em si mesma: Maria Sebregondi, vice-presidente de valor da marca e comunicações, contou-me que ela e dois amigos tiveram uma ideia durante um passeio de veleiro pelo litoral da Tunísia em meados dos anos 1990. Sua visão era de traduzir o antigo livro de esboços dos artistas para a era dos nômades digitais, apelando para o trabalhador do conhecimento de hoje quando em viagem. Eles queriam criar um artefato físico nostálgico que fosse complementar aos dispositivos digitais. Ela admite que simplesmente seguiu sua paixão, em vez de pensar, e menos ainda de avaliar com cuidado, os aspectos comerciais.

Os livros Moleskine funcionam como, segundo Sebregondi, "nuvens analógicas", e ela acredita que a meta é que sirvam como uma plataforma aberta para "intimidade e imaginação compartilhadas". Como no caso da Muji, a associação de marca e a proposição de valor são o espaço vazio. Esse é um luxo numa época que privilegia a conectividade e a transparência acima de quase tudo. Contudo, Moleskine não é considerada uma marca de luxo. "Ao contrário do luxo, que é exclusivo, a cultura é inclusiva", disse Sebregondi, "e a Moleskine faz parte de uma cultura popular à qual todos podem ter acesso." Os livros de anotações Moleskine são veículos democráticos para a expressão, além de objetos feitos à mão que servem como recipientes simples e concretos de nossas vidas complexas. Eles oferecem ao nômade moderno uma âncora emocional, um lar fora do lar, e ao mesmo tempo servem como veículos de curiosidade, descobrimento e exploração. São a bússola para o viajante a negócios de hoje: cheios de contexto (cada livro vem com um encarte evocando a história da Moleskine), mas completamente abertos para coisas novas. As páginas em branco são como uma oportunidade para reimaginar a vida. Cada novo livro é uma história não escrita e contém a promessa romântica de recomeçar tudo.

A Moleskine fez recentemente uma parceria com a Evernote, fornecedora de software de organização, para criar uma coleção de "livros de anotações inteligentes", e as duas empresas estão em processo de lançar outras iniciativas digitais. Perguntei a Sebregondi se aquela transição para o mundo on-line poderia colocar em risco a pureza da experiência e a integridade do espaço vazio defendido pela Moleskine. Ela não está preocupada: "O mundo digital oferece uma quantidade infinita de espaço vazio."

O espaço vazio usado por marcas como MMM, Muji ou Moleskine também serve para outras marcas, em especial aquelas com uma persona forte e confiança para abrir espaço para o desconhecido: o website da Creative Artists Agency (CAA), a legendária agência de talentos de Hollywood, mostra somente as informações para contato e nada mais. Como visitante, você recebe a mensagem: a CAA é a melhor firma e a mais exclusiva, e confidencialidade e classe são suas credenciais mais importantes. O site é um "véu" que só aqueles que sabem podem descobrir. Como uma sociedade secreta, a concha é plana e discreta, tornando o núcleo oculto mais misterioso e atrativo.

E existe a marca Evian: usando somente a aura, ela transformou a água, a commodity mais ubíqua do mundo, em item de luxo. O produto é fantasia pura: a superfície clara do lago de Genebra; um copo numa mesa de jantar em Paris; uma garrafa gelada durante uma maratona. Evian é o paradigma do *je ne sais quoi*. Como todas as grandes marcas românticas, ela é um convite à imaginação. Este é o credo do romântico: a prova está na promessa, não no pudim.

Transparência e abertura tornaram-se modismos nos últimos anos. Governo aberto; fonte aberta; inovação aberta; liderança aberta – a lista continua. Das pegadas ecológicas de produtos e informações a respeito da cadeia de suprimentos ao feedback aos funcionários, à inovação nos produtos e à estratégia de toda a empresa, as empresas começaram a se comunicar umas com as outras para ganhar a confiança dos seus acionistas.[28] É crença comum que toda essa abertura aumenta a legitimidade, a responsabilidade e o acesso a ideias, resultando em melhor desempenho. Mas é importante compreender que isso tem um preço. O crítico de arte e curador Deyan Sudjic escreve:

> O símbolo de transparência é uma faca de dois gumes. Na transparência manifestamos democracia e clareza – lançando luz sobre espaços escuros. Contudo, quando você olha para uma parede de vidro à luz do dia, o que vê é um reflexo de si mesmo. Para viver em um mundo onde continuemos a incentivar a inovação, necessitamos da vitalidade confusa da opacidade.[29]

Gosto muito desta frase: "vitalidade confusa da opacidade", que para mim é o marco de grande criatividade. Afinal, fechar uma porta proverbial – quer seja a porta da sua sala ou a porta de uma marca – nem sempre é uma coisa ruim. Em suas formas mais inocentes, os segredos atraem nossa empatia, nossa curiosidade e nos forçam a considerar aquilo que nos é mais precioso. O uso excessivo de transparência não só ameaça nosso conceito de privacidade, mas também o romance do oculto.

Como resposta à transparência radical, os Românticos nos Negócios usam a mística para criar espaços românticos que nos permitem desfrutar aquilo que não podemos ver: lojas temporárias que aparecem sem avisar; restaurantes em locais secretos, que só podem ser achados via comunicação boca a boca; ou "jantar no escuro". Todos esses novos serviços limitam deliberadamente uma dimensão da experiência do usuário, como cortar uma perna de um banco. Snapchat, o aplicativo de compartilhamento de fotos, obscurece a memória ao negar a permanência on-line; o Secret obscurece a identidade do usuário; a Pop-Up Magazine obscurece a disponibilidade a qualquer momento; e o Secret Cinema, a série de projeções misteriosas, obscurece o conteúdo não revelando antecipadamente que filme será exibido. Por projeto, esses formatos opacos e efêmeros representam uma nova espécie de mídia e serviços para a economia pós-conhecimento. É uma economia na qual a esmagadora abundância de fatos e cifras disponíveis on-line – clarificação – está só aumentando nosso desejo por ofuscação. Bem-vindo à "economia da desinformação".

Nossos modelos de negócios, marcas, experiências de clientes e líderes carismáticos, todos românticos, prosperam com o desconhecido, com o luxo de não precisar compartilhar tudo. Os Românticos nos Negócios preferem discrição, silêncio, espaço vazio e até mesmo a ausência à transparência dogmática e à presença permanente. Recusamo-nos a explicar ou revelar certas coisas – não porque sejam sagradas, mas porque *queremos* que elas o sejam. Coisas que não duram, duram mais. Experiências no escuro iluminam nossos desejos. Se você quer destacar alguma coisa, oculte-a! Convide agentes secretos, projetos clandestinos e mistério para sua organização. Experimente trancar algumas portas. As coisas que trancamos, as histórias que guardamos para nós mesmos, as sombras que lançamos, os espaços que eliminamos: eles nos fazem querer mais.

CAPÍTULO 9

Rompa

Não sou sentimental – sou tão romântico quanto você. A ideia, você sabe, é que a pessoa sentimental pensa que as coisas irão durar – a pessoa romântica tem uma confiança desesperada de que elas não irão.

– F. SCOTT FITZGERALD

Os artistas performáticos Marina Abramović e Ulay iniciaram um intenso relacionamento romântico na década de 1970, vivendo e trabalhando numa van. Quando sentiram que o relacionamento havia terminado, decidiram caminhar pela Grande Muralha da China, cada um saindo de um extremo, com o objetivo de se encontrarem a meio caminho para um último beijo. Abramović começou em Shan Hai Guan, nas praias do mar Amarelo, e Ulay de Jai Yu Guan, no deserto de Gobi. Depois de caminhar 2.400 quilômetros, eles se encontraram no meio e se beijaram; a seguir, deram as costas um ao outro e não mais se viram por quase trinta anos. Aquele beijo final, bem coreografado, marcou o fim da sua jornada conjunta.[1]

Grandes sinfonias nunca acabam lentamente enquanto o público começa a sair. Há o grande floreio, a triunfante onda final da mão do maestro, aquele pequeno, mas aparentemente infinito momento de silêncio, e então o espaço final e o convite aos aplausos. A única maneira de terminar qualquer coisa é negar ao público a oportunidade para tudo. Um final poderoso requer coragem e convicção para dizer: "Dei tudo de mim a vocês. Não há mais nada. Adeus." Tais finais não significam que não há perguntas em aberto; mas significam que a cortina está fechada.

Em negócios, tendemos a subestimar a força dessa nota final. Entendemos os inícios – eles podem nos intimidar e desafiar, mas sempre prometem a emoção da novidade: sim, estamos vivos! Contudo, com frequência ficamos confusos e até mesmo tristes depois dos finais, quer sejam em nossas experiências de liderança, com funcionários ou com clientes: o fim pode ser difícil. Com tão pouca prática, simplesmente carecemos do conjunto requerido de habilidades e deixamos de antecipar o preço emocional das separações. Um divórcio em negócios ainda é um divórcio, incluindo sentimentos feridos e todos os danos colaterais associados. Uma autópsia depois de um mandato ou projeto intenso é muito mais que uma série de perguntas secas, muito mais que uma lista de verificação de uma análise do que foi bem ou nem tanto: é um momento de tristeza; na verdade, a conclusão de um mandato ou projeto pode levar a níveis variados de depressão pós-parto.

Como honramos nossos momentos de conclusão em nossas experiências com funcionários e clientes? E em nossas próprias carreiras? Precisamos de mais desenhos para finais (in)felizes, mais rituais para aquilo que Susan Sontag descreveu como "atos perpétuos de separação e retorno".[2]

Os líderes românticos podem encontrar maneiras criativas para consagrar períodos de transição. Em 1995, Lee Kun-hee, presidente do conselho da Samsung, estava tentando transformar a produtora de commodities eletrônicas de baixo custo em líder de inovações no mercado de telefonia móvel. Em vez de distribuir memos ou convocar a gerência para discutir a marca e os valores da empresa, ele ordenou que os trabalhadores da fábrica da Samsung construíssem uma montanha de 150 mil celulares defeituosos em um campo das proximidades. Milhares de funcionários foram instruídos para permanecer em torno da pilha e testemunhar enquanto todo aquele monte de vísceras tecnológicas era incendiado. Quando as chamas finalmente se apagaram, tratores foram trazidos para remover os detritos. A mensagem foi clara: somente a excelência em tecnologia de telefones móveis iria chegar ao mercado. Qualquer coisa inferior seria queimada.

Hoje a Samsung é líder mundial em vendas de smartphones. No quarto trimestre de 2013, seus celulares Galaxy venderam mais que o famoso iPhone da Apple.[3] "A Grande Incineração de Telefones de 1995 funciona como uma lenda dentro da empresa. É um ponto importante na história da Samsung e do presidente do conselho", disse Sam Grobart, repórter do *Bloomberg Businessweek* que recentemente fez uma matéria sobre aquela empresa notoriamente esquiva. Até hoje os novos funcionários da Samsung são informados a respeito do evento, que serve como ponto de inspiração e, ao mesmo tempo, de medo. "O poder do mito é espalhado regularmente pela Samsung", observou Grobart.

A "nota final" da Samsung é reminiscente do lendário enterro em massa de um produto fracassado pela produtora de games Atari.[4] Em 1982, a então empresa em rápido crescimento lançou seu videogame *E.T. the Extra-Terrestrial*. Na esteira do sucesso do filme, esperava-se que o game fosse um sucesso estrondoso. Só que não foi. As vendas iniciais foram respeitáveis, mas logo os usuários reclamaram a respeito da fraca experiência, e finalmente *E.T.* foi tirado do mercado. Até hoje, ele é considerado "o pior videogame jamais feito", e o episódio contribuiu para que a indústria global de videogames entrasse num parafuso histórico, conhecido no Japão como "choque Atari".

E o que fez a Atari? Juntamente com exemplares não vendidos de outros produtos fracassados que tivera naquele ano, a empresa comprou de volta milhões de cartuchos, enviou caminhões carregados ao Novo México sob a proteção da escuridão e enterrou-os – encerrados em concreto, como se fossem radioativos – no deserto, perto do local da detonação da primeira bomba atômica. Como a Grande Incineração de Telefones da Samsung, o enterro em massa da Atari combinou o prático com o simbólico: acredita-se que a ação não ortodoxa tenha permitido à Atari usar o custo do material destruído para fins de redução de imposto. Mas para os românticos, o aspecto mais notável dessa operação é sua expressão ritualista de vergonha corporativa – a tentativa de ocultar um grande fracasso com um funeral secreto.

Momentos de encerramento e transição ocorrem todos os dias também nas interações com clientes, embora poucos envolvam incinerações ou enterros secretos. Considere a indústria da aviação comercial: muitas empresas lutando para acertar o início da experiência – atrasos, longas filas e mudanças de portões de última hora são só algumas das inconveniências –, mas muitas delas controlam o poder da nota final. As comissárias de bordo não só anunciam o fim da jornada e mandam os passageiros para fora com uma rotina "Obrigado por voar conosco. Tenha um ótimo dia ou uma boa continuação da viagem", mas também ficam enfileiradas na porta de saída para um adeus pessoal quando o avião chega ao portão. É comum o piloto fazer uma aparição e se despedir, o que é outro gesto simpático. Há uma sensação de alívio para todos os envolvidos: "Chegamos em segurança. Para nós significou muito você nos dar sua confiança, e gostamos de servi-lo – adeus." A KLM holandesa até dá presentes especiais aos passageiros da classe executiva: casas de cerâmica em miniatura que são recipientes de schnapps.

Esse momento de despedida a clientes que – espera-se – voltarão é um momento-chave em todas as experiências com clientes, não só porque as últimas impressões suportam a percepção de qualidade de serviço tanto quanto ou mais que as primeiras, mas também porque o negócio é essencialmente concluído nesse ponto. Qualquer atenção posterior à transação é um bônus recebido com gratidão. Como você pode criar uma "estratégia de saída" para seu negócio – o ponto no tempo ou lugar em que termina a transação – para certificar-se de que os clientes foram satisfeitos?

Certamente é mais fácil fazer isso quando se sabe que os clientes irão voltar. Mas se estão indo para sempre, então um uso excessivo de gentileza é ainda mais precioso. Em vez de tentar conquistar os clientes de volta – perguntando a respeito das razões para a saída ou cortejando-os de forma agressiva – procure aceitar o fim do relacionamento e comemore-os em estilo: homenageie seu "ex" com uma expressão de reconhecimento e gratidão.

Projetar com cuidado os momentos de separação é igualmente importante no final de um emprego, quer se trate de uma demissão ou uma renúncia. A escola de administração não nos prepara para a intensidade das emoções que ocorrem durante essas experiências.

Rowan Gormley, fundador e CEO da Naked Wines, deixou seu trabalho na Virgin em 2010. Ele ficara na empresa por mais de dez anos, trabalhando de perto com Sir Richard Branson, fundador e CEO da Virgin, para desenvolver a Virgin Wines. Depois que a unidade foi vendida a um terceiro a quem Gormley nunca viu, ele foi demitido. Em um ato feroz de rebelião e solidariedade, os doze subordinados de Gormley ao mesmo tempo renunciaram aos seus empregos por e-mail e foram com ele ao pub mais próximo e decidiram lançar sua própria empresa. Eles estavam ao mesmo tempo excitados e assustados a respeito do que viria a seguir, mas estavam confortados pelo fato de ainda estarem juntos e terem mantido intactos seus valores e princípios. Gormley descreveu aquele como um dos momentos mais importantes de sua vida: "Com tanto a perder ou a ganhar, tudo era possível." A Naked Wines, a nova empresa que ele fundou com seus antigos colegas da Virgin, tornou-se lucrativa no Reino Unido depois de quatro anos e, em 2012, Gormley mudou-se para o Napa Valley na Califórnia para lançar a empresa nos Estados Unidos.

Gormley preferiu sair com um gesto exibicionista de bravura; outros preferem uma nota final mais discreta, exemplificando seu respeito pela organização. Mais uma vez, os esportes podem nos oferecer um plano. Frank Rijkaard, antigo treinador do FC Barcelona – ou Barça, como dizem os fãs –, é um exemplo perfeito. No início do seu período de cinco anos, ele venceu dois campeonatos nacionais e também o da prestigiosa Liga dos Campeões, mas não conseguiu nenhum título para o orgulhoso clube em seus dois últimos anos. Em maio de 2008, uma humilhante derrota por 4 a 1 contra o arquirrival Real Madrid marcou o ponto mais baixo de uma temporada tempestuosa. Isso deixou o então presidente do Barça, Joan Laporta, sem opção a não ser demiti-lo. Todos sabiam que o tempo de Rijkaard em Barcelona havia passado. Contudo, ele conseguiu manter seu otimismo e sua integridade em face da tragédia. Sempre defendeu seus jogadores e nunca os criticou em público. Em vez disso, absorveu a raiva e a frustração dos fãs com uma ética de trabalho inabalável, que sempre era dirigida para a partida seguinte.

Em sua última partida com o Barça, uma vitória correta sobre uma equipe de categoria inferior, o jovem atacante Giovanni dos Santos marcou três gols. Cada vez que a bola batia na rede, superando o gol anterior em destreza e beleza, o jovem jogador voltava-se para Rijkaard. O treinador, conhecido normalmente por seu comportamento discreto durante as partidas, estava em pé, todo sorrisos, erguendo as duas mãos e comemorando como se seu time tivesse acabado de vencer a final da Liga dos Campeões. Foi um momento memorável, uma explosão de alegria no crepúsculo do seu período. Rijkaard compreendia bem que, ao final, dignidade significava mais que troféus, em especial para um clube que se orgulha de ser "mais que um clube", como diz seu lema. Em sua última entrevista coletiva, Rijkaard disse: "Foi uma honra trabalhar para este clube."

Precisamos de mais dessas saídas honrosas, transições que nos permitem expressar o melhor de nós mesmos. Veja o caso da saída de Andrew Mason, fundador e CEO da Groupon, em 2013. Quando deixou o comando da empresa, Mason escreveu uma carta para o "Pessoal da Groupon" que começava assim: "Depois de quatro anos e meio intensos e maravilhosos como CEO da Groupon, decidi que gostaria de passar mais tempo com minha família. Estou brincando – fui demitido hoje."[5] Embora a abertura da carta tenha sido mais uma piada, Mason quis revelar que havia sido demitido com justiça. Ele explicou aos mais de 11 mil funcionários que havia perdido de vista sua intuição para o crescimento da empresa e que um novo líder iria lhes dar "espaço para respirar". Foi uma saída muito elegante – ao mesmo tempo discreta e generosa – porque encorajou a Groupon a seguir em frente com confiança e com uma visão clara. Ele pediu que seus antigos colegas aceitassem o novo CEO, exortando-os a manter a luta pela excelência.

A carta de Mason destaca-se na cultura corporativa. Em geral as saídas envolvem eufemismos banais, emoções confusas, acusações, e considerável embaraço e temor de todas as partes envolvidas. O benefício de ser demitido é que o fim é definitivo e, nesse caso, a crueldade do protocolo corporativo pode ser uma bênção. O fim aqui é palpável, tornado visível a todos por rituais humilhantes e enfraquecedores: por exemplo, limpeza do cubículo e retirada dos pertences numa caixa de papelão. Contudo, no minuto em que o funcionário demitido passa pelas portas, pode ter início um processo de reflexão genuína. Ao menos para a pessoa que está saindo. Por outro lado, espera-se que o gerente que o demitiu aja rapidamente, porque assim manda a lógica dos negócios. Lembro-me de um de meus antigos chefes repetir, depois de demitir uma dúzia de membros da sua equipe: "Tenho uma empresa para tocar", como se ele estivesse buscando absolvição.

Os pedidos de dispensa também são mais complicados do que se pode pensar. Mesmo quando saímos em termos amigáveis, uma saída elegante que parece boa para todos ainda é exceção à regra. Temos medo de perder o controle sobre a nossa narrativa. Há também a complicada tarefa de desemaranhar a complexa rede de relacionamentos e o conhecimento institucional da empresa que construímos ao longo do tempo.

Em minha carreira, pedi demissão três vezes de cargos que ocupava, e cada vez subestimei os aspectos emocionais da separação. Minha saída da Aricent foi a experiência mais extrema. Em 2010, quando ocupava o cargo de diretor de marketing da Frog Design, fui convidado a chefiar também a área de marketing para essa empresa de terceirização de TI, matriz da Frog. Os investidores da Aricent, uma empresa de capital fechado, estavam fazendo um esforço estratégico para integrar as competências em engenharia da Aricent – uma organização de 10 mil funcionários, sediada quase inteiramente na Índia – com a chancela da Frog em criatividade e inovação. A equipe gerencial e o conselho achavam que meus conhecimentos de estratégia de marcas, além da minha familiaridade com a peculiar cultura da Frog, iriam capacitar-me a conduzir toda a organização a um patamar superior de mercado, harmonizando a arquitetura da marca.

Mesmo no papel, aquilo parecia uma Missão Impossível, mas o desafio era bom demais para deixar de lado. Em minha nova posição, eu precisaria achar terreno comum entre duas organizações radicalmente diferentes: a cultura de engenharia da Aricent *versus* a cultura de desenho da Frog; juntar protetores *versus* boêmios; confiabilidade *versus* criatividade; escala *versus* intimidade. Meu trabalho, em essência, era de transcender ambas as culturas: descobrir a "terceira via" – um terceiro significado, que servisse como base para uma história unificada no mercado.

Como diretor de marketing da Aricent, eu viajava para nossos escritórios em Gurgaon, Bangalore e Chennai várias vezes por ano. Em cada visita, participava de diferentes triângulos de negócios ou ia do escritório ao aeroporto e vice-versa, tornando-me íntimo do meu motorista e do perfume de baunilha do seu carro. Aquele esforço me fazia lembrar o evento da Tocha Olímpica: eu estava visitando, repetidas vezes, para apertar apenas mais uma mão, para chamar a atenção de mais um funcionário local. Depois de um ano de campanha, lançamos nossa nova marca – o "Grupo Aricent" – com grande alarde, na Índia e em nossos vinte outros escritórios pelo mundo. Em todos eles, os funcionários estavam segurando bolas de gás cor de laranja e comemorando. Havíamos tornado possível o impossível.

Porém, o entusiasmo teve vida curta e acabou cedendo espaço para agendas conflitantes à medida que as mentalidades de engenharia e desenho começaram a entrar em choque. A empresa lutou pela colaboração sustentada entre os milhares de funcionários a meio mundo de distância. Mas as vendas começaram a cair e o apoio institucional desapareceu. O conselho reverteu o curso e nossa missão estava morta.

Em minha última viagem à Índia, lembro-me de sentar no saguão do aeroporto de Déli às três da manhã com meu colega e parceiro no crime, o chefe de vendas, que como eu havia recebido a tarefa de integrar as duas organizações. "Ao fim de um sonho", disse ele enquanto brindávamos com nossas garrafas de cerveja Kingfisher. Eu havia chegado como amigo e saía como turista.

Eu havia fracassado – pelo menos era como me sentia – e não tinha uma razão para ficar onde estava. Decidi me demitir de minha posição e liguei para meu chefe, o CEO da Aricent, para lhe contar que gostaria de voltar para meu antigo cargo na Frog Design. Sem vento nas velas, eu mal podia esperar para deixar o navio. Mas também sentia a responsabilidade de ajudar na transição. Ao longo de três meses, desliguei-me lentamente. Em vez de uma nota final simbólica, um beijo na Grande Muralha ou uma grande incineração, minha despedida organizacional foi prolongada e trabalhosa. Sofri mais com as despedidas do que durante meu conflituoso mandato. Fui sendo eliminado, minha autoridade se foi, e meus investimentos e conexões foram se enfraquecendo antes do meu desaparecimento final. Como ilustra minha história, é importante entender que os finais românticos dependem de "onde você para sua história", para parafrasear o diretor Orson Welles.

Quando se trata de planejar nossos rompimentos, podemos nos inspirar nas técnicas de tecelagem dos índios Navajos. Todos os tecidos dos Navajos contêm uma fina linha horizontal que normalmente vai do centro do desenho até a borda externa, contrastando com essa área, mas em geral da mesma cor da área central. No idioma Navajo, o termo para essa trilha do tecelão é *ch'ihónít'i* ou *'atiin*, que se traduz como "saída" ou "caminho". Esta trilha, também chamada de "linha do espírito", pretende libertar a energia tecida no têxtil para que os tecelões retenham a energia necessária para tecer outras peças.[6] A quebra no desenho permite que os tecelões separem-se emocionalmente do produto tecido para que ele possa ser vendido. Essa falha deliberada não permite que eles alcancem o domínio completo da arte e mantém vivas a imaginação e a inspiração. O desenho é quebrado para que o espírito possa permanecer intacto. Os tecelões, que receberam tudo e colocam em seus têxteis, recebem-no de volta. Seu produto nunca é perfeito e assim eles podem recomeçar.

Em nossos trabalhos, podemos ter planos para os cem primeiros dias, mas raramente para os últimos. Com frequência nos esquecemos de planejar a "saída". E então as coisas se quebram antes que possamos quebrá-las.

Os finais mais engenhosos criam espaço real para reflexão e pesar, bem como para a promessa de renovação. Eles podem chamar nossos egos mais míticos – como a Grande Incineração de Telefones da Samsung – ou podem nos lembrar de nossas melhores naturezas – como a saída de Andrew Mason da Groupon e os momentos finais de Rijkaard no FC Barcelona. Os românticos sabem como honrar cada uma dessas notas finais.

Brinde com duas cervejas e diga ao mundo que o sonho acabou. Teça uma "linha do espírito" nas experiências, projetos e relacionamentos com seus clientes e em sua carreira. Afie seus músculos de separação e permaneça afiado: pelo menos uma vez por ano, rompa com um colega, cliente, parceiro ou uma marca. Aprecie os rompimentos como ataques preventivos contra a desilusão e o desencanto. Saia! Sair nos faz confrontar aquilo que realmente queremos: é o ato supremo de desafio romântico. Como românticos, damos tudo – ou nada.

CAPÍTULO 10

Veleje pelo oceano

Se eu me casar, quero estar muito casada.

– AUDREY HEPBURN

Almocei recentemente com uma amiga que é consultora de investimentos de uma grande empresa de serviços de saúde. Quando lhe perguntei a respeito da sua nova posição, iniciada há cerca de um ano, ela me olhou, deu um suspiro e disse: "Tim, a emoção acabou." Conversamos a respeito do que isso significava na sua vida diária. "Vivo em aeroportos; estou sempre de partida, respondendo aos clientes o mais rápido possível. Ao mesmo tempo, as rotinas estão se tornando monótonas: os check-ins, minibares de hotel, as reuniões nos mesmos restaurantes e nas mesmas cidades. Esse trabalho está fazendo com que eu me sinta velha..."

Minha amiga, com três filhos, fantasiava a respeito de uma experiência de trabalho que iria deixá-la inspirada, ou ao menos estimulada. Quando começou a trabalhar como consultora, ela gostava de se conectar com pessoas e de ajudar os clientes a atingir suas metas. Havia uma aura de excitação, até de glamour, em viajar para cidades diferentes por todo o mundo. Sua mala, arrumada em seu quarto, estava sempre pronta.

"Quando era mais jovem, eu estava muito inspirada pela lista de itens da escritora Joan Didion em seu livro *The White Album*",[1] admitiu ela. "Ela deixou uma impressão muito forte sobre mim." A lista de Didion, que incluía itens para jornadas perigosas para reportagens, era escrita com uma precisão fria e sua característica ironia. Minha amiga manteve um exemplar em seu quarto, desde quando começou seu trabalho em consultoria.

Para pôr na mala e vestir:

2 blusas
2 malhas
1 suéter
2 pares de sapatos
meias
sutiãs
camisola, robe, chinelos
cigarros
uísque
saco com: xampu, escova e pasta de dentes, sabonete, barbeador, desodorante, aspirina, receitas, absorventes, creme facial, pó de arroz, óleo de bebê

Para carregar:

casaco de lã
máquina de escrever
2 blocos e canetas
arquivos
chave de casa

"Sei que parece ridículo, porque minhas viagens e meu trabalho nada tinham a ver com jornalismo ou com Joan Didion, mas de algum modo, por associar-me com uma pessoa tão influente, minhas viagens de trabalho tinham algo de excitante. Só em pensar na lista dela – uísque, pelo amor de Deus! Cigarros! Imagine passar com isso pelo check-in hoje! Eu poderia ter me ligado a algum tipo maior de narrativa, algo de excitante na cultura. E também porque sou mãe e Didion sempre foi uma inspiração para mim como ícone feminista."

Eu disse à minha amiga que achava que ela era uma Romântica nos Negócios – apesar de fechada –, e ela começou a rir. "Pode ser. Mas não diga isso aos meus clientes!"

É notável como uma coisa aparentemente sem significado como uma lista de itens – quando ligada à fonte de inspiração certa – tem potencial para elevar nossos espíritos. A lista imbui a experiência trivial de uma viagem a negócios com um significado maior, entra no espírito da época e permite que dividamos nossas experiências com o mundo em geral. Para minha amiga, significava um aceno e um gesto de admiração por Didion todas as vezes em que ela era incomodada pelo pessoal da segurança por causa do seu frasco de creme facial.

Contudo, se bastam esses pequenos gestos simbólicos, por que pode ser tão difícil recuperar o romance perdido? Perguntei à minha amiga o que seria preciso para que ela sentisse a antiga sensação de alegria na sua atual situação de trabalho.

"Oh, não sei", disse ela. "Eu costumava achar Didion romântica porque eu era mais jovem e aventurosa. Hoje tenho muito mais responsabilidades e sinto-me puxada em muitas outras direções. Quando viajo, fico aborrecida e meu cérebro como que morre. Hoje o trabalho é só rotina; sinto-me como se dormisse através dele."

O que existe entre a emoção da primeira experiência e nosso momento final de partida, nossa nota final? Para muitas pessoas, que estão em algum ponto de nossas jornadas, esse é um momento para reflexão. Algumas tornam-se frustradas, cínicas ou estridentes. Outras podem se sentir mais próximas de um senso de domínio do trabalho, da profunda satisfação de atuar "no topo do jogo". Quer vejamos esse ponto intermediário como lugar para renovação e um novo despertar, ou como um lugar do qual podemos avaliar nosso crescente senso de confiança e realização no trabalho, ele oferece aos românticos um ótimo ponto de observação. Podemos olhar para trás, para nossos egos anteriores, e ficar espantados com algumas de nossas noções equivocadas e simplistas, ou podemos voltar nossas mentes para o futuro, planejando possíveis finais ou transições. Podemos lamentar a perda da inocência ou apreciar a oportunidade para reformular o começo para que tenha mais sentido. De qualquer maneira, os Românticos nos Negócios precisam fazer uma escolha: com o que estão comprometidos?

É claro que idade e experiência têm seu papel. A psicóloga social Heidi Grant Halvorson pensa o seguinte: "Quanto mais velhos ficamos, mais queremos nos agarrar àquilo que já conseguimos – as coisas que trabalhamos duro para conquistar. Também temos mais experiência com dor e perda, tendo sido derrubados pela vida e aprendido algumas lições pelo método errado."[2]

Na faixa intermediária, os Românticos nos Negócios navegam por novas e ricas formas de satisfação. O êxtase dos primeiros anos se foi – a grande promoção ou a primeira venda –, mas isso costuma ser substituído pela aceitação e por uma sensação de alívio com os ritmos e rituais do trabalho. Talvez mais importante, aqueles que estão no meio sabem como saborear os poucos momentos de descontração da vida. Como disse Halvorson: "A felicidade passa a ser menos a experiência de alta energia, totalmente motivada, de um adolescente dando uma festa quando seus pais estão fora da cidade, e mais a experiência pacífica e relaxada de uma mãe cansada que sonhou com aquele banho o dia inteiro." Por exemplo, não é por coincidência que nossos heróis daquele verão de amor na Suíça – digamos, Byron e Shelley – morreram jovens. Uma coisa é agir por instinto quando você tem boa saúde e está cheio de potencial; outra, muito diferente, é quando você precisa pensar em programas de saúde, poupar para a aposentadoria e investir para a universidade dos filhos. Um estudo recente, publicado no *Journal of Organizational Behavior*, mostra as diferenças na maneira pela qual trabalhadores com menos de 30 anos concebem satisfação no trabalho em comparação com trabalhadores mais velhos.[3] Os resultados, gerados a partir de uma amostra de mais de 3 mil profissionais técnicos, mostraram que os trabalhadores mais jovens estavam mais interessados em oportunidades e na aquisição de qualificações, ao passo que os mais velhos queriam mais comprometimento dos funcionários, além de um bom equilíbrio trabalho-vida privada. Porém, o mais interessante de tudo era que os trabalhadores mais velhos ainda gostavam da excitação das promoções no trabalho e da aquisição de novos conhecimentos técnicos. Contudo, precisavam ter uma definição mais clara do seu comprometimento para com seu empregador e vice-versa.

Matthew Stinchcomb, o primeiro funcionário contratado pelos fundadores no site de e-commerce Etsy e hoje vice-presidente de valores e impacto da empresa, contou-me sua visão de comprometimento com o local de trabalho: "Estou sempre em busca de oportunidades para que os funcionários se conectem com nossa visão maior de reimaginar o comércio." Porém, ele admitiu prontamente que alguns cargos de trabalhadores do conhecimento eram mais românticos que outros: "Se você trabalha em relações com clientes, respondendo a centenas de e-mails de clientes frustrados por dia, é muito mais difícil conectar-se com os valores centrais da Etsy. É por isso que também precisamos criar uma cultura que dê aos funcionários outros escapes para experimentar criatividade e conexão." Ele se referia a um dos projetos centrais da empresa – a Etsy School – que oferece aos funcionários tempo e espaço para que dividam seus dotes e paixões com os colegas no trabalho. A escola usa recursos e espaço da empresa e muitas das aulas são dadas durante o horário de trabalho. Misturando paixões de fora com os ritmos cotidianos do dia de trabalho, a Etsy se compromete com oportunidades para a autoexpressão no local de trabalho.

Stinchcomb redigiu os valores da Etsy e fez questão de abordar de forma aberta a maneira pela qual nossos compromissos vão e vêm em nossas vidas de trabalho. "Há no dia horas em que fico frustrado ou entediado", contou ele. "Acho que é apenas a natureza humana. Aceito isso e procuro controlar meu medo: 'E se alguém perceber que não estou empenhado?' Nesses momentos, procuro dizer: 'Estou indo dar uma caminhada.' Não quero causar problemas na internet tentando parecer ocupado."

Stinchcomb criou o valor final para a Etsy – "Sempre mantenha tudo real" – para captar o compromisso da empresa com um diálogo autêntico com os seus funcionários. Para os românticos, "manter real" significa admitir que às vezes não podemos evocar o romance. Em outros momentos, significa reconhecer nossos medos de incompetência ou desligamento. Em vez de se esconder na negação por trás do trabalho, enfrentamos nossos temores e damos nomes a eles. E, como com tudo na vida, aceitamos que iremos ficar no mesmo nível de tempos em tempos. Até mesmo os Românticos nos Negócios ficarão períodos de tempo no meio, tomando fôlego entre os altos e baixos. Se estamos "mantendo tudo real" – se somos honestos conosco a respeito de onde estamos e para onde nos comprometemos a ir –, esses vales entre os picos colocam nossas experiências em perspectiva.

Uma exploração do compromisso levanta inevitavelmente a questão dos relacionamentos modernos. Isso é bem mostrado no trio de filmes de Richard Linklater que explora a evolução do romance entre um par de amantes tipicamente volátil: Jesse, interpretado por Ethan Hawke, e Céline, interpretada por Julie Delpy. No primeiro filme – *Antes do amanhecer* – vemos os dois se apaixonarem durante uma noite intensamente íntima em Viena. Eles perdem contato, mas se reencontram romanticamente uma década depois em *Antes do pôr do sol*. O terceiro filme – *Antes da meia-noite*, lançado em 2013 – examina Jesse e Céline "no meio". Eles estão na faixa dos 40 anos, com dois filhos, uma hipoteca e um verdadeiro campo minado de problemas. Os três colaboradores do filme – Linklater, Hawke e Delpy – debateram seu processo criativo numa entrevista ao *New York Times*.[4] "Nossa ideia era de apenas mostrá-los em um dia típico: um deles vai e apanha as crianças e somente à noite eles têm um momento juntos", disse Hawke. Mas os três desistiram dessa ideia, porque ela não evocava de fato o espírito romântico dos dois filmes anteriores. Eles queriam que o filme desse ouvidos às possibilidades românticas, mantendo-se fiel a um relacionamento na meia-idade. Nas palavras de Hawke: "Não se pode ter para sempre o primeiro amor."

O que podemos aprender com compromissos que não são mais novos, e sim de longa data? Jesse e Céline não podem mais projetar imagens um sobre o outro, esperando que o outro preencha suas deficiências. Torna-se cada vez mais difícil contar uma história a respeito de uma pessoa depois que você consegue conhecê-la, depois que vocês não são mais estranhos. A intimidade fragmenta a narrativa.

Contudo, ainda sou a favor de se reacender o romance com uma pessoa, uma empresa ou uma carreira, quando se está no meio. Como, em nossas vidas profissionais, podemos santificar essa faixa do meio com um compromisso? Em vez de simplesmente ir embora, como podemos achar uma forma de nos apaixonarmos de novo? O tempo em que o trabalhador médio permanece com seu empregador está decrescendo e a ideia de uma carreira vitalícia com uma só empresa é um vestígio do passado.[5]

Em nossas vidas de trabalho, somos marcadores de encontros seriais: estamos sempre no mercado, sempre em busca da próxima coisa boa. Está certo, emprego não é casamento, mas mais uma vez passamos mais tempo no trabalho do que com nossos cônjuges ou parceiros. O que significaria deixar de buscar aquela porta para encontrar satisfação onde estamos?

Tornamos nossos compromissos mais fortes desmistificando os cantos de sereia no grande cenário dos negócios. Algumas pessoas são empreendedoras por natureza, encontrando seu romance em cada nova empresa que criam. Mas o espírito empreendedor tem seu próprio "meio", e nem todas as pessoas têm a força vocacional para resistir a ele. Seth Matlins, que ajudou a lançar e desenvolver o braço de consultoria de marketing da Creative Artists Agency (CAA) em Hollywood e foi diretor de marketing da organizadora de concertos Live Nation, desistiu da sua carreira em marketing para dedicar-se a iniciativas de empreendimento social. Como um verdadeiro romântico, ele imaginava os momentos icônicos de iniciar sua própria empresa, as manhãs gastas no aperfeiçoamento da história da marca, as noites na garagem embalando camisetas em caixas: não mais um diretor de marketing, mas um empreendedor.

"Eu tinha uma visão: 'Serei como Jobs e Woz na garagem deles'", contou ele. "Mas esse romance pode desaparecer bem depressa. Você só pode embalar certo número de camisetas com satisfação e atenção. Constatei que minha tolerância para a frustração era muito mais baixa em meu próprio empreendimento do que quando eu trabalhava em serviços. Era muito mais difícil." No fim das contas, Matlins achou sua identidade na sua nova atividade, mas deixou claro que o caminho do empreendedor é tão vulnerável a rotinas entorpecedoras quanto uma carreira mais corporativa.

A despeito do que frequentemente se supõe, comprometer-se com o serviço para uma corporação requer muita coragem. A frase "com o serviço para" é a chave: significa que damos o melhor de nós, inclusive nossa autonomia, para o trabalho. Diferentemente do grande gesto de demitir-se para tornar-se um empreendedor ou, no extremo oposto, abrir mão da própria identidade em benefício da política do escritório e do dogma corporativo, a autonomia dentro de um emprego corporativo requer uma força silenciosa. Gianpiero Petriglieri, professor associado de comportamento organizacional no INSEAD e também psiquiatra, acredita que esse é um talento que vale a pena dominar. Ele destaca que muitas vezes requer mais coragem manter a independência e, ao mesmo tempo, manter o curso nas culturas da empresa. "É necessária muita bravura para aceitar a perda de algum controle e, ao mesmo tempo, manter o senso de individualidade. É preciso trabalhar nisso todos os dias", contou ele.

Trabalhei na Frog Design por sete anos, mas os três primeiros foram passados aprendendo a navegar pela complexa organização. Foi somente nos meus últimos anos que ganhei capital político suficiente para fazer diferença. Você poderá deixar passar uma nova e tentadora experiência de trabalho caso se comprometa com um empregador por mais que poucos anos, mas pense no que irá ganhar: conhecimento e moeda institucionais e, mais importante, um senso de pertencimento e de propriedade – um rico relacionamento com uma organização que lhe revelará mais da sua complexidade a cada dia que passa.

Uma conversa com a arquiteta Kay Compton ensinou-me uma coisa profunda a respeito desse tipo de compromisso. Ela e seu marido, ambos ávidos velejadores, fizeram um pacto de navegar através do oceano Pacífico, passando por todas as belas praias do Pacífico Sul. Em 2007, venderam sua casa em Seattle, livraram-se de tudo que tinham, mapearam um curso e partiram para uma jornada que iria tirá-los do circuito por quase dois anos. Durante a maior parte da jornada, eles encontraram mares calmos: belos dias ensolarados e noites cálidas e arejadas.

Viajando sozinhos, Compton e o marido alternavam tarefas: enquanto um servia como capitão de vigia, o outro permanecia embaixo.

"Era um desafio estarmos juntos assim 24 horas por dia. Um precisa confiar no outro. Sua vida está nas mãos dele e você precisa crer que ele irá mantê-la segura", contou ela.

No meio do vasto e vazio oceano, confiança e fé não eram questões meramente teóricas. O barco deles estava rumando para a Costa Sul da Califórnia quando pegaram sua primeira tempestade, com ventos de 90 quilômetros e ondas de mais de 7 metros.

"Compreendi que estávamos à mercê da nossa preparação", recordou Compton: "Quando vai tão longe, você não pode chamar ninguém. A Guarda Costeira levaria dias para nos encontrar. Você pode confiar só em si mesma e no seu parceiro. Depois que se dá conta de que não pode desembarcar, você chega a um acordo com o problema e entra em paz com sua situação."

Esse senso de comprometimento – enfrentar as circunstâncias e encontrar estratégias para atuar dentro delas – acabou conduzindo Compton e seu marido para costas mais seguras. Mas ela ainda pensa naqueles momentos de medo existencial e avaliação.

"Em meu trajeto diário para o trabalho, existe um sinal de trânsito onde vejo a água e eu sempre me lembro da nossa jornada. Lembro de como era estar lá fora, cercada pelo oceano com apenas nosso barco. Essas lembranças me mantêm acima da luta: ajudam-me a usar uma perspectiva longa."

Quando perguntei a Compton se a experiência mudou seu senso de si mesma no trabalho, ela respondeu imediatamente. "Totalmente. Quando meu marido e eu estávamos a bordo, só podia haver um capitão. Alternávamos as posições, mas somente um podia comandar a cada vez. Voltando ao meu trabalho de arquiteta: é preciso trabalhar em equipes e você tem que entender seu papel e o papel dos outros. É preciso haver clareza a respeito desses papéis. Eles podem mudar, mas quando outra pessoa é o capitão, você não discute. Não se começa uma discussão no meio do oceano."

Embora nem todos irão enfrentar condições tão extremas, as palavras dela tocaram-me profundamente. Quantas vezes comecei discussões no meio de um oceano proverbial, isto é, no meio de uma sessão de estratégia ou de campanha? É claro que deve haver lugar para críticas e discussões nos negócios, mas também é preciso haver um lugar para se depositar fé e confiança no líder designado. Compromisso significa aceitar o mandato e descobrir a melhor maneira de executá-lo.

"Gostaria que todos sentissem o que senti naquela jornada", contou Compton. "Se sentissem, o mundo seria um lugar muito diferente. Eu garanto."

É claro que esses compromissos necessitam de vulnerabilidade. Muitas pessoas passam suas carreiras com segurança e se resguardando, permanecendo à margem, à espera, para ver quem vence o jogo. Se queremos de fato nos comprometer, devemos nos arriscar.

Os românticos sabem que isso não é fácil. De fato, mais cedo em minha carreira, fiz todo o possível para evitar ser identificado como vulnerável. Sempre que queria conquistar as pessoas para uma apresentação ou iniciativa, minha meta era preparar uma argumentação à prova de balas. Eu ia para as reuniões superpreparado, roteirizado, armado com dados e detalhes, pronto para rebater até mesmo a mais remota preocupação. Eu demolia qualquer dúvida com aquilo que considerava uma combinação irresistível de benefícios autoexplicativos, uma análise obsessiva e uma paixão contagiosa.

Deixei muitas dessas reuniões triunfante, acreditando que havia conquistado um forte apoio. Demorei alguns anos para entender que eu estava errado. Havia uma grande diferença entre "polegares para cima" e "estamos nessa". Tive muitos polegares para cima, mas muitas vezes não havia conquistado um compromisso real e duradouro. Meus colegas apoiavam minhas ideias, mas não se empenhavam de fato nelas. Eles se tornavam seguidores de minha ideia, mas não adotavam em conjunto a *nossa* ideia.

Finalmente tive uma revelação: o apelo perfeito é o imperfeito. Ninguém quer apenas executar o plano perfeito de outra pessoa. Ninguém quer fazer um acréscimo a uma coisa que já está completa. Estamos todos em busca de um convite para cocriar, cooptar e copossuir; de uma oportunidade para fazer algo de novo, por menor ou insignificante que seja no grande esquema das coisas. Não queremos responder a perguntas retóricas ou simplesmente preencher alguns brancos em um desenho impecável. Queremos interpretar, mexer numa ideia ou mesmo agredi-la. Queremos poder nos afastar do roteiro. Só nos comprometemos de fato quando também somos parte da performance.

Hoje procuro criar espaço entre minha ideia e como eu a apresento. Quando estou fazendo uma apresentação, raramente revelo o quanto ela está avançada em minha cabeça. Dou alguns passos atrás. Edito; deleto.

Omito coisas deliberadamente. Crio vazios para que outros os preencham. Procuro não corrigir todas as falhas. Os planos que apresento são propositadamente incompletos e ainda frágeis. Eles têm brechas, contusões, trincas. São tão vulneráveis que os outros veem uma oportunidade de protegê-los, de torná-los seus. E esse é o momento em que começa o comprometimento.

Que isso seja um imperativo para o Romântico nos Negócios: não estamos jogando para vencer um jogo de soma zero. Nosso placar está sempre desequilibrado. Sempre falta algo em nossa equação. "A perfeição não tem caráter", disse certa vez o artista e produtor musical Brian Eno.[6] Na imperfeição formamos nosso caráter – e encontramos romance.

Assim como nós, Românticos nos Negócios, tentamos nos tornar vulneráveis, também buscamos indicações de vulnerabilidade nas pessoas com quem trabalhamos. Não estamos interessados naquilo de que eles gostam, mas naquilo que *amam*. Estamos convencidos de que gosto, estética ou "capital cultural" comum, nas palavras do sociólogo Pierre Bourdieu,[7] é um requisito importante quando estamos contratando pessoas. Foi por essa razão que comecei recentemente a pedir a candidatos a empregos que preencham o Questionário Proust, apenas para saber mais a respeito de quem eles realmente são, fora dos seus perfis otimizados e seus currículos editados. O Questionário Proust deve seu nome ao escritor francês Marcel Proust que, quando jovem, preencheu um questionário a respeito da sua personalidade para o "álbum de confissões" de um amigo. Ele inclui perguntas sobre "heroínas favoritas na literatura", "qualidades preferidas em um homem/mulher", "virtudes favoritas", "poetas favoritos", "sua ideia de felicidade/infelicidade", e outras questões pessoais e preferências estéticas. Em 1993, a revista *Vanity Fair* começou a publicar o questionário na sua última página.

Enquanto usava o Questionário Proust, fiquei surpreso em ver o quanto aprendi a respeito daqueles colegas em potencial. Alguns candidatos tentaram jogar com o questionário e ser espertos e engenhosos, mas na maior parte dos casos era fácil distinguir um tom falso de uma paixão verdadeira. Qual é sua versão do Questionário Proust? Qual é sua bíblia do bom gosto? Quais são as paixões dos seus colegas? Obrigue-se a saber mais a respeito dos amores deles. Mostre-lhes os seus!

Não existe amor sem vulnerabilidade. Em seu discurso de abertura no Kenyon College, o escritor Jonathan Franzen destacou que nossas vidas modernas são concebidas essencialmente para "amabilidade", a qual ele vê como "o substituto da cultura comercial para o amor".[8] Gostar é muito mais conveniente do que amar. Para gostar, basta um clique rápido no Facebook; tudo que é preciso fazer é correr até o shopping em busca da próxima coisa boa e teremos realizado um ato de "gostar". Se "gostar" significa controle, então amar é a suprema perda de controle. Nós nos arriscamos. Sofremos. Abrimos para o mundo nossas feridas e nossos sonhos mais profundos e tentamos fazer algo de belo com eles.

Talvez amor seja a maior palavra, mas qualquer emoção no trabalho é um exagero. Robert Kirby, agente literário sediado em Londres, contou-me que, embora esteja à vontade usando a palavra "amor" no escritório, ainda acha tabu usá-la numa reunião gerencial. "Para ser levado a sério em negócios", disse ele, "sinto que devo estruturar minhas ideias de uma forma que soe mais 'séria'. Que tenha mais estatísticas e precisão – menos inspiradora e mais 2-D." De fato, como atesta a maioria, mostre sentimentos feridos numa reunião e seus colegas irão interpretar isso como uma fraqueza a ser explorada. Admita ignorância ou erros, apresente uma ideia tola nascida de um impulso e você corre o risco de ser ridicularizado por "não pensar com a cabeça". Nas salas da diretoria, no bebedouro, na reunião do conselho, numa assembleia dos funcionários: o embaraço está à espera daqueles que são "românticos" a respeito de um assunto de negócios. Mas por que tememos tanto o embaraço? "O embaraço algumas vezes é um bom sinal", observou o cantor e compositor Andrew Bird a respeito de escrever canções de amor. "Isso pode querer dizer que você está revelando uma coisa verdadeira."[9] Os Românticos nos Negócios ficam arrepiados e, sim, enrubescem. "Precisamos deixar de lado a ideia do 'homem de negócios' ou do 'CEO', da Roca do Dragão, da atmosfera ameaçadora, do aspecto competitivo de *The Apprentice*, da ameaça psicológica oriunda do medo", afirmou Kirby.

Algumas vezes, nos momentos mais maçantes de reuniões maçantes, quando alguns participantes recitam sua lista de problemas ou lançam um ataque contra um colega, 1 milhão de clipes de filmes podem começar a rodar na cabeça do romântico: "E se eu começar a chorar? A explodir em lágrimas? A contar a todos a respeito de meus amores secretos? Isso irá me destruir? Desarmá-los?" Nesses momentos temos duas opções: podemos nos desligar ou nos comprometer de todo coração. Quando nos desligamos, trancamos nossos desejos mais secretos; matamos lentamente qualquer esperança de reencontrar a emoção. Todas as vezes em que nos desligamos, morre uma pequena parte do nosso amor. Porém, quando nos tornamos vulneráveis, optamos por arriscar tudo. Tomamos toda a gama das nossas emoções e as atiramos lá mesmo, aqui e agora. Na próxima vez em que alguém fizer uma observação depreciativa numa reunião, expresse que seus sentimentos foram feridos (use essa linguagem exata). Quando souber que alguém fez um comentário negativo a seu respeito pelas suas costas, enfrente-o, mas admita sua própria vulnerabilidade, em vez de censurá-lo. Diga-lhe que vocês assumiram cruzar o oceano. Juntos.

Como românticos, devemos honrar nossos compromissos de trabalhar no meio. Podemos pensar em nós mesmos como marinheiros cruzando um oceano, ou como membros de uma equipe dando tudo pela vitória. Os românticos sabem que as riquezas da vida só são realizadas quando contamos uma história extraordinária. Se seu trabalho e sua carreira nos dão satisfação, isso é fácil. Mas pode ser assustador quando o meio começa a nos anestesiar. O romântico enfrenta esses desafios com excessos: um excesso de atenção, um excesso de vulnerabilidade e um excesso de comprometimento. Como disse certa vez o compositor John Cage: "Se uma coisa é tediosa depois de dois minutos, tente aguentar quatro. Se ainda for tediosa, tente oito, depois dezesseis e depois trinta e dois minutos. Você acabará descobrindo que ela não é tediosa."[10] Comprometa-se com o tédio; com o atendimento; com habitar o espaço entre autonomia e devoção. Acima de tudo, comprometa-se com o trabalho. Por dois minutos, por quatro minutos, por oito, dezesseis, trinta e dois. Por toda a vida.

CAPÍTULO 11

Vá para casa pelo caminho mais longo

É uma dor no coração muito mais forte do que a memória sozinha. Este dispositivo não é uma nave espacial, é uma máquina do tempo. Ela vai para a frente e para trás... e nos leva até um lugar ao qual ansiávamos por voltar. Seu nome não é "roda", mas sim "carrossel". Ela nos permite viajar à maneira das crianças – girando e girando, e de novo de volta ao lar, um lugar onde sabemos que somos amados.

– DON DRAPER, em *Mad Men*

Com cada temporada da premiada série de TV *Mad Men* voltando aos lares americanos, também volta uma sensação de nostalgia. "Ah, os anos 1960" – aquela década gloriosa, quando grandes ideias ainda tinham importância, quer se tratasse do homem na Lua ou da genialidade criativa de um publicitário de Madison Avenue. Temos intenso prazer com a loucura de *Mad Men*. Personagens como Don Draper emprestam ao domínio da propaganda uma santidade cultural. Ao mesmo tempo, os homens e mulheres de Madison Avenue nunca parecem hipócritas ou tediosos, porque o caos pessoal que eles habitam reflete as oscilações sísmicas do período.

A tensão deles entre moralidade e imoralidade, estabilidade e anomia, superfície e profundeza, é uma marca romântica. Se os românticos são alguma coisa, estamos em conflito. Sentimos saudades daquele período do passado, quando o trabalho oferecia um reduto contra toda a loucura em erupção no mundo – contudo, ao mesmo tempo celebramos os momentos em que a fortificação falha, expondo fissuras através das linhas de classe, gênero e raça, nos revelando "a sedução de vidas confusas".[1] Don Draper cita um poema de Frank O'Hara descrevendo as contradições dessa nostalgia: não estamos todos "esperando em silêncio pela/ catástrofe de minha personalidade/parecer bela novamente"?[2]

A nostalgia também tem sido perene em filmes, talvez retratada de forma mais vívida em *Casablanca*, quando Humphrey Bogart e Ingrid Bergman reasseguram um ao outro a sua exclusiva possessão: "Sempre teremos Paris." A nostalgia não é somente uma lembrança de um tempo passado, no qual todos os assuntos terrenos tinham significado; também se refere a um sentimento existencial mais atemporal. Cunhado pelo médico suíço do século XVII Johannes Hoffer, que atribuía as doenças mentais e físicas dos soldados ao desejo deles de voltar para casa, o termo "nostalgia" é uma combinação do grego *nostos* (lar) com *algos* (dor). Nostalgia significa que estamos sofrendo com um "antigo ferimento: arrancados de uma profunda conexão a verdades profundas. Como trabalhadores do conhecimento, trocamos informações visando gratificação instantânea e ganhos incrementais, usando tecnologia para otimizar nossa eficiência e nossa produtividade. Contudo, como românticos, sentimos nostalgia pelo período em que o futuro parecia menos previsível e o mundo menos apressado.

Ninguém capta esse sentimento melhor que o "Futurista Amish", o alter ego de Alexa Clay, que conhecemos no capítulo dois. Através de tecnologias sociais, o Futurista Amish quer espalhar a "profecia da baixa tecnologia", e celebra o "nomadismo analógico". A meta de Alexa é sondar em busca do "porquê" no desenvolvimento de novas formas de tecnologia. Por que estamos nisso? O que ela realmente irá acrescentar a nossas vidas? Ela descreve sua agenda como socrática: assumindo uma posição moral sobre o papel da tecnologia, ela pode fazer essas perguntas existenciais à comunidade de software. Contudo, como ela comparece a conferências sobre tecnologia vestida com suas roupas Amish e falando baixo (numa recente reunião em Berlim, ela desconcertou uma audiência de quinhentos executivos da indústria digital com uma meditação sobre "o poder do soro do leite"[3]), suas inquisições nunca são vistas como agressivas ou irritantes. "As pessoas adoram", contou-me ela. "Elas ficam excitadas a respeito da experiência de falar com um amish 'de verdade'." O Futurista Amish está no Twitter, mas com relutância: "Nós telegrafamos nossos tweets – então eles são transcritos por pessoas na Índia, que os colocam on-line. A mídia social é uma abominação."

O novelista Charles Yu lamenta não poder mais se apaixonar pela tecnologia e confessa: "Quanto mais sexy fica nosso material de tecnologia, menos consigo sentir a respeito dele."[4] Ele se lembra da excitação de abrir sua caixa de entrada de e-mail: "Um canal privado que se abriu, uma vasta rede de canais, conectando o interior de minha cabeça aos interiores de outras. E essa rede tornou-se parte de minha cartografia interior. Mudei meu mapa da realidade. O mundo físico ganhou uma nova dimensão, intangível, mas não menos real." Para Yu, o problema é que a tecnologia tornou-se hoje boa demais na representação do nosso mundo real. Ele fala com pesar a respeito de um nostálgico "espaço de possibilidades – não no sentido matemático, mas um lugar dentro daquela tela onde, ao menos em teoria, qualquer coisa podia acontecer".

A tarefa da tecnologia tradicional é expandir o território da previsibilidade, mapear a verdade e alargar a zona de conforto. Em contraste, o tecnólogo romântico expande o caráter aberto e a ambiguidade, buscando autenticidade pela ampliação da zona de *des*conforto. Em vez de ver a tecnologia como a serviço de uma finalidade utilitária, o romântico engaja-se com ela para captar a estranha beleza do mundo e criar uma sensação nostálgica de espanto.

Esse senso de espanto está sendo ensinado na School of Poetic Computation em Nova York, uma organização dirigida por artistas que usa programação para criar palavras de beleza sem sentido.[5] Em sua maioria, os alunos adultos possuem experiência em programação ou em desenho, mas alguns deles vieram de muito longe: um aluno é ex-boxeador, outro é candidato a Ph.D. em justiça criminal. Os fundadores dizem que sua intenção é promover obras estranhas, pouco práticas e mágicas. O lema é "mais poesia, menos demonstração", porque "as demonstrações são movidas pela meta final", ao passo que os poemas são tornados valiosos através de "impacto estético e emocional". Entre os primeiros projetos está um Eyewriter que permite aos grafiteiros desenhar com os olhos, e um Sonic Wire Sculptor que usa uma ferramenta de desenho em três dimensões para criar música.

Esse tipo de treinamento nos faz lembrar que certas inovações são poderosas simplesmente porque nos lembram de momentos anteriores em nossas vidas, em que nos divertíamos com a alegria simples de fazer e criar. Chamamos a era em que vivemos de era da conectividade, mas poderíamos chamá-la de era da reconexão. Estamos interessados em nos ligar a alguma coisa intuitiva que conhecíamos antes, mas esquecemos com o passar do tempo: a integridade da pessoa que queremos ser e aquela que realmente somos, a integridade dos hemisférios esquerdo e direito do cérebro, ciência e arte, razão e coração. Reencontramos antigos amigos da escola no Facebook; revisitamos, no Google Earth, lugares anteriormente visitados no mundo real; ouvimos, no site Spotify, músicas de que gostávamos quando éramos adolescentes; assistimos, no iTunes, a filmes que eram importantes para nós quando estávamos crescendo. Essa "recordação do passado" proustiana é multiplicada e amplificada no mundo virtual. Os ecos de nossas vidas têm finalmente uma câmara. As primeiras amizades, o primeiro beijo, o primeiro amor, o primeiro carro – estamos tentando trazer de volta a inocência do "primeiro", quando tudo era novo e promissor e a vida era um grande domínio de possibilidades.

Imagine que voltas diferentes nossas vidas teriam dado se tivéssemos acompanhado o estranho cujos olhos cruzaram com os nossos no metrô. Podemos não estar cientes disso quando somos jovens, mas à medida que envelhecemos percebemos que nossas vidas não vividas pesam tanto quanto ou mais que aquelas que vivemos. "Trago as feridas de todas as batalhas que evitei", escreve o autor Fernando Pessoa em *O livro do desassossego*.

Essa "antiga ferida", esse anseio nostálgico por conexões e reconexões, encontra expressão nas tendências de mercado de hoje. Ele está no centro da ascensão dos artesãos locais e também sustenta o Maker Movement, promovendo o renascimento de artes e ofícios tradicionais, engenharia do Faça Você Mesmo e o ressurgimento das ferramentas, tudo isso movido pela busca de uma experiência prática de trabalho que supere a alienação entre fabricante e produto. Inventividade, prototipagem e artesanato estão sendo valorizados, as feiras de artesanato estão em alta; e os "hackerspaces" entraram nos campi acadêmicos e corporativos.

Por exemplo, a TechShop, uma cadeia de "espaços de fabricantes", oferece aos membros uma oportunidade de "construir coisas". Por pouco mais de cem dólares por mês, os membros têm acesso a instalações de oficinas, equipamento industrial e software para construir seus próprios protótipos. Jim Newton, fundador da TechShop, diz que gosta de ver o caminho tradicional, "absurdamente longo", da ideia ao produto, encurtado de forma drástica.[6] Ele pode destacar algumas histórias notáveis de sucesso como o dispositivo Square para pagamentos via cartão de crédito, que foi desenvolvido numa oficina da TechShop. Mas, na opinião de Newton, o principal valor da TechShop é que ela possibilita que consumidores e funcionários de empresas colaborem em ideias pessoais. General Electric e Ford estão entre as corporações da lista de 500 da revista *Fortune* que têm parcerias com a TechShop, num esforço para acelerar a inovação reversa e revigorar suas próprias culturas de manufatura com mais elementos de criação conjunta e oficina aberta. Para o Maker Movement, tudo o que é velho é novo outra vez.

Embora seja uma "velha ferida" que nunca sara, a pesquisa mostrou que a nostalgia pode ajudar com transições, estimular nossa generosidade com estranhos e nos guiar em períodos de tédio, ansiedade e solidão.[7] Pode ser que seja por isso que, conscientemente ou não, ela se reflita cada vez mais em nossos produtos e experiências de consumo. Embora pareçam significar novidade e o futuro, os mais importantes nos lembram de uma busca humana básica: pense no tablet e em nosso desejo de tocar; ou em sites sociais como Facebook, Twitter, Instagram e Pinterest, que atendem nossa necessidade inata de compartilhar. São novos produtos e serviços criados para nos conduzir ao futuro; contudo, eles nos conectam com uma determinada ideia do passado, fazendo renascer o romance.

Nada é mais nostálgico que a emergência do manuscrito na web. O serviço Bond da web permite que os usuários enviem mensagens manuscritas aos amigos.[8] E o website Think Clearly apresenta várias agendas manuscritas, cada uma expondo uma crise "existencial" de negócios:

"Esta semana senti como se meu trabalho fosse semelhante a caminhar por um mar de incerteza." A lista manuscrita de coisas a fazer inclui: "Tente imaginar quando seu trabalho estiver terminado. Quando você não será mais necessário" e "Escreva sua carta de demissão. Pode escrevê-la no formato que preferir".[9]

Da mesma forma, o site The Rumpus começou a cobrar cinco dólares mensais das pessoas que quisessem receber por e-mail cartas antigas de seus autores favoritos. A empresa chama isso de "assinatura impressa".[10] Uma experiência tradicional é reformulada através de meios do mundo conectado.

Jonathan Harris, um artista interativo, joga com diferentes conceitos de nostalgia em seu trabalho. Seu site Cowbird permite que as pessoas compartilhem suas histórias pessoais usando fotos, vídeos, mapas de som, linhas do tempo e elencos de personagens.[11] O site visa criar narrativas longas que promovam uma sensação de longevidade e continuidade em meio ao ruído fragmentado da mídia social. Como diz Harris: "O Twitter e o Facebook parecem ser constantemente devorados por seu próprio caráter de novidade. Todo item é abafado pelo seguinte e isso acontece continuamente, 24 horas por dia. Não existe senso de coleção ou de construir algo. Uma coisa que estive tentando recuperar era aquele sentimento que eu costumava guardar em cadernos de anotações, sabendo que poderia transmitir um registro da minha vida. É esse sentimento de construir algo e não apenas mergulhar no momento o tempo todo."[12] Os usuários podem se comunicar contando suas histórias. Harris disse: "Isso reduz um pouco de solidão da nossa existência on-line, a qual pode se originar de se gritar no vazio."

Com um espírito semelhante, o site de viagens no tempo FutureMe.org permite que as pessoas enviem e-mails para seus "futuros egos".[13] O serviço entrega mensagens ao seu e-mail anos ou mesmo décadas depois que você as escreveu (você pode determinar a data exata), e o prazer está na surpresa de receber uma carta do passado. Uma coleção de e-mails anônimos foi publicada no livro *Dear Future Me*.

O poder da nostalgia também é um ingrediente cada vez mais eficaz em campanhas de marketing. Por exemplo, a instituição sem fins lucrativos CARE instalou exposições de "pacotes de cuidados" em sites de alto tráfego em todos os Estados Unidos.[14] Esses pacotes remetem ao nome original da CARE – Cooperative for American Remittances to Europe – e seu papel na criação dos primeiros pacotes de cuidados enviados a sobreviventes europeus depois da Segunda Guerra Mundial. Cada pacote exposto transmite a mensagem de que a CARE está entregando autossuficiência, oportunidade econômica e justiça, não simplesmente ajuda. A organização está reivindicando a propriedade do conceito, restaurando a aura do pacote e expandindo seu alcance muito além das associações atuais com acampamentos e dormitórios em faculdades. A campanha nos convida a reimaginar os primeiros pacotes que chegaram às praias de Le Havre em maio de 1946, reconectando um conceito do dia a dia com suas ricas raízes históricas.

Todos esses produtos e experiências revelam percepções a respeito daquilo que chamo "retroinovação": ideias que imitam uma experiência do passado para transportar o usuário para uma era que já se foi, ou usam um novo formato para satisfazer uma "antiga" necessidade sentimental.

A nostalgia também pode ajudar a explicar a ascensão da curadoria. Um exemplo particularmente bem-sucedido é o Brain Pickings de Maria Popova, um "motor de descoberta de acionamento humano para o caráter interessante".[15] Popova valoriza a subjetividade enviando aos assinantes uma variedade de artigos escolhidos simplesmente porque ela achou que vale a pena lê-los. Ansiamos por essas figuras de curadoria: versões modernas do antigo porteiro que nos reconhece como indivíduos únicos, oferecendo uma alternativa para as recomendações algorítmicas e as preferências filtradas.

Esse mesmo respeito pela subjetividade também pode ser aplicado à pesquisa de clientes. O campo de pesquisa de desenho trata deliberadamente seus pesquisados como seres humanos complexos que somente podem ser compreendidos através de perguntas e da observação próxima. Elyssa Dole, uma pesquisadora de desenho com quem falei, chegou a criar "museus" dos clientes que estudou. Ela construiu um pequeno santuário para cada um deles, decorado com fotos e contendo todos os suvenires e artefatos pessoais que conseguiu obter durante sua pesquisa: anotações no diário, desenhos, fotos, *printouts* de e-mails e mensagens de texto, transcrições de entrevistas, bilhetes de metrô e de concertos, cartões de embarque, artigos de revistas e outros itens que fossem mais ou menos importantes para evocar a essência, ou ao menos a imagem, de uma pessoa.

Esse retrato excessivo do cliente como um museu parece ser inspirado no romance *O museu da inocência*, do escritor turco Orhan Pamuk, na qual o protagonista, depois do trágico final de um relacionamento romântico de nove anos, começa a colecionar cada objeto relacionado à sua história de amor, acompanhando-a do início ao fim.[16] Ele posteriormente os exibe na casa da mulher por quem estava apaixonado, convertendo-a em um "Museu de Inocência" (de fato, existe em Istambul um Museu da Inocência baseado no livro). Como escreve Pamuk, museus são lugares onde o tempo é transformado em espaço. São recipientes de nostalgia e protegem nossos maiores sonhos, desejos e esperanças. Mostram que defendemos a ideia radical de que outra vida é possível.

O museu dos museus é o Voyager Golden Record da Nasa, uma coleção de sons e imagens humanos a bordo do satélite Voyager no espaço exterior.[17] Cada item foi selecionado para retratar o engenho e a diversidade da vida na Terra, para que uma forma de vida extraterrestre possa entender o que significa ser humano. Há obras de, entre outros, Beethoven, Guan Pinghu, Mozart, Stravinsky, Blind Willie Johnson, Chuck Berry e Kesarbai Kerkar. Mesmo que esses artefatos não sejam ouvidos por alienígenas, irão lembrar para sempre aos seres humanos do futuro de nossos anseios mais inexplicáveis, que nos prendem ao nosso lar terrestre.

Os Românticos nos Negócios guardam no coração a "velha ferida" – nosso anseio por um lar – como uma importante fonte de romance. Criamos empresas, produtos e serviços que não curam a dor, mas a legitimam como uma forma de revelar e desenvolver o caráter. Sites como FutureMe.org e Think Clearly permitem que encontremos conforto para nossos temores mais profundos a respeito do futuro. O Maker Movement e a sensibilidade DIY, inclusive TechShops e "hackerspaces", reconhecem nossa necessidade pela mais básica das experiências: o tátil, o sensual, o trabalho da mão humana.

Pergunte a si mesmo: Como você pode criar empresas que nos reconectem com um sentimento essencial, não realizado em nossas vidas modernas? Qual experiência humana tradicional você pode atualizar e trazer à vida com tecnologias da era digital? O que é seu museu? E o que é seu mito fundamental, o romance no coração da sua história? O que é sua "Paris"? Onde está seu lar?

CAPÍTULO 12

Permaneça só, alerta, imóvel

Ela contou-me que tinha muitas pessoas com as quais fazer coisas, mas ninguém com quem não fazer nada.
– PETER B. BACH, *The Day I Started Lying to Ruth*

Em 20 de setembro de 2013, os espectadores do programa de fim de noite de Conan O'Brien presenciaram um momento inesperado: o comediante Louis C.K. saiu do script e entrou num monólogo existencial a respeito de nossa alienação no universo:

> Você precisa construir a capacidade para ser apenas você mesmo e não fazer nada. Isso é o que os telefones estão nos tirando, a capacidade de apenas ficar parado. Isso é ser uma pessoa. Porque embaixo de tudo na sua vida existe aquela coisa, aquele vazio – para sempre vazio. Esse conhecimento de que tudo é para nada e que você está só. Ele está lá embaixo.[1]

O monólogo de Louis C.K. foi hilário e comovente. Foi tocante ao falar das maneiras pelas quais a conectividade constante através de eventos mediados e da mídia social pode fazer com que nos sintamos mais isolados e até mesmo deprimidos. Estudos recentes dos genomas sugerem que essa sobrecarga digital pode estar reduzindo nossa capacidade de evolução para nos conectarmos aos outros.[2] Jogando com o título *O choque do futuro*,[3] de 1970 e de autoria de Alvin Toffler, o crítico cultural Douglas Rushkoff chama nosso atual estado mental de *Choque do presente*, lamentando "uma diminuição de tudo o que não está acontecendo exatamente agora – e o ataque a tudo o que supostamente está".[4] O feedback em tempo real torna difícil para nós sair de nossas câmaras de eco de atualizações e tweets e estar presentes para nossas próprias tristezas e alegrias.

A escritora, pesquisadora e consultora Linda Stone usa o termo "atenção parcial contínua" para descrever nosso comportamento de "sempre ligado, em todo lugar, a qualquer momento, que envolve uma sensação artificial de crise constante".[5] Mas ela propõe que, em vez de lamentar nossa simbiose com dispositivos digitais ou fazer um esforço heroico para nos desconectarmos totalmente da tecnologia, devemos simplesmente mudar a conversa: "Nós nos estressamos a respeito de ser distraídos, de necessitar de foco e de nos desconectarmos. E se, em vez disso, cultivássemos nossa capacidade para uma presença descontraída e realmente conectada, para cada momento e uns com os outros?"

Sua visão de conexão é agnóstica em relação ao meio. Não importa se estamos nos comunicando via Skype, escrevendo em nossos celulares ou batendo papo no café; para ela, nossas conexões devem ser baseadas em um investimento genuíno na outra pessoa.

Isso nos faz lembrar um experimento que Priya Parker e seu marido Anand chamam de dias em que "Eu Estou Aqui". Em Nova York, um grupo de oito amigos se reúne uma vez por mês para uma excursão. A cada vez, um membro diferente do grupo serve como "curador" e escolhe uma exploração urbana. A meta é visitar partes diferentes da cidade de Nova York e, ao mesmo tempo, experimentar tempo e companheirismo de uma maneira mais focada e deliberada. Em certa ocasião, o grupo dirigiu-se ao Harlem para um dia de descoberta de bulevares históricos e becos inesperados. Outra excursão foi chamada de Red Hook Day [Red Hook é uma área perigosa do Brooklyn], e os participantes foram explorar a região industrial e em rápida recuperação ao longo das praias do bairro.

O princípio subjacente para "Eu Estou Aqui" é que a ideia de passar oito horas com oito pessoas cria conexões mais profundas do que passar uma hora com cada uma delas oito vezes por mês. Os participantes são obrigados a "aparecer" por inteiro: corpo e mente. Mas o que eles não trazem são celulares, laptops e tablets. Fazendo referência à expressão do antropólogo Clifford Geertz para a espessura dos dados contextuais –

"descrição compacta" –, todos se comprometem a "estar de forma compacta em um lugar e não de forma tênue em toda parte".[6] De acordo com Anand: "Conversamos o dia inteiro. Caminhamos, conversamos; comemos, conversamos; passeamos, conversamos. Pode parecer, nos dias em que vivemos, um ato subversivo."[7] Quando a conversa diminui, eles simplesmente olham para o nada ou para o céu.

Essa ideia de presença compacta também é o princípio que está por trás de "localizar nuvens". Gavin Pretor-Pinney, fundador da Cloud Appreciation Society, que tem mais de 30 mil associados, observa o movimento das nuvens e se diverte com a interpretação das formações de nuvens, "a deusa protetora dos desocupados", como dizia o dramaturgo grego Aristófanes. O esforço do localizador de nuvens é o estudo de caso perfeito para como buscas aparentemente estúpidas podem oferecer oportunidades para atenção. Pretor-Pinney saúda o imenso valor de "atividades sem objetivo" que não levam a nada.[8] A localização de nuvens não tem um propósito, nem irá resolver nenhum problema do mundo – mas esse é precisamente o ponto. As nuvens simbolizam a maravilha no trivial. "Você não precisa fugir do familiar para ser surpreendido", diz Pretor-Pinney. "Só precisa ir lá fora."

A presença compacta está lentamente se tornando um novo marco do luxo, e até mesmo de uma nova etiqueta social. Em Sydney, alguns varejistas começaram a recusar atendimento a clientes que estejam falando em seus celulares enquanto estão na loja. Eles acham isso rude e pedem mais respeito. Em muitas lojas da cidade, foram colocados avisos para lembrar aos clientes de deixar seus telefones no bolso.[9]

No lado menos punitivo, hotéis e resorts estão experimentando dar aos seus clientes a experiência de presença compacta retirando seus dispositivos. Os hóspedes pagam pelo prazer de abrir mão do controle. No Four Seasons da Costa Rica, o programa "Desconectar para Reconectar" oferece trancar os iPhones dos hóspedes por no mínimo 24 horas em um cofre.[10] Parece que as pessoas mais conectadas são tão incapazes de se desligarem que precisam pagar a um árbitro externo para que ele se encarregue disso.

Certas empresas chegaram até a criar uma estratégia de atendimento ao cliente baseada na presença compacta. A varejista on-line Zappos, por exemplo, não premia o número de chamadas de atendimento ao cliente completadas a cada hora pelos seus representantes. Em vez disso, ela os premia por permanecer *mais tempo* ao telefone, acoplado a uma "classificação de alegria".[11] A Zappos comunica aos seus funcionários e clientes que a qualidade da conversa é o que importa, e não a rapidez e a eficiência com a qual ela é concluída. A empresa dá valor à presença compacta com cada pessoa e não à presença tênue através de um conjunto abstrato de dados.

Todas essas estratégias estão em forte contraste com as expectativas da liderança de hoje, especialmente em face de um conselho que nos diz que "inação não é mais aceitável"[12] e nos encoraja a conduzir "negócios com a velocidade de agora"[13] e a "nunca comer sozinhos".[14] Se há uma coisa que os líderes têm em comum, é a propensão no sentido da ação. "Qual é o resultado?", parece sussurrar constantemente a mão invisível do mercado em nossos ouvidos. Nós nos conectamos para liderar e lideramos para agir.

Porém, muitos executivos que conheço admitem em segredo que sua propensão para a ação, sua tendência no sentido de decisões rápidas e de mudanças, é meramente um aspecto inerente ao seu papel e provém de uma insegurança profundamente arraigada (esperam que eles façam *algo* e façam mudanças – por que outra razão eles teriam sido contratados?). Muitas vezes, parece que isso os leva a assumir o conceito macroeconômico de Joseph Schumpeter de "destruição construtiva" – a ideia de que a inovação surge do mecanismo incessante de destruir a ordem econômica anterior – e aplicá-lo às suas próprias equipes e organizações.

Em nossa cultura ocidental de negócios, em geral favorecemos determinação e rapidez sobre contemplação e conversa. É atribuído valor ao menor "tempo até o mercado" e "enxuto" é melhor que "compacto". Ideias são consideradas irrelevantes caso não possam ser implementadas com rapidez; visões não "acionáveis" são consideradas inconsequentes. O jargão dos negócios valoriza "conseguir que as coisas sejam feitas", produção material e estar muito ocupado sobre a aparente ineficiência do discurso e do debate.

Não é de surpreender que, nesse clima intelectual, as reuniões de negócios sejam consideradas "conversa fiada". A ideia de que conversar e trocar ideias pode ter um valor intrínseco pode estar perdendo terreno. Portanto, conferências como o Fórum Econômico Mundial e outras tornaram-se mais focadas na produção de resultados tangíveis. "Impacto" é a palavra mágica. Lançaram incubadoras, "aceleradores" e programas de premiação para recompensar os executores entre os pensadores; o lema agora é pensar *e fazer*. Somente o setor cultural continua a valorizar incondicionalmente os méritos de uma mudança corajosa. Ela não precisa ser excessiva como as maratonas de entrevistas de 24 horas da Serpentine Gallery de Londres[15] – ótimos exemplos de presença compacta –, mas a ideia de criar espaços generosos para indecisão e reflexão, de deter o tempo para horas e horas de apenas ouvir, pode ter valor inestimável também para nossos líderes. A conversa não pode ser barata.

J. Keith Murninghan, professor da escola Kellogg de administração e autor do livro *Do Nothing!*, foi um dos primeiros pensadores gerenciais a alertar para os riscos do "excesso gerencial" e a pregar o evangelho do minimalismo gerencial.[16] Ultimamente, ele tem recebido mais apoio das vozes predominantes. Até mesmo a *Economist*, uma improvável praticante da "preguiça", está hoje elogiando as virtudes da "ociosidade" e de "esperar para ver",[17] citando pesquisas que mostram que os goleiros de futebol que permanecem no centro do gol – evitando escolhas extremas para esquerda ou direita – têm melhores chances de defender pênaltis.[18]

Essa espécie de passividade exige que os líderes cultivem a capacidade de relaxar ativamente. Inação, retroceder e ampliar nosso horizonte de tempo para além dos relatórios trimestrais e ganhos anuais requerem coragem e disciplina. Pensar é um ato solitário e não pode ser acelerado navegando pela web em busca da próxima boa ideia, estudando a concorrência, dizendo aos outros o que fazer e a seguir monitorando o que fazem, ou enchendo agendas com reuniões. Para pensar é preciso ter uma mente independente e solitária.

Em seu discurso de abertura sobre "Solidão e Liderança" na Academia Militar de West Point, o escritor William Deresiewicz observou que "se você quiser que os outros o sigam, aprenda a ficar sozinho com seus pensamentos":

> Parece-me que a solidão é a essência da liderança. No fim das contas, a posição do líder é intensamente solitária. Por mais pessoas que consulte, você é quem deve tomar as decisões difíceis. E nesses momentos, tudo que você tem realmente é a si mesmo.[19]

No mundo dos negócios, somos presas da nossa versão especial de um novo ateísmo, usando aforismos como "esperança não é uma estratégia" ou "a crença sozinha não basta". Em negócios fazemos coisas por uma razão e passamos a maior parte de nosso tempo tentando agir de forma racional, provocando nossas contingências, avaliando riscos, analisando e verificando cada cenário possível antes de agir. Desconfiamos de pessoas que simplesmente seguem sua intuição; não podemos nos engajar numa atividade divertida, mas inconsequente, como localizar nuvens; e consideramos qualquer pausa um revés. Preferimos tomar decisões. Estamos sempre indo adiante.

O movimento é o que faz tudo girar: culturas, organizações, experiências e relacionamentos. Mas é o contramovimento – fazer coisas sem razão, ou mesmo nada – que nos concede romance. E que, no final, constitui a diferença entre uma vida meramente produtiva e uma vida realmente importante. Os Românticos nos Negócios necessitam de tempo e o usam. Tempo para uma pausa. Tempo para estar quieto. Tempo para encontrar o sinal em meio a todo o ruído. Tempo para *ser* o sinal. Nós subgerenciamos. Conduzimos os negócios à nossa própria velocidade. Gostamos de comer sozinhos. Não fazemos nada.

Românticos nos Negócios, permaneçam parados. Outros, cheguem mais perto.

PARTE TRÊS

DENTRO DO FOGO

CAPÍTULO 13

Medidas de sucesso

Não é possível estar apaixonado numa escala. Ou você está, ou não.

– JENNY HAN, *We'll Always Have Summer*

Agora que chegamos tão longe, espero que você esteja inspirado pelas histórias e possibilidades que dividi. Nas Regras de Encantamento, ofereci um conjunto de táticas e ferramentas para ajudá-lo a fazer sua jornada como Romântico nos Negócios. Está na hora de voltar ao trabalho de sua vida e ao seu trabalho na vida, e apaixonar-se por tudo (de novo).

Porém, você irá inevitavelmente enfrentar pessoas do contra, céticos e até mesmo zombaria e desprezo. Qualquer um que considere ridícula a noção de um romance com os negócios irá levantar inúmeras objeções. Por outro lado, algumas das questões mais difíceis virão das pessoas e comunidades mais apaixonadas a respeito de romance e intrigadas pela ideia de Romance nos Negócios e através deles.

Neste capítulo final serei o advogado do diabo, colocando possíveis reservas e mesmo rejeições diretas ao conceito de Romantismo nos Negócios. Analiso as medidas de sucesso e fracasso através dos olhos do romântico, afirmando que devemos ter um parâmetro para o Romance nos Negócios. Isso irá exigir que alguns de nós se tornem executores corporativos de mudanças, outros defensores públicos da intimidade e que todos se tornem defensores e protagonistas de uma nova era romântica. No final, deixo a você um Apêndice que irá ajudá-lo a embarcar na sua missão de Romântico nos Negócios: o Kit Inicial do Romântico nos Negócios.

Mas comecemos com as perguntas mais imediatas: Como a abordagem de um Romântico nos Negócios responde pelas noções tradicionais de desempenho? Qual é o resultado de tudo isso? Qual é a "aparência" do sucesso? E o que faremos quando fracassarmos?

Definimos normalmente o sucesso como uma progressão de realizações, uma linha reta até o mais alto platô de realização sustentada, reconhecida e premiada no trabalho, em casa e pela sociedade em geral. Em outras palavras: uma carreira. Na definição convencional de carreira, o sucesso gera mais sucesso, ou ao menos é o que esperamos! Ela é como o monstro que não pode ser saciado: no minuto em que temos sucesso, sentimo-nos compelidos a colecionar mais sucessos, cuja meta é nos tornarmos ainda mais bem-sucedidos. Sabemos que isso está errado, mas não podemos nos controlar; estamos presos na proverbial "roda de hamster", tentando constantemente girar cada vez mais rápido. O escritor George Saunders nos alerta contra as distrações causadas por essa definição estreita de sucesso: "Há o perigo real de 'ter sucesso' tomar toda a sua vida, enquanto as grandes perguntas deixam de ser cuidadas."[1]

Como afirmei nas Regras de Encantamento, os Românticos nos Negócios redigem suas próprias notas finais. Criamos rituais para celebrar e santificar algumas das voltas na roda de hamster. Às vezes chegamos a sair dela, mesmo que seja só para um momento de reflexão ou um período de rejuvenescimento. Quando saímos, nós o fazemos com todo o coração. Pode ser que, como Andrew Mason da Groupon ou Frank Rijkaard do Barça, saiamos generosamente e com humildade. Ou pode ser que, como os funcionários da Naked Wines, saiamos coletivamente em busca de uma vida mais satisfatória.

Como Românticos nos Negócios, reconhecemos que o sucesso é parte necessária da equação da nossa carreira, mas o vemos com uma dose saudável de ironia e bom humor. Em vez de nos prendermos à métrica quantitativa de sucesso, temos outra forma de avaliação, mais provocativa. Usamos uma máscara! Gostamos de testar o personagem do grande realizador. Mas nunca nos esquecemos de que existem muitos outros aspectos em nossas almas: vulnerabilidade, melancolia, sofrimento e uma profunda apreciação por estranhos e pela estranheza, para citar alguns.

Embora os críticos possam censurar a disposição romântica como um retiro confortável, um "paraíso seguro para preguiçosos", como disse um de meus colegas céticos, os Românticos nos Negócios não têm tolerância para a autoindulgência. Não ficamos indiferentes; nós chegamos mais perto. Romance nos Negócios requer convicção, rigor e muita atenção para detalhes. Lembra-se de Scott Friesen, o antigo gerente da Best Buy, do capítulo dois? Ele era movido principalmente pelo desejo de excelência; ele contou-me que seus maiores momentos na empresa ocorrem quando toda a sua equipe está se desempenhando no topo, "como uma grande banda que toca junto há anos". Isso é excelência, não só por causa do lucro ou de uma grande revisão de desempenho, mas também por causa de uma experiência transcendente, um compromisso genuíno com a qualidade.

Você certamente precisou responder a numerosas medidas de sucesso financeiro e gerencial durante a sua carreira – contudo, nunca abriu mão da sua própria visão de sucesso romântico! O que o faz viver? Quais são seus momentos românticos? Como você os avalia? Essa tarefa não é fácil: os líderes de negócios precisam se manter atentos para priorizar valores que não afetem diretamente o fluxo das receitas. É uma batalha constante por tempo e recursos, por iniciativas que não podem ser medidas por um sistema métrico. Matthew Stinchcomb, da Etsy, falou sobre esse conflito em sua carreira:

"Procuro achar um caminho intermediário entre o coração e a cabeça, e espero fazer isso sempre. Mas nunca serei capaz de quantificá-lo. Quantos corações e mentes conquistei este mês? Nunca saberei." A consequência de seguir uma visão mais romântica dos negócios é que as medidas de sucesso serão mais "esotéricas", nas palavras de Stinchcomb: "Em certos tipos de empresas, você pode dizer: 'Construí essa coisa grande e ela resultou em X.' Em meu papel, eu digo: 'Passei meu tempo dando aos funcionários os meios e o desejo de seguir os valores da Etsy.' Sou bem-sucedido? Para mim, é um pouco difícil dizer. Meço meu sucesso por autoavaliação: 'Eu disse que iria fazer isso? E fiz?'"

O que Stinchcomb descreve aqui é sua própria missão, o propósito moral para ele estar nos negócios. Em nossas revisões de desempenho, muitas vezes somos avaliados em relação à missão da nossa empresa – nós vivemos de acordo com ela? –, mas raramente perguntamos como a empresa viveu de acordo com a nossa. As organizações se esforçam para criar uma declaração de missão convincente (por exemplo, "Organizar as informações do mundo e torná-las universalmente acessíveis e úteis") ao passo que, como indivíduos, nunca articulamos a nossa, talvez por temer que, ao torná-la explícita, possamos comprometer sua veracidade.

Eu encorajo você a redigir a sua. Talvez seja uma declaração trivial, um verso de um poema, ou algo que alguém lhe disse um dia, ou talvez ela seja mais elaborada. Em qualquer caso, ela é útil para afirmar seu lugar no mundo e descrever um talento ou perspectiva que só você pode dar. Grandiosa o suficiente para não ser confundida com um plano de carreira, essa declaração de missão descreve sua causa pela qual vale lutar. Aqui está a minha:

> Com grande vulnerabilidade, entusiasmo contagioso e crença religiosa nos detalhes, crio e defendo espaços para possibilidade e ação para demonstrar que, talvez, estejamos conectados e que há mais do que podemos ver.

Essa declaração serve como uma lente, através da qual olho para todas as minhas decisões profissionais (e pessoais). Ela é uma bússola, não um teclado. Capta quem quero ser, o que gostaria de fazer e como gostaria de atuar. Cada palavra é o resultado de uma cuidadosa consideração, e a mais importante talvez seja "talvez". Como românticos, podemos estar cheios de convicção, mas nunca totalmente certos.

Matthew Stinchcomb riu quando discutimos essa mesma questão durante nossa conversa. "As maiores consequências de usar minhas próprias avaliações como medida de sucesso são minha insegurança e meu medo", disse ele. Como românticos, não devemos tentar conter esses momentos de medo. Nossas "vitórias" podem não se parecer com outras, e nossos "sucessos" podem ser invisíveis para nossos colegas companheiros de equipe. E inevitavelmente haverá momentos em que perderemos. Perderemos clientes, participação de mercado e até mesmo prestígio. Ninguém pode permanecer no topo para sempre. É por isso que realizações, elogios ou a mera percepção de sucesso nos enchem, como românticos, de ansiedade nervosa. O momento em que recebemos os maiores aplausos é aquele de nossa maior tristeza. Estamos predispostos a sentimentos assim extremos; vemos o escuro quando há luz e vemos a luz quando a escuridão é total.

Nesses momentos, recorremos à nossa imaginação. Reformulamos a perda como um golpe. Não nos medimos em momentos de derrota, mas sim através de perguntas reflexivas como: Desempenhamos nossas tarefas com honra? Tocamos um ponto sensível que reverbera todos os dias? Somos capazes de encontrar uma comunidade simpática no mercado? Fizemos contato não só com nossas necessidades, mas também com nossos desejos? Será que fomos honestos conosco do início ao fim? Se a resposta para nós for "sim", então não perdemos nada.

Considerando tudo isso, existe alguma forma real para medir romance em termos explícitos?

Não: Definir romance através de métricas iria exigir um livro de marca de Jorge Luiz Borges para toda a vida, um livro de milhares de páginas delineando cada expressão, regulando e avaliando cada experiência individual. Contudo, com a aproximação da linha dos lucros e com todos os recursos esgotados, ainda estaríamos inseguros sobre o retorno. Valeu a pena? Medir romance é como medir o valor de nossas próprias vidas. Nossas últimas horas de vida pertencem ao nosso ego não quantificado. Não buscamos uma equação contábil ou um placar para avaliar quanto valeu nossa vida; somente podemos esperar que tenha valido a pena vivê-la. Quando refletimos sobre nossos melhores dias, todos nós acabamos romantizando, todos nos tornamos românticos.

Você ainda quer ver uma Revisão de Desempenho de um Romântico nos Negócios? Que tal esta?

Caro Joe,

Desde que você passou pela porta da minha sala pela primeira vez, fiquei seu fã. Vi instantaneamente como é apaixonado a respeito do que faz. Você não veio para evitar riscos. Você coloca tudo na linha, e seu coração está em tudo o que faz. Você realmente se importa.

Quando no pôquer você pede "mesa", sei que devo elevar minha aposta. Qualquer coisa pode acontecer, mas sempre sinto-me seguro. Confio em você.

Todos os que vão até sua mesa sempre conseguem um papo rápido ou ao menos um sorriso. Sei que não parece grande coisa, mas torna este lugar melhor.

Seus planos são completos, mas nunca perfeitos, para que os outros possam mudá-los.

Suas apresentações são simples, mas elegantes; elas sempre nos levam a lugares novos que não conhecíamos.

É um prazer ler seus memorandos para a equipe, mesmo que transmitam más notícias. Imprimi o último que você enviou, a respeito da sua estrutura revisada de estratégia, e li três vezes seguidas no domingo de manhã durante o café. Gosto de que você ainda faça questão de assinar os e-mails com seu nome completo e que preste atenção à pontuação.

Gosto de como você se apaixona por ideias, luta por elas e as protege como um pastor cuida de suas ovelhas ou um jardineiro de seus botões de rosas.

Você não teme ser um amador e ainda recordo os muitos momentos em que disse: "Façamos isto." E você o fez, embora não tivesse nenhuma ideia de como fazê-lo.

Sofremos juntos em muitas reuniões como uma pessoa sofre com filmes de arte franceses. Você sempre ficou até o fim. Porque sabe que vale a pena.

Você se lembra de quando nos reunimos depois do lançamento do nosso escritório na China? Ficamos lá sentados por dez minutos, exaustos, mas com os olhos brilhando.

Áreas para melhorar? Queremos mais de você e não menos. Não se racionalize, nem se divida demais. Não hesite. Não finja que tem uma estratégia. Não gaste tempo demais no plano de marketing. De qualquer maneira, ele estará obsoleto amanhã. Não desperdice suas preciosas horas em teclados ou em relatórios que supostamente irão provar seu valor.

Nenhum teclado do mundo pode captar o impacto que você tem tido.

Em nome dos seus colegas e clientes: é um prazer estar nos negócios com você.

Pela verdadeira tradição romântica, até este ponto os princípios e instrumentos que ofereci para mais romance nos negócios foram concebidos para indivíduos. Isso faz sentido porque, quando tentamos levar o romance além do domínio pessoal, nós o colocamos em risco. Como a felicidade ou qualquer outro conceito ilusório, o romance se dissipa no mesmo momento em que tentamos apanhá-lo. É a proverbial borboleta que ilumina nosso ombro por um momento, sem ser percebida. Tente medir o romance e você se arrisca a perdê-lo. Se tudo é romântico, nada é romântico.

Contudo, filósofos, poetas e artistas tentaram "medir" romance no século XIX. Eles transformaram seus desejos e expressões individuais em um movimento coletivo abrangendo o mundo. Os Românticos nos Negócios podem fazer o mesmo. Como a Liga dos Intrapreneurs, os artistas residentes, Rebels at Work ou a Red Team University do Exército dos EUA, podemos cultivar formas construtivas de oposição. Como Anthon Berg, Reddit e REI, podemos começar pelo princípio da generosidade e voltar atrás no sentido do lucro. Como a McKinsey, podemos deixar todos conjecturando. Como a NBBJ, podemos criar uma sociedade secreta como catalisadora da transformação organizacional. E como a MMM, a Muji ou a Moleskine, podemos "trazer à vida espaços negativos". Todos esses exemplos, bem como muitos outros citados nas Regras de Encantamento, requerem liderança; dado o quanto sabemos a respeito de romance, é claro que não deveria ser surpresa o fato de o líder Romântico nos Negócios ser decididamente idiossincrático.

Seja como executivos, intrapreneurs ou rebeldes corporativos, os Românticos nos Negócios estão numa posição única para liderar e facilitar mudanças em suas organizações. Incorporando ideias delineadas neste livro, podemos criar um romance "institucionalizado". Quando pomos em escala todas essas reuniões, esses jantares, caminhadas, projetos e experiências com clientes – todas as melhores práticas –, começamos a construir a base da Empresa Romântica nos Negócios.

Não, não acho que você precise contratar um diretor Romântico nos Negócios (ou atribuir a si mesmo esse título). Porém, se você está em posição de contratar e gerenciar, essa responsabilidade é obviamente um meio poderoso para instilar e alimentar um espírito romântico em sua organização. Isso não significa que você precisa formar um Departamento de Romance nos Negócios. Também não é preciso criar posições de, digamos, gerente sênior de mística, diretor de nostalgia, ou vice-presidente de sofrimento. Também não precisa contratar um ermitão residente, nem um palhaço pessoal – como fez o CEO do Cirque Du Soleil – para criar pequenos momentos de deliciosa estranheza. Mas precisa de uma nova espécie de "Pessoas em Forma de T". Vou explicar.

Os pensadores de projetos costumam usar a analogia da "Pessoa em Forma de T" para descrever o tipo de pensador e executor multidisciplinar que prospera em um ambiente inovador: baseado numa especialidade ou disciplina central, com os braços tocando duas disciplinas adjacentes.[2] Em contraste, imagine o Romântico nos Negócios típico com uma pose expressiva: um pé no chão, um braço entrando em território desconhecido e o outro esticado para o céu para conectar-se com algo transcendente, e um pé acima do chão como uma celebração da instabilidade, pronto para perder o controle a qualquer momento. Tente manter o equilíbrio! O Romântico nos Negócios é irregular, até instável, volátil, nunca bem alinhado, mas sempre pronto para saltar.

Ao mesmo tempo, você não quer uma equipe composta somente por esse tipo de pessoa. A uniformidade é um veneno para o espírito romântico. Isso é o que recomendo para sua equipe Romântica nos Negócios dos seus sonhos:

- Um Romântico nos Negócios adicional, um confidente confiável, o segundo romântico em comando, por assim dizer, que está exatamente no mesmo comprimento de onde você está.
- Um "estranho dentro", o rebelde, renegado, antirromântico (este pode ser um dos poucos papéis importantes para um cínico: o cínico residente numa equipe romântica) que pode questionar você e criar a oposição crucial para qualquer romance verdadeiro.
- Um gerente de projeto Romântico nos Negócios que entende projetos como sendo empreendimentos românticos e pode dirigi-

los como uma série de eventos dramáticos com fases intercambiáveis de esperança, euforia, presença compacta e tristeza.

- Um executivo assistente Romântico nos Negócios que vê a agenda da equipe como uma linha narrativa, bem como um lembrete diário e horário da pungência do tempo que passa. Dando suporte aos executivos românticos, o assistente Romântico nos Negócios sabe que sua principal responsabilidade é fazer com que se sintam bem, e não meramente torná-los mais produtivos. Intensamente conscientes de todas as atividades e reuniões que poderiam ter aceito, mas recusaram, ele é o guardião da outra vida deles – a vida que existe somente em possibilidade. O assistente e o executivo por ele suportados são estranhos íntimos e a agenda é uma organizadora e disciplinadora, mas também o registro de promessas quebradas. Ela é o contêiner moderno do "tempo perdido", o qual, no mundo moderno, deve ser recuperado cavando fundo no iCal – o tempo é encontrado com maior facilidade do que nunca, mas também facilmente perdido.

Naturalmente, você estará mais perto de alguns dos seus colegas do que de outros; alguns deles conhecerão seu cônjuge e seus filhos; alguns poderão vê-lo chorar ou perder a paciência numa reunião; outros irão admirá-lo por sua capacidade de liderança e irão querer passar mais tempo com você; e outros irão manter um distanciamento profissional. Isso é tudo. O mais importante é que cada membro da sua equipe provoque em você uma reação forte. Você deve ver cada um deles como amigo ou inimigo em potencial. A vida é curta demais para ser desperdiçada com contratações tímidas. Neutralidade e imparcialidade são a morte do romance; assim, cerque-se de uma equipe de pessoas que, alternadamente, perturbem, inspirem e questionem você. A última coisa que você quer é impassibilidade à mesa, um grupo definido por mero "profissionalismo".

Para tomar as decisões certas, recomendo o uso do Questionário Proustiano para entrevistar novos candidatos. E então, agora que você tem sua Equipe dos Sonhos, use a arte da imperfeição em todas as suas interações! Deixe alguns espaços em suas iniciativas e projetos para que sua equipe possa preencher as falhas com as ideias dela. E encoraje cada colega a trocar papéis um dia por mês.

Uma abordagem mais convencional seria falar de uma mistura de pessoas: Por Que, O Que e Como. A pessoa Por Que articula e incorpora o propósito, a razão de ser da equipe. Por que estamos todos aqui? Por que nos levantamos de manhã? Por que trabalhamos juntos? Essa pessoa é a voz inspiradora, a autoridade moral que pode criar uma visão, estabelecer e manter os padrões de integridade e lembrar a todos os valores que compartilham e a missão que os une. A pessoa O Que é a criadora, uma estrategista que pode traduzir a missão para a realidade. Finalmente, a pessoa Como é a implementadora, obsessiva a respeito de detalhes e insistente sobre o rigor operacional.

Um líder romântico não se contenta com incorporar apenas um desses três tipos. O Romântico nos Negócios oscila entre os personagens de Por Que, O Que e Como de um dia para outro, nublando as linhas entre estratégia e tática. Ele tenta múltiplas identidades, usa múltiplos "chapéus" (ou máscaras) e desempenha uma "pessoa sempre diferente" – um estranho em terra estranha. Para a organização como um todo, isso significa uma hierarquia menos ortodoxa, com uma compreensão diferente de papéis e responsabilidades. Tradicionalmente, as organizações têm dividido o Por Que, o O Que e o Como entre diferentes camadas e membros de equipes. Normalmente, é um vetor de cima para baixo – quanto mais tático você é (quanto mais está preocupado com o Como), mais baixo o seu nível hierárquico; quanto aos estrategistas, as pessoas de Por Que e O Que, seus níveis são mais altos e elas ostentam títulos de maior prestígio. Mas não em organizações românticas: ao contrário de empresas mais convencionais, a empresa Romântica nos Negócios é composta de indivíduos que são pessoas Por Que, O Que e Como ao mesmo tempo, movendo-se de forma fluida entre os mundos das ideias e da implementação.

Então, como é a diretoria dos Românticos nos Negócios? O CEO é um pesquisador, previsor e conector: é a pessoa com o maior coração; o diretor de fabricação é um artista que pode conquistar corações (e, se necessário, também mentes), usando técnicas de sedução; o diretor financeiro aprecia a beleza inerente das planilhas e quebra regularmente o coração do diretor de fabricação; o diretor de operações tenta minimizar a imprevisibilidade (mas em segredo gosta dela); o diretor de vendas é movido pela permanente insatisfação; e o diretor de RH é o mestre de cerimônias supervisionando como todos os românticos se apaixonam e terminam o namoro. Alguns desses executivos estão no negócio de reduzir riscos; outros estão em busca deles. Mas todos eles estão unidos em seu amor pelos negócios como uma das maiores aventuras da humanidade. Eles se esforçam para aplicar razão ao frutífero caos da sua organização e dos mercados, mas são espertos o suficiente para saber que não podem. Em vez disso, estão navegando juntos pelo oceano, cultivando confiança num pequeno veleiro enquanto navegam uma vasta área desconhecida.

Contando com essas equipes e com a liderança, a Empresa Romântica cria experiências misteriosas de clientes e de funcionários; aprecia a ambiguidade; projeta para haver atrito; e oferece "eventos críticos". Ela nos faz ter curiosidade. E nos faz esperar e sofrer. Busca revelações, não apenas resultados; renova os inícios e celebra os finais comprometendo-se, ao mesmo tempo, com o romance "no meio".

Em todo este livro vimos exemplos de empresas excelentes em determinadas práticas românticas: novas empresas e empreendedores como HICKIES que têm um histórico romântico embutido em seu DNA; Eileen Fisher, McKinsey, MMM, Muji, Moleskine, Secret, House of Genius e Secret Cinema, cujos modelos de negócios ou projetos organizacionais alavancam o poder do sigilo, da obscuridade e da ausência; empresas como Somewhere ou Barbarian Group que celebram o escritório como um espaço para intercâmbio social e narração de histórias. E então existe a Apple, com sua valorização da beleza e do espírito das coisas (Steve Jobs dava muita importância ao desenho interno dos dispositivos da Apple). Todas essas empresas têm em comum um espírito oposicionista e rebelde, bem como um comportamento irracional, uma cultura tribal e a capacidade para fazer tolices sem comprometer seus elevados padrões de excelência. Devido à sua exclusividade, seu orgulho e sua ambição, essas organizações românticas estão cheias de conflito e oposição, quer na forma de debates acalorados e política, quer no projeto de opacidade e ambiguidade. São lugares de alto risco e alta recompensa, cheios de perigos e de prazer. São estufas do drama humano, simplesmente porque os sonhos são tão grandes, há muito em jogo e muitos estão diretamente envolvidos no jogo, muito além de apenas o sucesso financeiro.

Quer você trabalhe para uma empresa, uma instituição sem fins lucrativos, uma nova empresa, pequena ou média, ou para uma grande corporação; para uma empresa "capitalista consciente" ou para um membro mais tradicional; em recursos humanos, marketing, P&D, vendas ou finanças; como CEO, assistente administrativo, gerente de projetos ou "diretor de primeiras impressões" – você pode fazer sua parte para tornar sua empresa romântica. Seu sucesso depende de quão ativamente você pode aplicar as Regras de Encantamento. Ele depende da liberdade com a qual você pode criar sua própria subcultura – ou contracultura – no trabalho. Conte segredos; feche portas; seja excessivo na busca da excelência; abra reuniões dizendo uma coisa ambígua; termine com uma nota de efeito; identifique os "desajustados" e os elogie; use uma máscara; chame atenção para a sua própria vulnerabilidade; blefe! Tudo depende da sua capacidade de ser irracional, de valorizar os muitos retornos que são "irrelevantes". E, acima de tudo, seu sucesso depende da sua disposição para dar tudo. Perca-se no seu trabalho. Volte a si mesmo como uma pessoa diferente.

CAPÍTULO 14

A nova era romântica

Para começar, comece.
– WILLIAM WORDSWORTH

Neste ponto, até aqueles que se identificam como românticos poderão ainda relutar diante da minha tentativa de retratar os negócios como o grande reencantador, o grande agente de significado de nossas vidas. Você diz que, para uma empresa, cativar o mercado com romance é demais. Isso dá a ela ainda mais poder para permear nossas sociedades. Você insiste que isso irá erodir ainda mais a privacidade e a integridade de nossas vidas. Um casamento com o sistema do mercado é a suprema traição do romantismo!

Essas são preocupações legítimas e os riscos são reais. Os valores do mercado invadiram todos os aspectos de nossas vidas. Por um lado, isso nos proporcionou um mecanismo eficiente para tomar decisões e resolver problemas, e também para determinar o valor da propriedade e do acesso. Mas, por outro lado, transformou em commodities nossos comportamentos, nossos relacionamentos e até mesmo nossos julgamentos morais. Em seu livro *What Money Can't Buy: The Moral Limits of Markets*, o filósofo Michael J. Sandel observa que "pôr um preço nas coisas boas da vida pode corrompê-las". Sandel afirma que os mercados mudam o caráter dos bens que comercializam, um fenômeno que ele chama de "efeito expressivo" dos mercados. Pense na Tocha Olímpica. Se eu a tivesse levado para casa como um troféu quando trabalhava no revezamento entre atletas, cobrando pelo acesso a ela, o que isso teria feito para o seu significado? Ou pense em relacionamentos. As amizades podem seguir uma lógica de olho por olho, dente por dente, com benefícios recíprocos como catalisador subjacente, mas nos irritamos quando mecanismos explícitos do mercado são usados para negociar nossas interações mais íntimas. Nunca pagaríamos aos nossos amigos para que ouvissem nossos problemas; não apresentamos uma revisão de desempenho aos nossos pais depois que eles tomaram conta dos nossos filhos.

Arlie Russell Hochschild, autor de *The Outsourced Self*, afirma que existe um perigo em usar o mercado para delegar esses relacionamentos fundamentais a um terceiro.[1] Em vez de ter amigos, hoje pagamos um terapeuta; em vez de confiar em nossos parentes para educar nossos filhos, hoje empregamos babás, consultores de sono e serviços de zeladores de bebês; e, em vez de pedir um favor aos nossos vizinhos, passamos a pagar a empresas de serviços para que façam nossas compras semanais. Hochschild afirma que as eficiências dos mecanismos de mercado não constituem um substituto adequado para os aspectos mais obscuros e menos transacionais dos nossos egos.

Como Romântico nos Negócios, só posso concordar. Eu nunca iria sugerir que tentemos terceirizar empatia, paixão, comprometimento e dedicação. Porém, o que afirmo é que os mecanismos do mercado podem oferecer momentos surpreendentes de bondade, prazer e intimidade. Pense no Café Suspenso e na Generous Store; ou na família Harteau conectando-se com estranhos através do Bazar 24 Horas; lembre minha surpresa e gratidão quando minha carteira foi devolvida, ou com o sucesso viral do vídeo do anúncio do Primeiro Beijo. Assim como interações pessoais costumam conter transações ocultas, as transações de negócios podem ser veículos para conexões significativas.

Contudo, alguns críticos se perguntam se os negócios têm nuanças para abranger todas as contradições inerentes a uma perspectiva romântica. Afinal, um ponto de vista romântico nem sempre é feliz, como pode ilustrar qualquer novela romântica do século XIX. Como qualquer movimento humano, o romantismo requer que reconheçamos toda a complexidade do nosso caráter. Gianpiero Petriglieri, professor do INSEAD, é cético sobre a capacidade do domínio dos negócios – normalmente associado a expressões positivistas em moda para lidar com modos românticos como ambiguidade, conflito e drama. Para ele, a ideia de Romance nos Negócios é problemática. "Se o romantismo é uma experiência que valoriza a primazia do impulso sobre a consideração racional, será melhor que nosso desejo de dar soberania aos nossos impulsos e experiências permaneça na esfera privada, longe dos negócios e do comércio", contou-me ele.

Outros críticos podem argumentar que a ideia de Romance nos Negócios é apenas um luxo do mundo desenvolvido, um sinal de decadência ao qual podemos nos entregar, uma vez satisfeitas nossas necessidades mais básicas. Eles podem caçoar, dizendo que o romance é uma espécie de ioga para o local de trabalho – uma nova droga de estilo de vida que disfarça os duros desafios econômicos da desigualdade de renda, a enorme divisão digital e o desemprego estrutural que hoje pairam sobre nossas sociedades globais. O romance, afirmam eles, é apenas um privilégio aspiracional para o 1% que tem sorte. Não é uma coisa realmente fundamental e ao alcance de todos.

Levo a sério essas e outras críticas. O romance pode descrever alguns sentimentos básicos humanos, mas até mesmo a ideia do amor romântico como base para o casamento – em vez de motivos econômicos – é um fenômeno relativamente recente. Foi só a partir de 1943, quando Abraham Maslow desenvolveu sua famosa hierarquia de necessidades, que essa forma de expressão foi priorizada pela sociedade em geral.[2] Se você trabalha no setor de serviços e ganha o salário-mínimo, ganhos materiais irão fazer uma diferença muito maior – se não a única – para o seu bem-estar. Nesse caso, o fluxo de caixa poderá importar mais do que um afluxo de adrenalina. Para um grupo cada vez maior de pessoas que vivem nos Estados Unidos, nunca houve muito romance no trabalho, e a desigualdade crescente pode acabar com as esperanças para esse romance no futuro. Sob esse ponto de vista, o romance é de fato um privilégio; sua obtenção é mais fácil para trabalhadores do conhecimento em condições econômicas estáveis (certamente, a maioria das pessoas apresentadas neste livro se qualifica como tal), ou profissionais em outros setores que não têm de lutar todos os dias pela sobrevivência. É um luxo poder perguntar "por quê?".

Romance nos Negócios não significa necessariamente que você "faz aquilo que ama". Na verdade, esse mantra inspirado em Steve Jobs e hoje muito comum entre microempreendedores, artesãos locais e agentes livres está começando a receber algumas reações negativas. A escritora Miya Tokumitsu afirma que a frase tem conotações elitistas, que degradam o valor do trabalho e do dever.[3] Romance nos Negócios também não significa que você sempre "ama aquilo que faz". Significa simplesmente a capacidade para criar e encontrar *momentos* de amor naquilo que você faz e em como o faz, mesmo naquilo que Tokumitsu chama de trabalho "não amável": condições para conexões humanas genuínas, o anseio pela mais leve sensação de grandeza que transcende o trivial. Você pode chamar isso de um manual escapista para enganar a si mesmo: eu chamo de coragem para combater a "morte por realismo".

Minha esperança é que um sabor de romance possa servir como fonte de inspiração para todos: aqueles que vivem em sociedades consumistas avançadas, nas quais a economia transformou em commodities nossos relacionamentos, compartimentou nossos egos e secularizou nossas vidas; e aqueles para quem o negócio diário da vida é a sobrevivência. O romance pode nos oferecer um farol de esperança e um brilho transcendente em tempos de lógica impiedosa, resignação e depressão. A busca por romance pode não ser um bálsamo para todas as nossas feridas, mas pode ser um mecanismo convincente para lidar com elas. Isso não é ruim. Como românticos, somos artistas em evasão; sonhamos, criamos e defendemos as condições para a possibilidade de outra vida melhor.

Sim: podemos desfazer facilmente todas as maneiras pelas quais nosso sistema de livre mercado corrompe o significado dos bens. E sim: a linguagem gerencial pode desinfetar nossas noções mais escuras de romantismo. Mas é tarde para recolocar o gênio na garrafa. Não podemos atingir uma inocência da sociedade pré-mercado. O que podemos fazer é usar os mercados para contar novas histórias, que reflitam melhor nossas inclinações. Nosso "desejo infinito" romântico, nas palavras do escritor E.T.A. Hoffmann, nunca será plenamente satisfeito pelos recursos finitos negociados nos mercados. Contudo, o mercado pode nos dar oportunidades de conexão para aliviar nossa solidão e nosso isolamento, para afirmar que nossos desejos privados são de fato um desejo coletivo.

Como Românticos nos Negócios, podemos optar por permanecer privados, proteger nossas tochas e mantê-las ocultas do escrutínio, das críticas ou do escárnio. O romance é impossível sem essa privacidade. Como escreveu Jan Chipchase, etnólogo e meu antigo colega na Frog Design: "Somente pessoas com vidas monótonas podem se dar ao luxo de dispensar a privacidade."[4] Contudo, a busca do Romance nos Negócios é impossível sem a vitalidade confusa da vida pública, sem um engajamento total com o mundo. Publicidade significa que outra pessoa está sempre conosco. Para os românticos, isso é tranquilizador. Como artistas, precisamos de audiência, real ou imaginária, deste mundo ou de outro, ou nosso empreendimento murcha. Se ninguém nos está observando, por que vamos nos preocupar? É por isso que devemos ampliar o escopo da nossa perspectiva romântica. Devemos começar com nós mesmos, trazendo romance para nossas empresas e, finalmente, para o mundo.

O romance sempre foi uma posição profundamente privada e, ao mesmo tempo, profundamente pública. Pense no Movimento Romântico original, já descrito neste livro. Sua relação conflituosa com as vidas pública e privada nos serve hoje como lição, revelando que uma coisa vital está em jogo, não apenas para os negócios, mas para a sociedade. Por exemplo, no Reino Unido da década de 1790, a escrita dos românticos era considerada uma afronta à supremacia da razão e da utilidade. Os poetas românticos William Wordsworth e John Keats chegaram a ser colocados sob censura do Estado pelo primeiro-ministro William Pitt.[5]

Esse lado opressivo da Revolução Industrial foi deixado perfeitamente claro pelo conceito, enunciado em 1791, do "Panopticon" de Jeremy Bentham, filósofo e reformador jurídico: uma grande inovação no projeto de edifícios institucionais que permitia que um único inspetor observasse grandes números da população do edifício (por exemplo, internos, trabalhadores, pacientes). Bentham – considerado o fundador do utilitarismo, que procurava otimizar o máximo de felicidade para o número máximo de pessoas – anteviu um universo utópico de transparência. Em sua fantasia, o mundo inteiro existia como uma série de espaços e lugares nos quais "cada gesto, cada movimento de um membro, naqueles cujos movimentos tinham impacto visível sobre a felicidade geral, será constatado e anotado".[6]

Os desenhos de Bentham nunca foram utilizados numa construção real; assim, ele certamente ficaria satisfeito em ver que sua "utopia" de total e completa vigilância está hoje plenamente realizada. Mais de duzentos anos depois, nós nos vemos carregando voluntariamente pequenas versões do Panopticon de Bentham em nossos bolsos. E os smart phones são somente o início. As recentes revelações a respeito da vigilância do governo em escala massiva parecem um mistério já visto: "Um sistema de espionagem está desfiando o belo tecido da sociedade", lamentou o poeta romântico Coleridge em 1795.[7]

Hoje não estamos mais sob a vigilância de outra pessoa; estamos sob a vigilância de nós mesmos. Estamos constantemente observando e registrando nossas vidas, oferecendo enormes volumes de dados pessoais – nossos Egos Quantificados – a uma deidade tecnocrática onisciente, buscando a visibilidade total em nome do maior princípio de felicidade do utilitarismo. Enquanto o Panopticon permitia que os poucos vissem os muitos, a hiperconectividade permite que muitos vejam muitos e muitos vejam poucos. Estamos nos tornando prisioneiros das tecnologias que nos perseguem, filtrando informações para nós e, em última análise, tomando decisões por nós. Nosso novo Panopticon poderá ser o Google Glass e poderemos todos nos tornar consumidores e cidadãos de "vidro", totalmente transparentes para todos a qualquer tempo.

A nova moeda da nossa sociedade de mercado são os dados pessoais. Empresas e governos hoje coletam, analisam e exploram quantidades cada vez maiores de dados, monitorando indivíduos através de tecnologias de sensoriamento sem fio e de imagens de satélites.[8] O crítico de tecnologia Evgeny Morozov afirma que a dataficação possibilita que as democracias reúnam tantos conhecimentos a respeito dos seus cidadãos que ela pode produzir "um artefato perfeito, altamente personalizado e irresistível para seus próprios interesses".[9] Pior ainda, à medida que nossos dados pessoais se transformam numa câmara de ativos a ser explorada, aquilo que anteriormente era de domínio público está hoje sendo regido por um poderoso grupo de empresas de tecnologia resolvendo problemas: "regulação algorítmica".[10] Essa tendência é mais comum em círculos de inovação de alta tecnologia do Vale do Silício onde "nerds alfa" são empreendedores glorificados e emergiram como a nova realeza. Com os problemas dos serviços básicos resolvidos, a urgência para melhorar outros aspectos do setor público decresce para esses ricos moradores em áreas urbanas. O mesmo se dá com a motivação deles para agir como cidadãos. A serendipidade e o atrito da vida pública – uma forte fonte de romance – correm o risco de ser eclipsados pela monocultura de soluções de tecnologias desenvolvidas em caráter privado.

Até mesmo a esfera mais privada de nossas vidas, o refúgio final da privacidade – nossos sonhos –, está hoje sob ataque, graças a um aplicativo móvel chamado Shadow, que permite que os usuários gravem seus sonhos depois de tê-los. Os sonhos são armazenados e analisados e a seguir agregados juntamente com os sonhos de milhares de outros usuários. O resultado poderá, um dia, ser uma vasta base de dados que permitirá uma análise íntima de sentimentos e a geração de modelos preditivos que irão projetar o que os usuários – e também a humanidade – irão sonhar. "Shadow" é um nome adequado, porque ter acesso aos nossos sonhos é como uma nuvem escura pairando sobre nossa soberania. E se nossos sonhos, nossas intimidades mais privadas, passarem a ser as mais públicas expressões de nós mesmos, pelas quais seremos responsáveis enquanto vivermos? E se nossos sonhos forem compartilhados, negociados ou mesmo "hackeados"? E se começarmos a lhes dar marcas registradas? A ideia de que nossos sonhos estão se transformando em commodities é o maior pesadelo do romântico.

O Shadow é o precursor de mais aplicativos de rastreamento que virão. Os sonhos são apenas uma parte da literatura universal que os apóstolos do Ego Quantificado querem estabelecer. Eles exigem que tudo que é sonhado seja analisado, que tudo que é escrito deva ser lido e que tudo que é dito deva ser ouvido. Em resumo: estão determinados a eliminar dúvidas. Contudo, como nos contou o escritor Graham Greene: "A dúvida está no cerne da questão."[11] Esse sentimento ecoa uma das mais poderosas ideias do Movimento Romântico: "capacidade negativa", definida em 1817 pelo poeta John Keats como a capacidade do homem para "estar em incertezas, mistérios, dúvidas, sem qualquer reação negativa *a posteriori*".[12] A dúvida é um pilar vital da nossa moralidade. "Abolida toda dúvida, o que resta não é fé, mas uma convicção absoluta e cruel", nas palavras do escritor Lesley Hazleton, a qual está a apenas um passo da "arrogância do fundamentalismo".[13]

A tecnologia de hoje chega até a prometer eliminar dúvidas a respeito do nosso futuro. A incessante coleta de metadados está ocupada criando compostos, gerando uma análise de nós mesmos que a mente individual não consegue mais compreender. Hoje nossa história faz parte de um grande enigma que opera com base no poder de agregação e análise preditiva. Esses metadados não são usados somente por empresas e anunciantes ansiosos por nos vender coisas; também são usados por empresas que fazem previsões a nosso respeito e também de nossas vidas sociais, consistentes com nossos comportamentos passados.

Para os românticos, tudo isso é inaceitável. É inaceitável armazenar e analisar nossos dados, construir gráficos sociais e ligar nossos rostos a anúncios, intrometer-se no "escape digital" de milhões de pessoas e para a cidadania delas ser julgada por engenheiros e desenvolvedores de software. É inaceitável não só porque viola nossos direitos como residentes de uma democracia, mas também porque o impulso para resolver problemas desses inovadores em tecnologia afeta o mistério, a confusão e a surpresa da vida – nossa visão do que *poderia* ser.

Tomadas de decisões baseadas em dados podem sugerir a solução mais eficiente e conveniente. Mas precisamos de mais – o caminho mais rápido para satisfazer uma necessidade ou encontrar uma resposta – para podermos criar empresas, produtos e serviços que sejam mais que simplesmente utilitários. Dados podem ser capazes de prever novos problemas ou encontrar novas soluções para problemas existentes, mas eles raramente imaginam soluções para problemas que ainda não existem. Somente a imaginação humana – e seu senso de espanto – pode exceder os limites de uma mera solução. Esse caráter exagerado é o que romance e inovação têm em comum. Ambos são um salto de fé – e um dom.

Como Românticos nos Negócios, celebramos a maneira pela qual os dados podem nos ajudar a contar novas histórias, aprender mais a nosso próprio respeito e nos conduzir a possibilidades e surpresas. Porém, somos contra a crença maníaca na doutrina dos dados. Nós, os românticos, sabemos que essa é apenas uma de muitas verdades. Por essa razão, nos revoltamos quando o mundo tenta nos retratar através de uma única lente narrativa. Somos muito mais do que nosso registro on-line, nossa influência nas redes sociais, nossos "*heat maps*" e "*trust scores*". Somos humanos porque somos imprevisíveis, porque não somos dignos de confiança. Nossa inconsistência – nossa capacidade e nosso desejo de mudar constantemente – está no centro de quem somos. Ela é a única maneira de evitar que nos tornemos ideólogos dos dados, de sermos fãs sem que nos tornemos fanáticos. Quando tudo estiver registrado, a tecnologia irá roubar "o romance das velhas conversas, a noção pitoresca de que algumas coisas ficam melhor esquecidas", como salienta o jornalista de tecnologia Quentin Hardy.[14] Ele liga o direito de esquecer à capacidade para recomeçar: "Aquele traço americano por excelência, a reinvenção de si mesmo, poderá ser ameaçado no mundo das documentações em áudio e vídeo e pela caça à verdade objetiva."

Numa época em que a transparência radical e a datafícação total são a norma, precisamos nos reinventar como "hackers românticos". Assim como engenheiros hackeiam para ajustar produtos, serviços ou empresas visando elevar seu valor, os Românticos nos Negócios podem usar técnicas de hackers como tentativa para aprofundar o significado de relacionamentos. Podemos redigir um código romântico que nos tire da uniformidade da racionalidade: um software que nos dê experiências erráticas e enfáticas de "alteralidade". Podemos construir, aplicar ou alterar a tecnologia digital para expandir o território além dos nossos mapas. Podemos criar "projetos contraditórios"[15] que questionem nossos valores e convicções, e podemos lançar serviços que perturbem nosso conceito de realidade. Não pretendemos tornar as coisas mais úteis, apenas mais belas. Não queremos respostas para todas as nossas perguntas, nem resolver todos os nossos problemas ou a cura para todas as nossas dores. Queremos apenas que todos tenham valor.

Assim é que, nesse ponto, nós, como românticos, nos tornamos ativistas públicos, ocupando nosso lugar entre otimismo tecnológico exuberante e economia objetiva, entre autoexpressão radical e o bem social. Precisamos criar avenidas alternativas de significado. Devemos subverter a sufocante vigilância da nossa época utilizando todos os instrumentos de nosso arsenal romântico. Com eles, podemos encabeçar campanhas românticas no trabalho e em nossas experiências com clientes, mas também no mundo em geral. Com nossos códigos secretos e pequenos atos de significância, podemos recuperar nossas narrativas e nosso caráter dos incessantes escribas de Big Data. Podemos empregar tecnologia digital para reescrever o mundo à nossa volta ou, no mínimo, lê-lo de uma forma diferente. Podemos trazer o atrito de volta para a colaboração harmoniosa. Podemos restaurar a dúvida numa vida de alfabetização universal e ambiguidade zero, numa sociedade que visa o conhecimento total.

Fechamos o círculo. Comecei este livro com o romance como uma tocha. No final, o romance está de novo iluminando o caminho. Em nossas experiências de trabalho e com clientes, ele está lançando sombras e criando profundidade. É um convite para ver a riqueza oculta em nossos escritórios, nossas feiras, lojas e em nossos relacionamentos. Quer você seja produtor ou consumidor, inovador ou administrador, líder, eremita, renegado ou soldado de infantaria, acenda sua tocha e lute pelo seu direito ao romance. Você não estará só. Vejamos o mundo dos negócios com novos olhos. Vamos iniciar um fogo no escuro, nos espaços entre nossas ocupadas idas e vindas. Vamos iniciar uma nova era romântica na qual ver, achar e criar algo maior que nós mesmos são assunto de todos.

APÊNDICE

O Kit Inicial do Romântico nos Negócios

Quer você seja um cínico pronto para ser convertido, um romântico que deseja se tornar um Romântico nos Negócios, um Romântico nos Negócios secreto ansioso por se revelar, ou um Romântico nos Negócios conhecido e comprometido que deseja reanimar seu espírito ou recrutar outros, os recursos, indicações e atividades a seguir irão apoiá-lo para começar (ou recomeçar). O romance, é claro, desafia medidas prescritivas; assim, considere este Kit Inicial uma fonte de inspiração e não um conjunto de ferramentas. Use-o como uma biblioteca que o ajude a se conectar não só com ideias românticas, mas também com outros Românticos nos Negócios no campo profissional. Você pode encontrar uma versão on-line constantemente atualizada, juntamente com o questionário do Romântico nos Negócios, em www.thebusiness-romantic.com. Espero que o kit se transforme numa plataforma aberta de Românticos nos Negócios para Românticos nos Negócios.

A playlist do Romântico nos Negócios

SYLVAIN CHAUVEAU *The Black Book of Capitalism*
Sylvain é um artista francês de música eletrônica e este trabalho de 2000 celebra meditações tiradas de diversos estilos. O título do álbum foi inspirado em *O livro negro do capitalismo,* um livro publicado na França [*Le Livre noir du capitalisme*] em 1998 em reação a *O livro negro do comunismo* (1997), e apresenta ensaios críticos de vários autores sobre o capitalismo.

É a trilha sonora perfeita para reflexão sobre sua vida profissional e sobre o sistema capitalista como um todo.

JONI MITCHELL *A Case of You*
Com sua letra enigmática e acordes sublimes, esta talvez seja a maior canção de amor já escrita. "A Case of You" é pragmática, agridoce, até sarcástica, mas ainda assim cheia de nostalgia. A versão cover pelo britânico James Blake também não é má.

THE SMITHS *Please, Please, Please Let Me Get What I Want This Time*
Esta não é a razão mais romântica pela qual compramos?

GUSTAV MAHLER *Sinfonia nº 5 em Dó Sustenido Menor, Adagietto*
O movimento adagietto tornou-se famoso através do filme *Morte em Veneza*, de Luchino Visconti, baseado na novela de Thomas Mann, e não perdeu nada da sua beleza agonizante. Com ternos acordes de harpa, a melodia parece vagar sem destino e expõe o ouvinte a um sentimento de suspensão permanente que somente é resolvido no final. O sentimento geral é de transcendentalidade e as instruções na partitura declaram, sem margem para dúvidas: "Principal emoção: amor."

ARMS AND SLEEPERS *Nostalgia for the Absolute*
Este álbum com título romântico do duo do Maine apresenta peças eletrônicas curtas de um a três minutos, inspiradas em filmes ou escritas para eles: "Lovers Arctic", "Croix Rouge", "Clayton", "Crash" etc. Cada faixa é como um momento fugaz de esplêndido isolamento, um vislumbre através de uma janela para um mundo de maravilhas. "Música de praia para tarde da noite", escreveu um crítico.[1]

THE BLACK DOG *Music for Real Airports*
Referenciando *Music for Airports*, o legendário álbum de Brian Eno de 1978, um clássico do gênero de música ambiente, o trio Black Dog capta as tristezas do homem de negócios que voa muito a serviço com este álbum de 2010. Ele é a trilha sonora das escalas em aeroportos, a terra de ninguém física e emocional por excelência. As faixas vão de "Terminal EMA", "DISinformation Desk", "Passport Control", "Wait Behind This Line" até "Empty Seat Calculations", "Strip Light Hate", "Future Delay

Thinking", "Lounge", "Delay 9" até "Sleep Deprivation 1" e "Sleep Deprivation 2", "He Knows" até, finalmente, "Business Car Park 9".

ARVO PÄRT *Cantus in Memory of Benjamin Britten*
Esta obra do compositor estoniano Arvo Pärt é uma manifestação de "saudade infinita". Um comentário de um aluno do ensino médio no YouTube diz tudo: "Normalmente, ninguém ouve realmente as peças musicais que nosso professor nos apresenta. Mas, desta vez, alguma coisa foi diferente. Todos ouviram. Ninguém falou. E depois, não conseguimos falar por meia hora."[2]

VAN MORRISON *Astral Weeks*
Esta obra-prima do cantor e compositor irlandês evoca William Blake e outros poetas românticos e apresenta a famosa frase "It ain't why, why, why; it just is". O destaque é "Beside You", uma ardente ode ao outro.

LEONARD COHEN *Paper Thin Hotel*
O bardo canadense descreve com detalhes a experiência de ouvir sua mulher fazer sexo com outro homem no quarto ao lado do hotel. É uma canção sobre amor, mas também a respeito de ouvir. Em meio à dor, Cohen cria um momento de autorrevelação, de libertação e transcendência: "You go to heaven once you've been to hell."

ARNOLD SCHOENBERG *Noite Transfigurada* [Verklärte Nacht]
Inspirado no poema do mesmo nome do poeta modernista alemão Richard Dehmel, este sexteto de cordas descreve o segredo sombrio que uma mulher divide com seu amante durante uma caminhada noturna: ela está grávida de outro homem. A composição de Schoenberg alonga os limites do romantismo tardio e invade o território cromático. A obra foi controversa não só devido a alguns versos sexualmente explícitos, mas também porque apresentava um acorde "inexistente", o misterioso "nono acorde invertido". Schoenberg comentou: "E assim a obra não pode ser executada, uma vez que não se pode apresentar aquilo que não existe."

T-BONE BURNETT *Every Little Thing*
O som acústico de Burnett talvez seja a versão mais ascética de "sofrer (um pouco)" em formato de canção. Sem expressar sentimentos, ele re-

gistra os aspectos agridoces de se ter muito em jogo: o amor tem consequências.

JACQUES BREL *Ne me quitte pas*
Esta é uma canção que você dá quando já deu tudo, o final perfeito depois de tudo acabado. Não há outra canção de amor tão vulnerável, sincera e tão isenta de ironia.

THE ROMANTICS *Talking in Your Sleep*
Chega uma hora em que manter segredos o faz ficar acordado à noite.

A filmografia Romântico nos Negócios

O ECLIPSE *(dirigido por Michelangelo Antonioni)*
Feito com o pano de fundo da Roma industrial de 1962, este filme seminal do diretor italiano Michelangelo Antonioni é uma meditação em forma de poema sobre a "doença moderna": as complicações de encontrar amor na era de uma sociedade de mercado racionalizada e mecanizada. Ele conta a história de uma mulher jovem e seu caso com um corretor de valores que é mais fixado em status material do que em prazeres românticos. Um dia o relacionamento termina em silêncio, quando nenhum dos dois aparece para um compromisso.

ENCONTROS E DESENCONTROS *(dirigido por Sofia Coppola)*
O filme de Sofia Coppola traduz os temas de Antonioni de alienação e desconexão com a era da informação. Um ator acabado conhece uma jovem mulher no hotel Park Hyatt de Tóquio e os dois começam um relacionamento que é romântico, sem chegar a ser físico. Eles estão perdidos na tradução, nos sentidos literal e metafórico; numa sociedade frenética e superconsumista, esse limbo é o único espaço que resta para emoções verdadeiras. Como em todas as boas histórias de amor, o final permanece aberto: quando os dois "amantes" se separam, ele murmura algo no ouvido dela, que se perde no ruído urbano de Tóquio. Até hoje, em meio a muita especulação, nem mesmo os melhores leitores de lábios conseguiram detectar o que ele disse a ela.

MAD MEN *(criado por Matthew Weiner)*
A premiada série de TV capta os dias gloriosos da publicidade na década de 1960 na Madison Avenue de Nova York. O protagonista Don Draper é o herói romântico por excelência, um personagem complexo e homem misterioso que busca conflito, emoção e perigo para curar uma "velha ferida". Mentiras, traição e muito consumo de álcool constituem os danos colaterais do total desejo por amor e identidade. Então e agora, o equilíbrio entre trabalho e vida pessoal parece uma ideia impossível, exceto que no mundo de *Mad Men* o desequilíbrio mantinha a promessa de um drinque, de vitórias rápidas e perdas profundas e outras aventuras românticas.

O PODEROSO CHEFÃO *(dirigido por Francis Ford Coppola)*
É cinismo considerar *O poderoso chefão* um dos filmes mais românticos de todos os tempos? Esta saga da Máfia afirma que nos negócios há muito mais em jogo do que apenas negócios. No final, trata-se de um jogo de soma zero, com o mesmo número de perdedores e ganhadores; mas o ganho material nunca é a única coisa importante para qualquer um dos jogadores. As ambições dos atuais "mestres do universo" em Wall Street e no Vale do Silício encolhem diante da busca absoluta dos sicilianos pela honra da família. Isso obviamente não pode justificar todos os meios, mas esse retrato íntimo da luta por algo maior, por um legado passado de uma geração a outra, bem como o exame que o filme faz das frágeis alegrias do poder, é uma instigante parábola a respeito da tênue linha entre romance e cinismo.

A PRINCESA E O PLEBEU *(dirigido por William Wyler)*
Este filme de 1953 é a mãe de todas as comédias românticas e um refrão agradável sobre quase todas as Regras de Encantamento. Um correspondente estrangeiro (Gregory Peck) conhece uma princesa (Audrey Hepburn) que fugiu da gaiola dourada da sua vida na realeza. Ele passa um dia divertido com ela em Roma, esperando vender a maior fofoca jornalística da sua vida. Inevitavelmente eles se apaixonam e ele acaba desistindo de seu plano, trocando dinheiro por romance (e insatisfação). A cena final, uma entrevista coletiva no Palazzo Colonna, é inesperada

e sutil: "Roma, sem discussão, Roma", murmura a princesa, violando o protocolo diplomático quando lhe perguntam a respeito da sua cidade favorita naquela viagem. O filme nega ao casal e aos espectadores um final feliz de conto de fadas – e o correspondente caminha lentamente para fora do palácio, completamente só.

O ÚLTIMO MAGNATA *(dirigido por Elia Kazan)*
Este filme de Elia Kazan de 1976, baseado numa novela inacabada de F. Scott Fitzgerald inspirada na vida do legendário produtor de Hollywood Irving Thalberg, relata a queda e a ascensão de um grande magnata do cinema (Robert De Niro). Seu poder desaparece quando ele, o homem com controle total, apaixona-se por uma jovem. O filme inclui a famosa cena em que De Niro ensina a um jovem roteirista com experiência em teatro como "fazer filmes" representando uma cena de filme em sua sala. No final, ele caminha para uma sala de produção escura e silenciosa, como Gregory Peck caminhou para fora do palácio em *A princesa e o plebeu*.

O SUSHI DOS SONHOS DE JIRO *(dirigido por David Gelb)*
Jiro One, o assunto deste documentário de 2011, é considerado por muitos o melhor sushiman do mundo, e seu restaurante, o Sukiyabashi Jiro, com dez lugares e localizado nos túneis do metrô de Tóquio, foi o primeiro da sua especialidade a receber as prestigiosas três estrelas do Guia Michelin. Jiro é muito meticuloso e exigente, raramente tira férias e trabalha das cinco da manhã até depois da meia-noite quase todos os dias nos últimos setenta anos. Um antigo aprendiz descreve Jiro através da palavra japonesa *shokunin*. Embora a palavra seja traduzida diretamente como "artesão", no Japão ela significa algo muito mais profundo, como explica o escultor Toshio Odate, "não só ter conhecimentos técnicos, mas também... uma atitude e consciência social... O *shokunin* tem a obrigação social de trabalhar da melhor maneira possível pelo bem-estar geral das pessoas. Sua obrigação é espiritual e também material, isto é: qualquer que seja o trabalho, a responsabilidade do *shokunin* é de satisfazer a exigência".[3]

CIDADÃO KANE *(dirigido por Orson Welles)*
"Rosebud" é a última palavra murmurada pelo personagem principal, o magnata dos jornais Charles Foster Kane (baseado em William Randolph Hearst) antes de sua morte. Um jornalista é posto no caso e ele tenta descobrir "o que ela significa", só para constatar que enfrenta uma tarefa impossível. O trenó de Kane, chamado Rosebud, lhe foi tirado quando ele foi separado da família ainda criança e enviado para um internato. O crítico de cinema Roger Ebert escreveu que *Cidadão Kane* explica o que é Rosebud, mas não o que isso *significa*.[4] Ele traça paralelos com outros momentos icônicos, "a luz verde no final do píer de Gatsby; o leopardo no topo do Kilimanjaro, buscando não se sabe o quê; o osso atirado no ar em *2001*; é aquela nostalgia depois da transitoriedade que os adultos aprendem a eliminar". "Talvez Rosebud fosse algo que não conseguia obter ou que perdeu", diz o repórter designado para o enigma da última palavra de Kane. "De qualquer maneira, não teria explicado nada." A obra-prima de Orson Welles é uma notável ilustração de nossa necessidade de explicação e da aspereza da nossa busca constantemente inútil para chegar a ela.

FITZCARRALDO *(dirigido por Werner Herzog)*
Herzog conta a história do excêntrico amante de óperas Brian Sweeney "Fitzcarraldo" Fitzgerald (desempenhado pelo legendário ator alemão Klaus Kinski), que está determinado a transportar um navio a vapor por cima de um monte íngreme no Amazonas para ter acesso a um território rico em borracha. É uma história de paixão ilimitada, um estudo do personagem de um romântico que dá tudo e não ganha nada.

ELA *(dirigido por Spike Jonze)*
Ela é um conto de fadas de ficção científica de 2013 que se passa em um futuro próximo, a respeito de se querer encontrar mais romance em nossas vidas hiperconectadas, mesmo que isso signifique apaixonar-se por um sistema operacional. Numa cena, "Samantha", o sistema operacional (SO), revela ao seu amante que está mantendo conversas ao mesmo tempo com 8.316 outros usuários e que, na verdade, está apaixonada por 641 deles. "Sou sua e não sou", diz ela a ele, em um código binário não

muito sutil. Para ela, isso não é problema: "O coração não é como uma caixa que se enche; ele cresce quanto mais você ama. Sou diferente de você. Isso não me faz amá-lo menos. De fato, me faz amá-lo ainda mais."

Lista de leitura do Romântico nos Negócios

F. SCOTT FITZGERALD *O grande Gatsby*
O clássico de Fitzgerald é o estudo do caráter de um homem que acumula riqueza material e influência social numa busca para encontrar o amor da sua vida. A novela identifica o fascínio e os perigos do sucesso, o poder da ilusão e o risco de se perder. O empreendimento de Gatsby é romance e seus meios são os de um golpista. No final ele fracassa, mas seu sonho permanece "incorruptível".

JULIO CORTÁZAR *Manuscrito achado num bolso*
Esta história do legendário escritor argentino é a mãe de todas as histórias de "conexão perdida". Ela conta o destino de um homem possuído pela lembrança de uma mulher que ele viu uma vez em um trem. Ele passa o resto da vida buscando por ela, assombrado por um sentimento de saudade perpétua.

PETER DRUCKER *O essencial de Drucker*
Peter Drucker, que morreu em 2005, é amplamente considerado o padrinho da moderna teoria de administração; de fato, ele poderia ter sido o primeiro a considerar a administração uma arte. Desenvolveu o conceito de empresa movida por objetivo, adotou a importância de valores e, como homem do Renascimento que era, insistiu em ligar a administração às humanidades. Pode parecer um exagero considerá-lo um Romântico nos Negócios, mas vamos dizer apenas que ele é aparentado e que seu trabalho é tão relevante hoje quanto sempre foi. Quando estudei administração, ler Drucker acalmava minha alma; sua voz soava humana e cordial em meio à fria lógica da corporação. Ele criou a expressão "trabalhador do conhecimento" e proclamou "o fim do homem econômico" muito antes de os outros verem falhas na teoria neoclássica e na empresa dedicada somente ao lucro. Drucker anunciou a possibilidade

e a responsabilidade da corporação moderna para construir comunidades e criar significado. Muitas das suas citações passaram a fazer parte da sabedoria comum: "Gerenciar é fazer as coisas da maneira certa; liderar é fazer as coisas certas."... "Se você quer uma coisa nova, pare de fazer uma coisa velha."... "A melhor maneira de prever seu futuro é criá-lo." Minha frase favorita de Drucker é menos conhecida: "Grande parte daquilo que chamamos de administração consiste em tornar difícil que as pessoas trabalhem."

WALTER ISAACSON *Steve Jobs – A biografia*
Ele é o exemplo óbvio, mas teria sido uma grave omissão deixá-lo de fora: Steve Jobs, cofundador e antigo presidente do conselho e CEO da Apple, permanece como o arquétipo do Romântico nos Negócios – ousado, persistente, sempre em busca de alguma coisa maior que ele mesmo. A biografia de Walter Isaacson retrata os lados brilhante e sombrio de Jobs. Obsessivo com detalhes, Jobs sabia que o interior das coisas, a alma dos dispositivos, importava mais que a funcionalidade pura, e sua luta constante pela beleza e pela perfeição emanava do desejo de humanizar a tecnologia e trazer magia e romance de volta ao lançamento de novos produtos. Tal como Howard Hughes, era um homem de mistérios e um mestre em jogar com os conceitos de presença e ausência; Jobs usava seu "campo de distorção da realidade" para desviar negativistas e pragmáticos. Ele era um tolo que via o mundo não como ele é, mas como *poderia ser* – e certamente viveu de acordo com sua promessa: "Real artists ship."

ALAIN DE BOTTON *Os prazeres e desprazeres do trabalho*
O conhecido filósofo suíço-britânico examina o local de trabalho moderno e sua pretensão de servir como principal fonte de significado em dez fotos em estilo jornalístico de diferentes profissionais e profissões, de uma fábrica de biscoitos na Bélgica à sede impessoal de uma das maiores firmas de contabilidade do mundo. De Botton afirma que um trabalho tem significado "sempre que nos permite gerar prazer ou reduzir o sofrimento dos outros". Mas ele sabe como isso é difícil de conseguir: "Certamente é significativo o fato de os adultos apresentados em livros

infantis serem raramente gerentes regionais de vendas ou engenheiros de serviços de construção."

JOHAN WOLFGANG VON GOETHE *Os sofrimentos do jovem Werther*
Gostaria de tê-lo lido. E espero que você o faça. Embora possa ser embaraçoso admitir que nunca tive este livro em minhas mãos, digo a mim mesmo que há algo de romântico a respeito da perspectiva de vir a lê-lo um dia.

HERMAN MELVILLE *Moby Dick*
O monomaníaco Capitão Ahab torna-se totalmente absorvido por uma única missão: a caça a Moby Dick, a "grande baleia branca", para vingar-se pela perna que ela tirou dele. Abandonando toda razão, Ahab lentamente abre mão da sua humanidade, da capacidade de se relacionar com seres humanos e sentir empatia por colegas. Esta grande novela americana descreve o lado sombrio do romântico: o perigo de perder-se numa busca para captar o transcendente: "Isto não está em meu mapa; lugares de verdade nunca estão."

ADAM PHILLIPS *Missing Out: In Praise of the Unlived Life*
Este livro denso tem um grande argumento – que deveríamos passar nosso tempo vivendo a vida que temos, em vez de aspirar àquela que desejamos ter – e depois passa as páginas restantes revisitando-o, sem nunca tornar-se tedioso. O livro está repleto de citações tão agudas que em geral não exigem muitas explicações ou comentários. Pense nele como uma conversa altamente eloquente consigo mesmo. Phillips, que é psicólogo, observa que "passamos grande parte de nossas vidas tentando encontrar e dar a razão pela qual nossas outras vidas não foram possíveis. E aquilo que não foi possível torna-se facilmente a história de nossas vidas". Adequadamente, o livro contém capítulos "Sobre Frustração" e "Sobre Não Conseguir Aquilo", analisando a falta de (auto)atualização, compreensão e satisfação. Na era do capitalismo de consumo, escreve Phillips, conhecer a si mesmo significa "simplesmente saber o que queremos ter". Ele nos deixa com esperança: nossas frustrações podem ser pontos de toque com o mundo mais importantes do que nossos desejos.

MAX FRISCH *Homo Faber*

Este livro do autor suíço Max Frisch é a história do engenheiro Walter Faber, um homem que, "como todo homem de verdade... vive em seu trabalho". Ele resume a definição antropológica do *homo faber*, o "homem trabalhador", em oposição ao *homo ludens*, o "homem que brinca", que prospera com entretenimento, humor e lazer. Para Faber, somente existe o que é tangível, calculável, quantificável e verificável. Porém, através de uma tempestade perfeita de forças incontroláveis, de repente ele se vê enfrentando emoções que questionam sua longamente cultivada visão racional do mundo. Faber conhece uma jovem, Sabeth, por quem se sente estranhamente atraído, descobrindo tarde demais que ela é sua filha. Hanna, a mãe de Sabeth, caracteriza de forma pungente a obsessão de Faber por tecnologia: "Tecnologia é o jeito de arranjar o mundo de forma que não tenhamos que experimentá-lo." Como avatar dessa visão do mundo, Faber é contrário e até imune à ideia de experiência. Ele é ainda mais avesso à perda de controle, inclusive à morte, a mais extrema submissão da vida. Faber está muito consciente disto: "Os povos primitivos tentaram anular a morte retratando o corpo humano – fazemos isso encontrando substitutos para o corpo. Tecnologia em vez de misticismo!" Faber é o antirromântico que precisa ter o coração partido pelo seu próprio sangue para poder começar a realmente valorizar as dimensões que havia excluído da sua vida. Através da experiência de intensidade e dor, ele, metaforicamente um cego, aprende a ver.

LESZEK KOLAKOWSKI *"In Praise of Inconsistency"*

Neste ensaio de 1992, o filósofo polonês Leszek Kolakowski anuncia a inconsistência como um direito humano básico e insiste na natureza essencialmente inquantificável dos seres humanos. De fato, ele acredita que a inconsistência é vital para a integridade moral das sociedades: "Na prática, a consistência total equivale ao fanatismo, ao passo que a inconsistência é a fonte da tolerância." Assim, ele conclui: "A humanidade só sobreviveu graças à inconsistência."

MARK EDMUNDSON *Why Teach? In Defense of a Real Education*
Este professor e autor anglo-americano é um dos mais ardentes defensores das humanidades e um observador agudo de "nativos digitais". Seu argumento a favor das artes liberais é romântico: "O major inglês lê porque, por mais rica que possa ser sua vida, uma vida não basta." Edmundson vê o ensino como um apelo no qual as "almas" dos alunos estão em jogo, como um esforço urgente para ajudá-los a repensar quem são e quem poderão vir a ser. Ele acredita que os grandes professores podem "romper a concha da convenção", lançando luz sobre "as diferentes perspectivas da vida". Em vez de "conversão", eles perseguem aquilo que Ralph Waldo Emerson chamou de "aversão" – sacudindo a conformidade para descobrir possibilidade. Em resposta às expectativas das empresas, a principal missão de muitas escolas é educar para "empregabilidade", mas quando o ensino se transforma em treinamento e aulas "incubadoras", então a experiência transformadora de "adensar a vida" que Edmundson quer da educação se dissipa e as escolas podem acabar propagando um estilo de vida cibernético – tornar-se o mais parecido possível com uma máquina.

DAVID FOSTER WALLACE *Discurso de formatura, Kenyon College, 2005*
O hoje legendário discurso do falecido escritor sobre o valor e a virtude de uma educação em artes liberais, popularizado através da sua versão em vídeo intitulada *This Is Water*, é um lembrete apaixonado e lúcido da dolorosa beleza de uma vida comum – e da compaixão que ela requer: "A espécie de liberdade realmente importante envolve atenção, consciência e disciplina, e ser realmente capaz de cuidar de outras pessoas e sacrificar-se por elas repetidamente em milhares de maneiras todos os dias." Isso não tem "quase nada a ver com conhecimento", afirma ele, e "tudo a ver com simples consciência."

LESLIE JAMISON *In Defense of Saccharin(e)*
O ensaio de Jamison disseca o sentimentalismo examinando o mundo dos adoçantes artificiais, como o nosso "temor mais doce"; de fato, seu

próprio medo do sentimentalismo – "o luxo de uma emoção sem pagar por ela" (Oscar Wilde) – como a revelação à espreita de que a vida sem "sacarina" pode não ser tão doce quanto se deseja. Ela revela a banalidade do kitsch como o horror da nossa própria banalidade, nosso medo de não sermos distintos uns dos outros, de termos os mesmos sentimentos, como os cães de Pavlov. Contudo, examinando o mundo de adoçantes artificiais, "luas de mel", cafés com leite com "açúcar demais", nomes afetuosos como "docinho", romances vulgares e outras obras lacrimosas, Jamison insiste na "fé de que existe alguma coisa profunda numa única nota de mel".

WILLIAM DERESIEWICZ *Discurso de formatura, Academia Militar de West Point, EUA, 2009*

Os graduados em 2009 da academia militar de elite devem ter ficado surpresos quando souberam a respeito do assunto do discurso de formatura: "solidão e liderança" constituem um par improvável, em especial no contexto de liderança militar. Deresiewicz conduz sua audiência a uma jornada ao "coração da escuridão" e explica por que a capacidade para pensar sozinho é crucial para qualquer líder. Ele aponta para uma "crise de liderança" e a lamenta como uma crise de pensamento, na verdade uma carência de pensadores: "Pessoas que podem pensar por si mesmas, que podem formular uma nova direção: para o país, uma corporação ou faculdade, para o Exército – uma nova maneira de fazer coisas, de olhar para elas. Em outras palavras, pessoas com *visão.*" Essa visão não provém da imersão constante em informações. Provém de uma verdadeira reflexão, de se desacelerar. Um pensador é uma pessoa para quem pensar é mais difícil do que para outras pessoas, afirma ele, parafraseando palavras de Thomas Mann, que disse algo semelhante a respeito de escritores.

GEORGE SAUNDERS *Discurso de convocação, Universidade de Syracuse, 2013*

Neste discurso ao mesmo tempo sincero e espirituoso, o escritor George Saunders discute o conceito de "sucesso" e admite que aquilo que mais lamenta na sua vida são "fracassos de bondade". A razão é simples: "Em sua vida, de quem você se lembra com mais carinho, com mais sentimentos de cordialidade? Certamente das pessoas que foram mais bondosas com você." Para Saunders, a ideia de uma vida boa é sinônimo de uma forma expansiva de bondade: alguns chamam isso de amor. Ele afirma que as pessoas, em sua maioria, tornam-se menos egoístas e mais amorosas com a idade. Ele cita o poeta Hayden Carruth que, num poema escrito perto do fim da sua vida, escreveu que ele era "quase só amor".

Os destinos do Romântico nos Negócios

BURNING MAN *Deserto de Black Rock, Nevada*
Todos os anos, mais de 50 mil pessoas – também chamadas de "Burners" – embarcam na peregrinação até o deserto de Black Rock em Nevada para um experimento de uma semana em autoexpressão radical, autoconfiança e arte. Burning Man é a mais genuína manifestação da economia de doação e um ato dionisíaco de transformação. O evento atinge seu clímax com a queima ritual de uma grande efígie de madeira. Os dez princípios do Burning Man incluem doação, decomoditização e urgência; o Romântico nos Negócios encontra causas comuns em quase todos eles.

MLOVE *Sul de Berlim, Alemanha, e Monterey, Califórnia*
Criado pelo empreendedor alemão Harald Neidhardt, o Mlove ConFestival, com eventos anuais num castelo ao sul de Berlim e em Monterey, provê uma comunidade eclética de mentes de negócios curiosas das indústrias de tecnologia, mídia e entretenimento com um fórum íntimo para um intercâmbio. Hoje em seu sexto ano, o festival mudou gradualmente seu foco de "M-obile" [Móvel] para "M-eaning" [Significado] e tanto os palestrantes como os participantes conseguem superar o vazio entre questões práticas da indústria e grandes questões filosóficas. MLove é um misto de acampamento, expedição de aprendizado, casamento de fim de semana e conferência de negócios: romântico e pragmático ao mesmo tempo – o evento Romântico nos Negócios por excelência.

HOW THE LIGHT GETS IN *Hay-on-Wye, Inglaterra*

O maior festival de filosofia e música do mundo tem lugar na "cidade dos livros": Hay-on-Wye, Inglaterra. Filósofos, escritores, poetas, artistas e alguns líderes empresariais discutem tópicos como "Por Que Existe Algo em Vez de Nada?", "Em Busca do Tempo Perdido" e "Os Limites da Lógica" durante o dia e, à noite, atiram fora suas grandes ideias e seus pensamentos profundos em festas divertidas. Em 2014, um painel debateu os prós e contras do ideal romântico de amor: "Poderíamos ter vidas mais completas se abríssemos mão de buscar esse ideal romântico, ou será que ele ainda nos oferece a mais excitante aventura de nossas vidas?" É difícil imaginar que algum participante do evento prefira a primeira alternativa.

GRIFFITH PARK OBSERVATORY *Hollywood*

Localizado nas proximidades de Hollywood, este observatório reaberto recentemente tornou-se famoso através do clássico filme de Nicholas Ray *Juventude transviada* e oferece uma das mais belas vistas panorâmicas de Los Angeles, do centro da cidade até o oceano Pacífico. Não é tarefa fácil encontrar serenidade na área urbana da cidade, mas ficar no terraço, no alto, faz você ascender acima daquele mercado persa.

ESTÁDIO CAMP NOU *Barcelona*

Assistir a uma partida de futebol nesse estádio de 100 mil lugares, a sede do FC Barcelona, ou Barça, é como ir à ópera. Antes de cada jogo, o hino do Barça é cantado pela multidão e, aos 17 minutos e 14 segundos de jogo, os fãs começam a gritar "independência!" em reconhecimento ao fim da independência catalã em 1714. Porém, em contraste com outras catedrais do futebol, os gritos não são muito altos e é palpável certo distanciamento nas arquibancadas. Não se trata de diversão, mas de arte; e os conhecedores ocasionalmente aplaudem um passe notavelmente elegante, mas na maior parte do tempo apenas ficam sentados apreciando o espetáculo. Como a maioria dos românticos, os jogadores do Barça se esforçam, mas seu esforço nunca se evidencia.

Itens de ação dos Românticos nos Negócios

FIQUE CONHECIDO COMO ROMÂNTICO NOS NEGÓCIOS

Se você sentir que o local de trabalho ou uma marca não atende a toda a gama de suas necessidades espirituais, emocionais e intelectuais, está na hora de ser conhecido como Romântico nos Negócios. É imperativo que você não confesse simplesmente (por exemplo, não comece a conversa declarando que acha que o seu local de trabalho ou uma marca pode não ser "suficientemente romântico"; também abstenha-se de convidar seu chefe para um jantar à luz de velas). Você pode começar enviando sinais sutis; toque sua música favorita (ou a playlist do Romântico nos Negócios) nos alto-falantes do escritório. Surpreenda seus colegas e amigos com uma referência a um escritor ou a um filme romântico. Conte-lhes a respeito de um momento no trabalho ou de uma experiência com um cliente que, apesar de parecer pequena e fugaz, foi muito importante para você. E, é claro, você pode simplesmente deixar um exemplar deste livro sobre a mesa de alguém. Um dia essa pessoa chegará perto de você com um sorriso de reconhecimento: "Eu sabia!"

IDENTIFIQUE OUTROS ROMÂNTICOS NOS NEGÓCIOS

Procure por pistas sutis, geralmente não verbais. O interesse expresso por artes liberais costuma ser um bom sinal. Generosidade e uma paixão além do trabalho também. Você pode identificar uma aura de sigilo, um comportamento irracional, uma atenção excessiva a detalhes e outras esquisitices. Quando estiver seguro de que achou outro Romântico nos Negócios, não diga nada. Tudo cairá no lugar.

MARQUE UM ENCONTRO DE NEGÓCIOS COM OUTRO ROMÂNTICO NOS NEGÓCIOS

Uma vez reconhecido como Romântico nos Negócios e tendo identificado outros Românticos nos Negócios dentro ou fora da sua organização, isso será fácil. Vocês têm muito a respeito de que falar. Certifique-se apenas de não compartilhar demais para manter a mística. Corações partidos permanecem no armário. Ninguém quer ouvir a respeito de relacionamentos ou casos do passado. A confiança pode ser construída através de um portfólio; o apego não. Não se trata do que vocês fizeram, mas do que querem fazer juntos.

MARQUE UM ENCONTRO DE NEGÓCIOS COM UM CÍNICO NOS NEGÓCIOS

Este é mais difícil, porque muitos cínicos são, secretamente, românticos. Assim, verifique bem antes de se aproximar. Uma vez que tenha certeza de que a pessoa é um cínico verdadeiro, começa o divertimento. No jantar, aqueça-o(a) com casos pessoais, a seguir procure chocá-lo com alguma poesia antes de lhe confiar um segredo que você não revelou a ninguém. Isso irá quebrar o gelo. Pergunte-lhe sobre o momento em que ele(a) sentiu-se mais vivo(a). Pergunte do que tem medo e por quê. E então, apenas escute.

FINJA SER UM ROMÂNTICO NOS NEGÓCIOS

Quer ser super-herói por um dia? Seja um Romântico nos Negócios! Entre na pele e na psique do seu alter ego e incorpore as Regras de Encantamento do Romântico nos Negócios só para se divertir, só por uma semana ou mesmo um dia. Seja um eremita, um rebelde, um contestador, um poeta. Seja um estranho para si mesmo. As máscaras nos transformam e você pode fingir até se tornar aquilo que finge ser!

INICIE UM PROJETO SECRETO (SEM RAZÃO)

Convoque uma reunião, de preferência fora da empresa, e convide um pequeno grupo de colegas. Não revele a razão da reunião e, mesmo se vocês encontrarem, não finja que existe uma. Diga-lhes apenas que gostaria de colaborar com eles em um projeto que irá "acrescentar valor à empresa e levar os negócios para adiante". A seguir, passe toda a primeira reunião explorando em conjunto o que poderá ser o projeto. É um pouco parecido com a peça *Seis personagens em busca de um autor*, de Pirandello, exceto pelo fato de vocês estarem em busca de um projeto. Fácil!

USE O ANÚNCIO DE EMPREGO DO ROMÂNTICO NOS NEGÓCIOS

Incorpore gradualmente elementos da descrição do Romântico nos Negócios em cada um dos seus novos anúncios de emprego; use isso para contratar pessoas para qualquer posição; finalmente, contrate um Romântico nos Negócios em tempo integral. E depois toda uma equipe Romântica nos Negócios!

ORGANIZE UM JANTAR DE ROMÂNTICOS NOS NEGÓCIOS

Um jantar é a maneira mais simpática e adequada para se conectar com outros Românticos nos Negócios. Não precisa ser um jantar à luz de velas, mas um local íntimo com iluminação suave e silêncio certamente ajuda. Limite o número de convidados a quinze. É difícil, se não impossível, manter conversas íntimas com mais de quinze pessoas ao redor de uma mesa. Convide um grupo diversificado, por antecedentes e por personalidade (por exemplo, você não quer somente "donos da conversa", mas certamente precisa de alguns para manter o fluxo em andamento). Envie convites impressos (eles fazem com que todos sintam-se especiais e comunicam que o não comparecimento irá significar culpa pelo resto da vida) e escolha um assunto direta ou indiretamente ligado a Romance nos Negócios. Crie um arranjo de lugares. Parte do seu papel como anfitrião é certificar-se de que seus convidados estão em boa companhia. Eles confiam em que você irá achar o vizinho certo para cada um; assim, não fuja dessa responsabilidade. Dê atenção a todos. Faça com que sorriam, por mais sério que seja o assunto. Divirta-se!

ORGANIZE ALMOÇOS ROMÂNTICOS NOS NEGÓCIOS COM SEUS COLEGAS DE TRABALHO, SÓCIOS OU CLIENTES

Planeje pequenos almoços em torno de um assunto Romântico nos Negócios e convide um pequeno grupo de colegas, sócios ou clientes. Mantenha tudo pessoal e faça perguntas específicas, como por exemplo: "Qual foi o momento mais romântico da sua vida e por quê? O que sua empresa pode aprender com ele?" Discuta o que significa ter uma relação romântica com o trabalho ou com uma marca. Faça acompanhamento com uma nota por escrito. Faça isso de novo.

ASSUMA AS GRANDES PERGUNTAS

Queremos viver numa sociedade Romântica nos Negócios? Em que ela se diferencia de uma sociedade romântica? Até que ponto queremos que essa sociedade seja grande e inclusiva? Com quanto romance uma sociedade próspera pode lidar? Como você projetaria uma sociedade romântica e suas comunidades (lares, campi, cidades e locais de trabalho)? Quais são as políticas que apoiam e informam uma cidadania mais romântica? Ou será que elas irão sufocá-la? Você consegue imaginar leis e governos românticos? Qual será a aparência da cidade Romântica nos Negócios? Parecida com uma cidade romântica estereotipada – Roma, Paris? Ou com Dacar, Bogotá, Detroit ou Columbus, Ohio? O Romance nos Negócios é possível em subúrbios, pequenas cidades e no campo? Essas e outras perguntas constituem tópicos perfeitos para os almoços e jantares Românticos nos Negócios ou outros eventos afins.

MANTENHA UM DIÁRIO DAS MARCAS QUE FAZEM SEU DIA

Do sorriso do barista do Starbucks pela manhã até o check-in perfeito da Lufthansa ao comercial da Volkswagen que o faz rir na sala à noite: homenageie os produtos e serviços que o fazem querer mais.

MANTENHA UM REGISTRO DAQUILO
QUE VOCÊ DEIXA DE ATINGIR TODO ANO

Anuncie isso na festa de fim de ano da sua empresa e comemore com um brinde.

CONTRABANDEIE UM ELEMENTO ROMÂNTICO
PARA DENTRO DE UM MATERIAL PADRÃO

Pode ser um tema visual, um verso de um poema ou simplesmente uma linguagem que abra espaço para ambiguidade e mistério quando menos se espera. Relatórios anuais são publicações adequadas, assim como folhetos de vendas.

FAÇA UMA LISTA DOS SEUS AMORES SECRETOS

Mantenha-a em lugar seguro e não diga uma palavra a ninguém.

CONVIDE UMA PESSOA COM QUEM QUER FAZER NEGÓCIOS PARA ENCONTRAR-SE COM VOCÊ EM 1º DE ABRIL TODOS OS ANOS (EM LOCAL NÃO REVELADO)

Este é um formato romântico clássico, popularizado por filmes como *Antes do pôr do sol*. A data de 1º de abril eleva as apostas. Será que eles irão aparecer novamente (muitas vezes)?

ORGANIZE O PRÊMIO ROMÂNTICO NOS NEGÓCIOS

Convide os colegas para uma cerimônia na qual você premia os maiores Românticos nos Negócios da sua empresa – uma vez por ano, todo trimestre ou talvez todos os meses.

MATRICULE-SE NA ESCOLA ROMÂNTICA NOS NEGÓCIOS – OU COMECE UMA!

Uma universidade para estudantes, para quem aprender é a descoberta e não o avanço de si mesmo, a Escola Romântica de Administração ensina uma abordagem romântica aos negócios e cultiva investigação e rebelião em vez de ambição e conformidade. Ela confronta-o com os mais altos e os mais baixos, os mais privados e os mais públicos aspectos de se fazer negócios. Experiências cuidadosamente planejadas de atrito, on-line e off-line, substituem o aprendizado sem atrito. A escola não tem uma localização permanente, nem reitor, e somente professores convidados. Os alunos são professores, e os professores são alunos. Cada um conta histórias de sua carreira, seus momentos seminais, suas experiências românticas, dicas e truques, aspectos práticos, o que fazer e o que não fazer, vitórias e derrotas, momentos de vulnerabilidade, expressão, amizade e amor. As "aulas" podem ter lugar ao redor de uma mesa de jantar, em excursões ou em "encontros cegos" com outros românticos.

A escola ensina-lhe a respeito dos benefícios da opacidade, do mistério e do sigilo, e como construir uma carreira de satisfação sobre os méritos da insatisfação permanente. Uma noite você verá um filme de Antonioni que "explora as condições da vida moderna nos contornos dos negócios", outra noite aprenderá como terminar projetos, empregos e relacionamentos com elegância e humildade. Você irá se preparar para o primeiro e o último dia no emprego. Irá praticar generosidade e dedicar tempo à bondade de estranhos. Você aprenderá a reconhecer os custos ocultos de negócios não românticos e a dar valor aos tesouros ocultos dos negócios românticos. Mais tempo criando um plano B secreto do que um plano A óbvio, e aprenderá como gozar momentos de significado e beleza sem necessidade de monetizá-los. Você irá reaprender a escrever cartas em manuscrito e memorandos sinceros, e como ler entre as linhas do jargão corporativo. Irá realizar pesquisas de clientes e mostrar os resultados em museus dedicados aos seus assuntos. Aprenderá a ser irracional e razoavelmente tolo. Irá descobrir a respeito dos seus pontos cegos e como apaixonar-se e desapaixonar-se por causa deles. Irá praticar a arte de nada fazer simplesmente ficando imóvel. Irá aprender todas as coisas que não aprende na escola de administração tradicional, mas que são críticas para se ter uma vida mais rica e significativa, mais romântica, nos negócios; todas as coisas que não constam do seu currículo, mas oferecem a possibilidade de ter uma segunda vida, mais rica, nos negócios.

ENTRE PARA A SOCIEDADE DOS ROMÂNTICOS NOS NEGÓCIOS
Esta sociedade não é uma organização formal – é uma rede secreta de pessoas com mentalidades semelhantes em todo o mundo, que se reúnem de forma permanente em jantares Românticos nos Negócios, trocam "histórias de amor" e discutem as melhores práticas. Haverá uma excursão anual. Contudo, você precisa ser convidado. Estou em tim@thebusinessromantic.com. Mande um e-mail para mim.

AGRADECIMENTOS

Minha experiência favorita no cinema é aquele último momento em que a tela fica escura e os créditos passam ao som do tema musical final. Com os olhos ainda radiantes, as luzes ainda apagadas, o público silencioso dá a si mesmo a permissão para falar novamente, compreendendo lentamente ao que assistiu. É quando eu frequentemente decido se gostei ou não do filme. Quando tudo foi dito e feito, é fácil romantizar.

Assim, aqui estão meus créditos, o momento pelo qual venho esperando. Quando os estava escrevendo, ocorreu-me que eles poderiam nos ser úteis – como trabalhadores, consumidores e cidadãos – para iniciar cada projeto, cada mandato, cada empreendimento com um esboço de agradecimentos, ponderando a pergunta: "No fim, a quem você gostaria de agradecer e por quê?", em vez de "O que você gostaria de ter realizado?" Isso irá melhorar nossa humildade, nossa capacidade para estimar nossa própria posição no mundo de forma mais realista. E também irá trazer para a frente o capital social gerado por qualquer esforço de trabalho colaborativo como o supremo retorno sobre o investimento, como empreendimento exploratório, não explorador: a espécie de "troca simpática" citada pelo filósofo Robert C. Solomon. É disso que este livro – qualquer livro – trata: um empreendimento romântico em si mesmo, a prova viva de que o verdadeiro romance é possível dentro das condições da sociedade de mercado.

É bom saber que você não está sozinho. Acho que se tornou um clichê declarar que um livro é um esforço em equipe. Mas é verdade. É uma das muitas coisas que este projeto me ensinou e trouxe para minha vida. *Romantize seus Negócios* era inicialmente um caso romântico, frágil, instável e, como todos os empreendimentos românticos, extremamente vulnerável, mas, com cada novo colaborador, ele gradualmente evoluiu para algo maior: A Sociedade dos Românticos nos Negócios, uma tribo nem tão secreta, uma coletividade de espíritos afins.

Tudo começou com um ensaio que escrevi para uma revista em 2009, sobre a nova "economia com significado" e as empresas como "árbitros de significado". Mas precisei de mais alguns anos e da ajuda de Priya Parker para compreender que este assunto era mais que um projeto de paixão: era a causa pela qual valia a pena eu lutar. Conheci Priya num jantar em Nova York em 2012 e, graças aos dois laboratórios de visão que ela fez comigo naquele verão, a ideia do livro solidificou-se.

Priya também concebeu e organizou um Inner Circle Lab em Munique em janeiro de 2013, no qual apresentei meu conceito inicial para o livro a um pequeno grupo de escritores e amigos, denominado extraoficialmente "A Turma do Significado": Markus Albers, Gianfranco Chicco, Alexa Clay, Maggie De Pree, Malvina Goldfeld, John Havens, Andrian Kreye, Alan Moore, Ximo Peris, Navi Radjou e Sagarika Sundaram. Obrigado por estarem lá do início ao fim, por sua ajuda e seu suporte, suas críticas honestas e ideias. Amo vocês! E obrigado a você, Priya, por conseguir o espaço para nós, sua orientação e sua amizade.

Além disso, gostaria de agradecer a:

Seth Matlins – pelo romance sobre o diretor de marketing e as generosas introduções para uma rede secreta de Românticos nos Negócios.

Ernest Beck – pelo severo amor na edição.

Bruno Giussani, Liba Rubenstein, Angie Lee, Meghan O'Rourke, Jerri Chou, Chris Muscarella, June Cohen, Mark Barden, Kevin McSpadden, Tex Drieschner, David Naylor, Joseph Newfield, Liz Kelly, Emily Chong, Adam Richardson, Evan Selinger, Laura Gamse, Kal Patel, Liz Maw, Brian Behlendorf, Axelle Tessandier, Erica Williams, Niels Harper, Amy Lazarus, Matt Lerner, Harald Neidhardt, Rimjhim Dey, Christian Madsbjerg, Laura Galloway, George Bennett, Elyssa Dole, Kevin O'Malley, Christie Dames, Anand Ghiridharadas, Ansgar Oberholz, Nora Abousteit, Morgan Spurlock e Dev Patnaik: por me direcionarem para as pessoas certas, dividirem comigo suas histórias, pelas conversas inspiradoras e por editarem minhas ideias cruas.

Gianpiero Petriglieri e David Kim por me fazerem cavar mais fundo.

Meus colegas membros do WEF Values Council por moldarem meu modo de pensar e pelos muitos debates a respeito de empresas e seu papel na sociedade, em particular Jim Wallis, Stewart Wallis, Michael Gerson, Daniel Malan, Michèle Mischler e Daniel Shapiro.

Meus amigos na Alemanha: Julian de Grahl, Niki Hauser, Benjamin Schlez (um dia teremos nossa própria compilação de músicas), Matthias Braun, Jakob Hesler, Lars Precht, Saskia Rettig, Sascha Seifert, Nicole Ackrermann, Carmen "Citi" Stephan, Fredy Osterberger, Martin Zünkeler e Stephan Trüby por interagirem comigo, ouvindo e dando conselhos quando era o caso.

Wolfram Knöringer por ser um fã deste projeto e da vida em geral.

Till Grusche por todo incentivo e apoio; e os muitos bons momentos na Frog Design, no Martha's, na TED Salons e em bares, no estádio de futebol, na quadra de tênis e além.

Doreen Lorenzo por ser, por muito tempo, uma líder destemida e por permitir que eu embarcasse neste projeto.

Meus ex-colegas na Frog: Andrea Bebber, Jan Chipchase, Ravi Chhatpar, Sally Dang, Robert Fabricant, Jaleen Francois, Mark Gauger, Eric Hummel, Cyrus Ikpachi, Reena Jana, Kristina Loring, Marie Lozano, Sam Martin, Sara Munday, Chloe Ng, Mark Rolston, Fabio Sergio, Kate Swann, Christian Schluender e os muitos outros que me ajudaram a nadar no lago.

Niklas Hofmann pela excelente tradução para o alemão, e Melanie von Marschalck, Nadine Oberhuber, Jana Gioia Baurmann, Julia Mooney e Daniel Haas por fazerem parte desta jornada.

Darius Ramazani pelas fotos dos primeiros anos.

Beowulf Sheehan pela foto romântica e um dia perfeito em San Francisco.

Megan Lynch pela direção de arte e pelo desenho em todos os canais.

Brian Harris por todo o desenvolvimento na web.

Mark Fortier e Norbert Beatty da Fortier PR por espalharem a mensagem.

Zoe Bohm, meu editor na Little, Brown no Reino Unido, bem como Sarah Shea e Clara Diaz em marketing/PR; Margit Ketterle e Thomas Tilcher na Droemer Knaur na Alemanha, e a equipe de marketing PR deles: Esther von Bruchhausen, Harriet von Stauffenberg e Christina Schneider; Petra Eggers, minha agente literária na Alemanha; e Robert Kirby da United Agents no Reino Unido, por seu entusiasmo e apoio.

Todos na NBBJ, em especial a fabulosa equipe de marketing e Kay Compton, Jennifer Chobo, Rich Dallam, Helen Dimoff, Jay Halleran, Michael Kreis, Steve McConnell, Ryan Mullenix, Meghan Novak, John Pangrazio, Thurston Roach, Joan Saba, Tom Sieniewicz, Mackenzie Skene, Sally Suh, Jonathan Ward e Scott Wyatt, por seu coleguismo, apoio e inspiração.

Sarah Levitt, da Zoë Pagnamenta Agency, por e-mails que sempre me alegraram. E um enorme obrigado a Zoë Pagnamenta por me dar uma chance e ter sido uma conselheira tão honesta durante todo o processo. Eu não poderia ter esperado por uma agente literária mais dedicada.

O mesmo vale para Hollis Heimbouch, minha editora na HarperCollins: Cara Hollis, muito obrigado por ver o livro da maneira que você viu (mesmo antes de haver muito o que ver) e literalmente estar comigo, linha por linha, do início ao fim. É um prazer trabalhar com você.

Também sou muito grato à equipe da HarperCollins: Eric Meyers (editor associado), Lydia Weaver (editora de produção), Stephanie Cooper (gerente de marketing), William Ruoto (desenhista de páginas internas), Robin Bilardello (desenho da capa), Steven Boriak (diretor de publicidade). Sua atenção e seu cuidado foram excelentes. Grandes corações revelam-se nos menores detalhes.

Ann Marie Healy, minha editora e parceira de redação: Garota, eu tive sorte. Você tirava um coelho da cartola quando eu precisava dele (e precisei muitas vezes). Você punha as coisas em forma, sempre imperturbável e firme. Obrigado por estar comigo durante muitas partidas falsas e novas partidas, inícios e finais, e por tornar a parte do meio tão divertida. Obrigado por cruzar comigo o oceano.

Meus sogros Charlie e Blair Moser, por me receberem em sua família. Blair, por ser o mais severo revisor de provas que alguém poderia desejar (embora eu tenha ficado surpreso pelo fato de os seus comentários se parecerem muito mais com os de Milton Friedman do que eu teria esperado de um escritor sediado em San Francisco).

Frank Leberecht, por editar com rigor, mantendo-me honesto e pagando pelos meus blefes de tempos em tempos (como seria de se esperar de um irmão menor).

Minha mãe, Edith. Sinto sua falta. Meu pai, Volker, por carregar a tocha.

Harper Ava, minha filha e minha *Lieblingsmädchen* [garota favorita].

E obrigado a você, meu amor, minha mulher e melhor amiga Sarah Moser: você sempre será o maior romance de todos.

San Francisco, 5 de junho de 2014

NOTAS

INTRODUÇÃO: A CHAMA

1. Delbruck, Max. *Mind from Matter* (Oxford: Blackwell Publishers, 1985).
2. Brooks, David. "The Olympic Contradiction", *New York Times*, 26 de julho de 2012. http://www.nytimes.com/2012/07/27/opinion/brooks-theolympic-contradiction.html.
3. Solomon, Robert C. *A Better Way to Think About Business: How Personal Integrity Leads to Corporate Success* (Oxford: Oxford University Press, 1999).
4. McKee, Alia e Walker, Tim. "State of Friendship in America". http://getlifeboat.com/goodies/report2013/.
5. Whyte, David. *Crossing the Unknown Sea: Work as a Pilgrimage of Identity* (Nova York: Riverhead Books, 2001).

CAPÍTULO 1: O NOVO DESEJO POR ROMANCE

1. Gallup. "State of the Global Workplace" (Gallup, 2013). http:// www.gallup.com/strategicconsulting/164735/state-globalworkplace.aspx.
2. Edelman. "2013 Edelman Trust Barometer Executive Summary" (Edelman, 2013), edição Scribd.
3. "World Economic Forum Top 10 Trends of 2014", World Economic Forum [Fórum Econômico Mundial] de 2013. http://reports.weforum.org/outlook-14/view/top-tentrends-category-page/.
4. Steinberg, Stefan. "OECD Reports Growing Inequality", World Socialist Website, 17 de maio de 2013. http://www.wsws.org/en/articles/2013/05/17/oecd-m17.html.
5. Piketty, Thomas. *O capital no século XXI* (Rio de Janeiro: Intrínseca, 2014); no momento em que este livro estava sendo escrito, o *Financial Times* acusava Piketty de ter utilizado dados imprecisos para embasar suas conclusões, o que gerou um debate público acalorado: Giles, Chris. "Piketty findings undercut by errors", *Financial Times*, 23 de maio de 2014. http://www.ft.com/cms/s/2/e1f343ca-e281-11e3-89fd-00144feabdc0.html#axzz32eqg7ENQ.
6. Saez, Emmanuel e Zucman, Gabriel. "The Distribution of US Wealth, Capital Income and Returns since 1913". http://gabriel-zucman.eu/files/SaezZucman2014Slides.pdf.

7. Bollier, David. "Power Curve Society: The Future of Innovation, Opportunity and Social Equity in the Emerging Networked Economy" (Washington, D.C.: The Aspen Institute, 2013). http://www.aspeninstitute.org/policy-work/communications-society/power-curvesociety-future-innovation-opportunity-social-equity?utm_source=as. pn&utm_medium=urlshortener.
8. Brooks, David. "Capitalism for the Masses", *New York Times*, 20 de fevereiro de 2014. http://www.nytimes.com/2014/02/21/opinion/brooks-capitalism-for-the-masses.html.
9. Lanier, Jaron. *Who Owns the Future?* (Nova York: Simon & Schuster, 2013).
10. Andreessen, Marc. "Why Software Is Eating the World", *Wall Street Journal*, 20 de agosto de 2011. http://online.wsj.com/news/articles/SB1000142 405311190348 0904576512250915629460.
11. Schwartz, Nelson D. "The Middle Class Is Steadily Eroding. Just Ask the Business World", *New York Times*, 2 de fevereiro de 2014. http://www.nytimes. com/2014/02/03/business/the-middle-class-is-steadily-eroding-just-ask-the-business-world.html?_r=0.
12. Obama, Barack. "Remarks by the President on Economic Mobility", 4 de dezembro de 2013. http://www.whitehouse.gov/the-press-office/2013/12/04/remarks-president-economic-mobility.
13. Smith, Greg. "Why I Am Leaving Goldman Sachs", *New York Times*, 14 de março de 2012. http://www.nytimes.com/2012/03/14/opinion/why-i-am-leaving-goldman-sachs.html?pagewanted=all.
14. Polk, Sam. "For the Love of Money", *New York Times*, 18 de janeiro de 2014. http://www.nytimes.com/2014/01/19/opinion/sunday/for-the-love-of-money.html.
15. "Work, Stress, and Health". National Institute for Occupational Safety & Health Conference, 1999.
16. Pew Research Center. "Millennials in Adulthood: Detached from Institutions, Networked with Friends", 7 de março de 2014. http://www. pewsocialtrends.org/files/2014/03/2014-03-07_generations-report-version-for-web.pdf.
17. Morozov, Evgeny. "The Perils of Perfection", *New York Times*, 2 de março de 2013. http://www.nytimes.com/2013/03/03/opinion/sunday/the-perils-of-perfection.html?pagewanted=all; ver também o livro *To Save Everything, Click Here: The Folly of Technological Solutionism* (Nova York: Public Affairs, 2013).
18. O'Leary, Naomi. "Pope Attacks 'Tyranny' of Markets in Manifesto for Papacy", Reuters, 26 de novembro de 2013. http://www.reuters.com/article/ 2013/11/26/us-pope-document-idUSBRE9AP0EQ20131126.
19. Schulte, Brigid. *Overwhelmed: Work, Love, And Play When No One Has The Time* (Nova York: Sarah Crichton Books/Farrar, Straus and Giroux, 2014).
20. McKee, Alia e Walker, Tim. "State of Friendship in America". http://getlifeboat.com/goodies/report2013/.

21. Pew Research Center. "Millennials in Adulthood: Detached from Institutions, Networked with Friends", 7 de março de 2014. http://www. pewsocialtrends. org/files/2014/03/2014-03-07_generations-reportversion-for-web.pdf.
22. Sachs, Jeffrey. "The New Progressivism", *New York Times*, 12 de novembro de 2011. http://www.nytimes.com/2011/11/13/opinion/sunday/the-new-progressive-movement.html?_r=0.
23. "B-Corps". http://www.bcorporation.net, acesso em 2 de março de 2014.
24. "Changemakers". http://www.changemakers.com/intrapreneurs, acesso em 2 de março de 2014.
25. Deloitte University Press. "A Movement in the Making", janeiro de 2014. http://dupress.com/articles/a-movement-in-the-making/.
26. "The B Team". http://bteam.org/about/vision/, acesso em 25 de fevereiro de 2014.
27. "Conscious Capitalism". http://www.consciouscapitalism.org/, acesso em 23 de maio de 2014.
28. "The Energy Project". http://theenergyproject.com, acesso em 29 de maio de 2014.
29. Hurst, Aaron. *The Purpose Economy: How Your Desire for Impact, Personal Growth, and Community Is Changing the World* (Nova York: Russell Media, 2014).
30. Drucker, Peter. *The Essential Drucker: The Best of Sixty Years of Peter Drucker's Essential Writings on Management*, Collins Business Essentials (Nova York: HarperBusiness, 2008).
31. Megan Webb-Morgan, "The New Work Style of Generation Y", *Society for Human Resource Management*, 15 de outubro de 2012. http://www. weknownext. com/workforce/the-new-work-style-of-generation-y.
32. Dunn, Elizabeth e Norton, Michael. *Happy Money: The Science of Smarter Spending* (Nova York: Simon & Schuster, 2013).
33. Schwartz, Tony e Porath, Christine. "Why You Hate Work", *New York Times*, 30 de maio de 2014. http://www.nytimes.com/2014/06/01/opinion/ sunday/why-you-hate-work.html.
34. Deloitte. "Deloitte Survey: Strong Sense of Purpose Key Driver of Business Investment", release de imprensa, 7 de abril de 2014. http://www.deloitte.com/view/en_US/us/press/Press-Releases/f2ca7e803a725410VgnVCM100000 3256f70aRCRD.htm.
35. United Nations Regional Information Centre for Western Europe. http://www. unric.org/en/happiness/27709-the-un-and-happiness.
36. Fox, Justin. "The Economics of Well-Being", *Harvard Business Review*, janeiro/fevereiro de 2012. http://hbr.org/2012/01/the-economics-of-well-being/ar/1.
37. "Gross National Happiness". http://www.grossnationalhappiness.com, acesso em 26 de fevereiro de 2014.
38. "Delivering Happiness". http://www.deliveringhappiness.com, acesso em 2 de março de 2014.

39. Smith, Emily Esfahani e L. Aaker, Jennifer. "Millennial Searchers", *New York Times*, 30 de novembro de 2013. http://www.nytimes.com/2013/12/01/opinion/sunday/millennial-searchers.html?pagewanted=1&utm_medium=App.net&_r=0&partner=rss&emc=rss&utm_source=PourOver.
40. Huffington, Arianna. *Thrive: The Third Metric to Redefining Success and Creating a Life of Well-Being, Wisdom, and Wonder* (Nova York: Harmony, 2014).
41. Frankl, Viktor E. *Man's Search for Meaning* (Boston: Beacon Press, 1959).
42. Schwartz, Ariel. "Millennials Genuinely Think They Can Change the World and Their Communities", *Fast Company*, 27 de junho de 2013. http://www.fastcoexist.com/1682348/millennials-genuinely-think-they-can-change-the-world-and-their-communities.
43. "Adhocracy". P2P Foundation. http://p2pfoundation.net/Adhocracy, acesso em 25 de fevereiro de 2014.
44. Weber, Max. *A ética protestante e o espírito do capitalismo* (São Paulo: Companhia das Letras, 2004).
45. Gantz, John e Reinsel, David. "The Digital Universe in 2020: Big Data, Bigger Digital Shadows, and Biggest Growth in the Far East", *IDC View*, dezembro de 2012. http://idcdocserv.com/1414. Acesso em 26 de março de 2014.
46. Iyer, Pico. "The Folly of Thinking We Know. The Painful Hunt for Malaysia Airlines Flight 370", *New York Times*, 20 de março de 2014. http://www.nytimes.com/2014/03/21/opinion/the-painful-hunt-formalaysian-airlines-370.html.
47. Pentland, Alex. *Social Physics: How Good Ideas Spread–The Lessons from a New Science* (Nova York: Penguin Press, 2014).
48. Resnikoff, Ned. "Glassholes at Work", *The Baffler*, 14 de maio de 2014. http://www.thebaffler.com/blog/2014/05/glassholes_at_work.
49. Fitzgerald, F. Scott. *Crack-Up* (Porto Alegre: L&PM Editores, 2007). *Esquire*, 26 de fevereiro de 2008 (publicado originalmente em 1936). http://www.esquire.com/features/the-crack-up.
50. "The Two Cultures". Wikipedia. http://en.wikipedia.org/wiki/The_Two_Cultures, acesso em 25 de fevereiro de 2014.
51. Wieseltier, Leon. "Perhaps Culture Is Now the Counterculture", *New Republic*, 28 de maio de 2013. http://www.newrepublic.com/article/113299/leon-wieseltier--commencement-speech-brandeis-university-2013.
52. "The Teaching of the Arts and Humanities at Harvard College: Mapping the Future", Universidade de Harvard, 31 de maio de 2013. http://artsandhumanities.fas.harvard.edu/files/humanities/files/mapping_the_future_31_may_2013.pdf, acesso em 17 de março de 2014.
53. Silbey, David. "A Crisis in the Humanities?", *The Chronicle of Higher Education*, 10 de junho de 2013. http://chronicle.com/blognetwork/edgeofthewest/2013/06/10/the-humanities-crisis/. Silbey sugere que os números de Harvard são imprecisos porque não incluem os diplomas em história ou em artes performáticas e visuais, entre outras disciplinas. Ele também problematiza o percentual relativo ao "total de

diplomas" nos Estados Unidos, argumentando que "emitimos mais diplomas em ciências humanas agora do que nas décadas de 1950 ou de 1980". Por fim, Silbey afirma que a década de 1960 testemunhou um aumento extraordinário e sem precedentes no número de diplomas de ciências humanas emitidos, e que, portanto, não serve como base de comparação válida.

54. Van Doren, John. "The Beginnings of the Great Books Movement at Columbia", Living Legacies: Great Moments and Leading Figures in the History of Columbia University, *Columbia Magazine*, inverno de 2001. http://www.columbia.edu/cu/alumni/Magazine/Winter2001/greatBooks.html.
55. Brynjolfsson, Erik e McAfee, Andrew. *The Second Machine Age: Work, Progress, and Prosperity in a Time of Brilliant Technologies* (Nova York: W. W. Norton & Company, 2014).
56. Laseter, Tim. "Management in the Second Machine Age", *Strategy + Business*, verão de 2014, ed. 75. http://www.strategy-business.com/article/00252?pg=all.
57. Foster, Lee. "1816 – The Year Without Summer", National Weather Service. http://www.erh.noaa.gov/car/Newsletter/htm_format_articles/climate_corner/yearwithoutsummer_lf.htm, acesso em 26 de fevereiro de 2014.
58. Shelley, Mary. *History of a Six Weeks' Tour Through a Part of France, Switzerland, Germany, and Holland; with Letters Descriptive of a Sail Round the Lake of Geneva and of the Glaciers of Chamouni* (Londres: T. Hookham, Jr. and C. and J. Ollier, 1817), Google Books, acesso em 2 de março de 2014.
59. Ibid.
60. Manchester, Seán. "A Byronic Legacy", Gothic Press. http://www. gothicpress.freeserve.co.uk/Byronic%20Legacy.htm, acesso em 20 de março de 2014.
61. Castle, Terry, "Mad, Bad and Dangerous to Know", *New York Times*, 13 de abril de 1997. http://www.nytimes.com/books/97/04/13/reviews/970413.13castlet.html.
62. Goethe, Johann Wolfgang von. *Os sofrimentos do jovem Werther* (São Paulo: Hedra, 2007).
63. Berlin, Isaiah. *As raízes do romantismo* (São Paulo: Três Estrelas, 2015).
64. Campbell, Gordon. *The Hermit in the Garden: From Imperial Rome to Ornamental Gnome* (Oxford: Oxford University Press, 2013).
65. "Jokes by Steven Wright". http://www.wright-house.com/steven-wright/steven-wright-Kn.html, acesso em 28 de fevereiro de 2014.
66. Blanning, Tim. *The Romantic Revolution: A History* (Nova York: Random House, 2011).
67. Fontanel, Sophie. *The Art of Sleeping Alone: Why One French Woman Suddenly Gave Up Sex* (Nova York: Scribner, 2011).
68. Price, A. W. *Love and Friendship in Plato and Aristotle* (Oxford: Clarendon Press, 1989).
69. Freud, Sigmund. *Three Essays on the Theory of Sexuality*, edição paperback (Eastford, CT: Martino Fine Books, 2011).

70. Bloom, Paul. "The Pleasures of Imagination", *Chronicle of Higher Education*, 30 de maio de 2010. http://chronicle.com/article/The-Pleasures-of-Imagination/65678.
71. Bloom, Paul. *How Pleasure Works: The New Science of Why We Like What We Like* (Nova York: W. W. Norton & Company, 2010).

CAPÍTULO 2: CONHEÇA OS ROMÂNTICOS NOS NEGÓCIOS

1. "Hickies.com". http://www.hickies.com/blogs/news/12504485-hickies-announces-key-management-additions-raises-4-2mm-investment-round-to-fuel-global-expansion-and-product-development, acesso em 27 de fevereiro de 2014.
2. Clay, Alexa. "The Rise of the Intrapreneurs", *Fast Company*, 3 de outubro de 2012. http://www.fastcoexist.com/1680655/the-rise-of-the-intrapreneurs.
3. Da mesma forma que ela ajudou centenas de outros líderes e grupos a criar manifestos individuais, Priya também comandou a meu pedido o Visioning Lab, a semente original deste livro.
4. Sloterdijk, Peter. *Crítica da razão cínica* (São Paulo: Estação Liberdade, 2012).
5. Eidinow, Esther e Ramírez, Rafael. "'The Eye Of The Soul': Phronesis And The Aesthetics of Organizing", *Organizational Aesthetics*, 2012, 1 (1), pp. 26-43.

CAPÍTULO 3: ENCONTRE O GRANDE NO PEQUENO

1. "WhatIS.com". "Definition Director of First Impressions". http://whatis.techtarget.com/definition/Director-of-First-Impressions, acesso em 28 de fevereiro de 2014.
2. Bryson, Alex e MacKerron, George. "Are You Happy While You Work?" Center for Economic Performance, Discussion Paper 1187, fevereiro de 2013. http://cep.lse.ac.uk/pubs/download/dp1187.pdf.
3. Matos, Kenneth. "HP & Yahoo's Telecommuting Breakup: It's Not You, It's Me!", *The Huffington Post*, 23 de outubro de 2013. http://www.huffingtonpost.com/kenneth-matos/hp-telecommutingpolicy_b_4149658.html.
4. Leberecht, Tim. "The Office Is Everywhere", *Means the World*. http://meanstheworld.co/work/the-office-is-everywhere.
5. Van der Koogh, Erwin. "Case-study: Github", *Business in the 21st Century*. http://businessin21stcentury.com/articles/profile-github/, acesso em 11 de abril de 2014.
6. Cabe mencionar que, quando este livro estava sendo editado, o GitHub estava envolvido em um escândalo devido a acusações de discriminação de gênero no ambiente de trabalho. O cofundador e CEO Tom Preston-Werner pediu demissão depois de uma investigação que não encontrou evidências de discriminação, mas que concluiu que ele cometeu "equívocos e erros de julgamento". (Nellie Bowles, "GitHub Clears President Tom Preston-Werner, But He Resigns Anyway After Harassment Controversy", *re/code*, 21 de abril de 2014. http://recode.net/2014/04/21/github-ceo-tom-preston-werner-resigns/.) Decidi por manter a seção no livro

porque acredito que os princípios do (ambiente de) trabalho do GitHub são, de forma geral, inovadores, e é válido citá-los apesar destes recentes eventos.

7. Chui, Michael; Manyika, James; Bughin, Jacques; Dobbs, Richard; Roxburgh, Charles; Sarrazin, Hugo; Sands, Geoffrey; e Westergren, Magdalena. "The Social Economy: Unlocking Value and Productivity Through Social Technologies", *McKinsey Global Institute*, julho de 2012. http://www.mckinsey.com/insights/high_tech_telecoms_internet/the_social_economy.
8. O'Carroll, Lisa. "Rebekah Brooks: David Cameron Signed Off Texts 'LOL'", *Guardian*, 11 de maio de 2012. http://www.theguardian.com/media/2012/may/11/rebekah-brooks-david-cameron-texts-lol.
9. Gottman, John. *The Science of Trust: Emotional Attunement for Couples* (Nova York: W. W. Norton & Company, 2011).
10. July, Miranda. "WeThinkAlone.com". http://wethinkalone.com/about/, acesso em 5 de março de 2014.
11. "15 Toasts". http://15toasts.com, acesso em 25 de maio de 2014.
12. Kaleem, Jaweed. "Death Over Dinner Convenes as Hundreds of Americans Coordinate End of Life Discussions Across U.S.", *Huffington Post*, 18 de agosto de 2013. http://www.huffingtonpost.com/2013/08/18/death-over-dinner_n_3762653.html.
13. Life Matters Media. "Death Over Dinner? There's an Appetite for It", 19 de abril de 2013. http://www.lifemattersmedia.org/2013/04/death-over-dinner-theres-an-appetite-for-it/.

CAPÍTULO 4: SEJA UM ESTRANHO

1. "MLove". http://www.mlove.com, acesso em 26 de fevereiro de 2014.
2. "Venture Strategy for Food Genius", Ideo, acesso em 1º março de 2014. http://www.ideo.com/work/venture-strategy/.
3. "The 'Siemens Artists-in-Residence Program' Launches in U.S.", *Healthy Hearing*, 16 de agosto de 2002. http://www.healthyhearing.com/content/news/Assistance/Awareness/5769-The-siemens-artists-in.
4. "The Recology Artist in Residence Program". http://www.recologysf. com/AIR/index.htm, acesso em 26 de fevereiro de 2014.
5. Wilson, Mark. "Inside Microsoft Research's First Artist-in-Residence Program", *Fast Company*, 3 de dezembro de 2013. http://www.fastcodesign. com/3022833/inside-microsoft-researchs-first-artist-in-residence-program.
6. Sullivan, Margaret. "Questions on Drones, Unanswered Still", *New York Times*, 13 de outubro de 2012. http://www.nytimes.com/2012/10/14/public-editor/questions-on-drones-unanswered-still.html.
7. "Corporate Rebels United". http://corporaterebelsunited.com, acesso em 5 de junho de 2014.
8. "Rebels at Work". http://www.rebelsatwork.com, acesso em 5 de junho de 2014.

9. Delevett, Peter. "Volkswagen, Lego and the 'Beer Garage': Big corporations rushing to partner with Silicon Valley startups", *Mercury News*, 4 de dezembro de 2013. http://www.mercurynews.com/business/ci_24651658/volkswagenlego-and-beer-garage-big-corporations-rushing.
10. Morrison, Maureen. "McDonald's Sets Up Shop in Silicon Valley", *AdAge*, 4 de junho de 2014. http://adage.com/article/digital/mcdonald-s-sets-shop-silicon-valley/293500/.
11. "Brickfilms". http://brickfilms.com, acesso em 26 de fevereiro de 2014.
12. Berkowitz, Joe. "Everything About These Pictures of a Tiny, Adventurous Lego Photographer Is Awesome", *Fast Company*, 26 de fevereiro de 2014. http://www.fastcocreate.com/3026935/everything-about-these-pictures-of-a-tiny-adventurous-lego-photographer-is-awesome?utm_source=facebook.
13. Barker, Simon. "Lego Fan Asks Girlfriend to Marry Him with Custom Lego Gift Sets", 30 de outubro de 2009. http://www.simonbarker.com/legofan-asks-girlfriend-to-marry-him-with-custom-lego-gift-sets/.
14. Choe, Jeannie. "Trash Talk with Frog's Ashley Menger", *Core* 77, 18 de maio de 2007. http://www.core77.com/blog/education/trash_talk_with_frog_designs_ashely_menger_6363.asp.
15. Tischler, Linda "At Frog Being Green Isn't Easy, It's Essential", *Fast Company*, 1º novembro de 2007. http://www.fastcompany.com/60862/frogbeing-green-isn%E2%80%99t-easy-it%E2%80%99s-essential.
16. "Dove Real Beauty Sketches", *YouTube*, https://www.youtube.com/watch?v=litXW91UauE, acesso em 27 de fevereiro de 2014.
17. Uexküll, Jakob von. *Biological Theory*, tradução de Doris L. Mackinnon (Nova York: Harcourt, Brace & Company, 1926).
18. Cardiff, Janet e Miller, George Bures. "Walks". http://www. cardiffmiller.com/artworks/walks/index.html, acesso em 26 de fevereiro de 2014.
19. Debord, Guy. "Introduction to a Critique of Urban Geography", *Situationist International Online*, setembro de 1955. http://www.cddc.vt.edu/sionline/presitu/geography.html.
20. Gertner, Jon. "True Innovation", *New York Times*, 25 de fevereiro de 2012. http://www.nytimes.com/2012/02/26/opinion/sunday/innovation-and-the-bell-labs-miracle.html?pagewanted=all&_r=0.
21. Silverman, Rachel Emma. "The Science of Serendipity in the Workplace", *Wall Street Journal*, 30 de abril de 2013. http://online.wsj.com/news/articles/SB 10001424127887323798104578455081218505870.
22. Business2Community. "Zappos' 11 Company Culture Aspects That Win Over Millennials", *Real Business*, 17 de janeiro de 2014. http://www. realbusiness.com/2014/01/zappos-11-company-culture-aspects-that-win-over-millennials/.
23. Kaufman, Wendy. "Check Out These Gorgeous, Futuristic Tech Company Headquarters", *NPR*, 24 de dezembro de 2013. http://www.npr.org/blogs/alltechcon-

sidered/2013/12/24/255859905/check-out-these-gorgeous-futuristic-tech-company-headquarters.

24. Pariser, Eli. *The Filter Bubble: What the Internet Is Hiding from You* (Nova York: Penguin Press, 2011).
25. Clark, Nicola. "Selecting a Seatmate to Make Skies Friendlier", *New York Times*, 23 de fevereiro de 2012. http://www.nytimes.com/2012/02/24/business/global/selecting-a-seatmate-to-make-skies-friendlier. html?pagewanted=all.
26. "20 Day Stranger". http://www.20daystranger.com, acesso em 26 de maio de 2014.
27. E também controverso: o Airbnb tem sido acusado de transformar a hospitalidade num produto, de ameaçar a indústria hoteleira tradicional, e em algumas medidas até mesmo pôr em risco o tecido social dos bairros (há relatos de crescentes tensões nos bairros que são destinos populares de usuários do Airbnb, como Echo Park, em Los Angeles, por exemplo).
28. "Carpooling.com". http://www.carpooling.com, acesso em 26 de fevereiro de 2014.
29. Epley, Nicholas. "Let's make some Metra noise", *Chicago Tribune*, 3 de junho de 2011. http://articles.chicagotribune.com/2011-06-03/opinion/ct-perspec0605-metra-20110603_1_commuters-quiet-cars-metra-reports.
30. Dunn, Elizabeth e Norton, Michael. "Hello, Stranger", *New York Times*, 26 de abril de 2014. http://www.nytimes.com/2014/04/26/opinion/sunday/hello-stranger.html.
31. Simmel, Georg. *On Individuality and Social Forms*, "The Stranger", 143–50, organização de Donald N. Levine (Chicago: University of Chicago Press, 1971).
32. Pinker, Steven. *Os anjos bons da nossa natureza: por que a violência diminuiu* (São Paulo: Companhia das Letras, 2013).

CAPÍTULO 5: DÊ MAIS DO QUE RECEBE

1. "Making Christmas: The View from the Tom and Jerry Christmas Tree", IMDb. http://www.imdb.com/title/tt1881003/, acesso em 27 de fevereiro de 2014.
2. "Lights of the Valley". http://lightsofthevalley.com/articles/3650-21st-tree-history.pdf, acesso em 1º de março de 2014.
3. Hyde, Lewis. *The Gift: Imagination and the Erotic Life of Property* (Nova York: Random House, 1979).
4. Dearing, George, "Tim O'Reilly: 'Create More Value Than You Capture,'" *Contently*, 6 de abril de 2012. http://contently.com/strategist/2012/04/06/tim-oreilly-value-creation/.
5. Grant, Adam. *Give and Take: A Revolutionary Approach to Success* (Nova York: Viking, 2013).
6. "Frog at SXSW", frog design. http://sxsw.frogdesign.com, acesso em 27 de fevereiro de 2014.

7. Kliff, Sarah, "Google Nose Is Fake. The Artificial Nose Isn't", *Washington Post*, 1º de abril de 2013. http://www.washingtonpost.com/blogs/wonkblog/wp/2013/04/01/google-nose-is-fake-the-artificial-nose-isnt/s.
8. Outras brincadeiras de marcas famosas incluem o lançamento, pelo Twitter, do "Twttr", um serviço gratuito no qual os usuários só poderiam escrever tweets com consoantes (visando o "adensamento das comunicações", como afirmou a empresa); a Southwest Airlines anunciou que ofereceria viagens em balões de ar quente; a Taco Bell disse que havia comprado a Estátua da Liberdade (o que gerou revolta na população norte-americana).
9. Poggioli, Sylvia. "EU Embraces 'Suspended Coffee': Pay It Forward with a Cup of Joe", *NPR*, 25 de abril de 2013. http://www.npr.org/blogs/thesalt/2013/04/24/178829301/eu-embraces-suspended-coffee-pay-itforward-with-a-cup-of-joe.
10. "Suspended Coffee", Snopes.com. http://www.snopes.com/glurge/suspended.asp, acesso em 25 de maio de 2014.
11. "Random Acts of Pizza". http://randomactsofpizza.com, acesso em 3 de maio de 2014.
12. "At The Generous Store Chocolates Cost Good Deeds Instead of Money", *Oddity Central*, 30 de março de 2012. http://www.odditycentral.com/pics/atthe-generous-store-chocolates-cost-good-deeds-instead-of-money.html.
13. Purcell, Kristin. "Online Video 2013", Pew Research Center, 10 de outubro de 2013. http://pewinternet.org/~/media/Files/Reports/2013/PIP_Online%20Video%202013.pdf.
14. "The Force: Volkswagen Commercial", *YouTube*, https://www.youtube .com/watch?v=R55e-uHQna0, acesso em 4 de junho de 2014.
15. "LOL Cats", *YouTube*, https://www.youtube.com/watch?v=RcVyl9X3gFo, acesso em 4 de junho de 2014.
16. "Hitler Downfall parodies: 25 worth watching", *Telegraph*, 6 de outubro de 2009. http://www.telegraph.co.uk/technology/news/6262709/Hitler-Downfall-parodies-25-worth-watching.html, acesso em 4 de junho de 2014.
17. Vingiano, Alison. "This Is How a Woman's Offensive Tweet Became the World's Top Story", *Buzzfeed*, 21 de dezembro de 2013. http://www.buzzfeed. com/alisonvingiano/this-is-how-a-womans-offensive-tweet-became-the-worlds-top-s.
18. Garber, Megan. "Batkid: A Heartwarming, Very 2013 Story", *The Atlantic*, 15 de novembro de 2013. http://www.theatlantic.com/technology/archive/2013/11/batkid-a-heartwarming-very-2013-story/281560/.
19. Lasane, Andrew. "That Adorable 'First Kiss' Video That Everyone Is Talking About Is a Fake", *Complex*. http://www.complex.com/artdesign/2014/03/that-first-kiss-video-that-everyone-is-talking-about-is-fake.
20. Koblin, John. "A Kiss Is Just a Kiss, Unless It's an Ad for a Clothing Company", *New York Times*, 14 de março de 2014. http://www.nytimes. com/2014/03/14/business/media/a-kiss-is-just-a-kiss-unless-its-an-ad-for-a-clothing-company.html.

21. NPR Staff. "Scott Simon on Sharing His Mother's Final Moments on Twitter", *NPR*, 30 de julho de 2013. http://www.npr.org/blogs/alltechconsidered/2013/07/30/206987575/Scott-Simon-On-Sharing-His-Mothers-Final-Moments-On-Twitter.
22. Ford, Paul e Buchanan, Matt. "Death in a Crowd", *New Yorker*, 4 de fevereiro de 2014. http://www.newyorker.com/online/blogs/elements/2014/02/how-social-media-wrote-its-eulogy-for-philip-seymour-hoffman./html?utm_source=www&utm_medium=tw&utm_campaign=20140204.

CAPÍTULO 6: SOFRA (UM POUCO)

1. Emerson, Tony. "The Ten Commandments of IKEA Furniture: Part 1", *Sparefoot Blog*, 8 de agosto de 2013. http://blog.sparefoot.com/3928-the-ten-ikea-commandments/.
2. "Ikea or Death". http://ikeaordeath.com, acesso em 27 de fevereiro de 2014.
3. Norton, Michael I.; Mochon, Daniel; e Ariely, Dan. "The IKEA-Effect: When Labor Leads to Love", *Journal of Consumer Psychology* 22:3 (julho de 2012), 453–60.
4. Buss, David M. "The Evolution of Happiness", *American Psychologist* 55 (janeiro de 2000), 15–23.
5. "Romantimatic". http://romantimatic.com, acesso em 26 de fevereiro de 2014.
6. Matyszczyk, Chris. "Progress! An App That Sends a Breakup Text for You", *CNET*, 27 de julho de 2013. http://news.cnet.com/8301-17852_357595813-71/progress-an-app-that-sends-a-breakup-text-for-you/.
7. Castle, Tony. "Now You Can File For Divorce Online With Wevorce, The H&R Block Of Nasty Breakups", *Fast Company*, 17 de abril de 2014. http://www.fastcoexist.com/3028877/change-generation/now-you-can-filefor-divorce-online-with-wevorce-the-hr-block-of-nasty-bre.
8. Cabe notar que esta procrastinação pode estar relacionada à nossa tendência de separar nossos "eus" do presente e do futuro. Em um ensaio fascinante, Alisa Opar defende que procrastinamos porque enxergamos nossos eus do futuro como dissociados de nós mesmos. Ela cita um estudo conduzido por Hal Hershfield, professor-assistente na Stern School of Business da Universidade de Nova York, junto a outros colegas, que pesquisaram como a atividade cerebral é diferente quando pessoas imaginam seus futuros e o comparam com o presente. Eles chegaram à conclusão de que, em um nível psicológico e emocional, tratamos nosso eu futuro como se fosse outra pessoa. Isso impõe sérias consequências à forma como tomamos decisões. Quando procrastinamos, dissociamos nosso eu do presente das consequências de nossa omissão, e deixamos para uma futura versão deste eu a responsabilidade de lidar com as tarefas e os problemas em jogo. Contamos com a caridade de estranhos, mesmo que esses estranhos sejamos nós mesmos. Alisa Opar, "Why We Procrastinate", *Nautilus*, 16 de janeiro de 2014. http://nautil.us/issue/9/time/why-we-procrastinate.

9. Hayward, Paul. "Barcelona's Sense of Style Restores Glory to Blanchflower's Game", *Guardian*, 30 de maio de 2009. http://www.theguardian. com/football/blog/2009/may/31/barcelona-manchester-united-champions-league-glory.
10. "Philosophyfootball.com". http://www.philosophyfootball.com/quotations.php, acesso em 1º de março de 2014.
11. "Corinthians". Fifa.com. http://www.fifa.com/classicfootball/clubs/club=239/, acesso em 27 de fevereiro de 2014.

CAPÍTULO 7: FALSIFIQUE!

1. "*The Great Gatsby* [*O grande Gatsby*] (2013)", *Rotten Tomatoes*. http://www.rottentomatoes.com/m/the_great_gatsby_2013/, acesso em 26 de fevereiro de 2014.
2. Hattenstone, Simon. "Something to Spray", *Guardian*, 16 de julho de 2003. http://www.theguardian.com/artanddesign/2003/jul/17/art.artsfeatures.
3. Até mesmo os falsificadores acabam sendo falsificados: o sucesso de Banksy, por exemplo, levou ao surgimento de Hansky, um artista nova-iorquino que se tornou viral, cujo nome é uma mistura de Banksy com Tom Hanks. O impostor construiu sua fama graças a uma série de piadas gráficas feitas em parceria com artistas locais, inteligentemente amplificadas por postagens no Twitter. Leland, John. "A Parodist Who Calls Himself Hanksy", *New York Times*, 14 de fevereiro de 2014. http://www.nytimes.com/2014/02/16/nyregion/a-parodist-who-calls-himself-hanksy.html?_r=0.
4. Van Gurp, Marc. "Unicef: Be a Mom for a Moment", *Osocio*, 11 de abril de 2009. http://osocio.org/message/unicef_be_a_mom_for_a_moment/.
5. Tartt, Donna. *O pintassilgo* (São Paulo: Companhia das Letras, 2014).
6. @NeinQuarterly é um mestre da ironia. Ao contrário do cinismo, a ironia oferece uma distância construtiva, uma máscara que nos permite expressar opiniões com sutileza e ambiguidade. O cinismo celebra a derrota, enquanto a ironia celebra a possibilidade de sentidos e interpretações alternativos. Os românticos a apreciam como mais uma ferramenta de seu repertório para questionar e lançar luz sobre a complexidade do mundo.
7. "Let's Go: Shell in the Arctic". http://arcticready.com, acesso em 27 de fevereiro de 2014.
8. Horowitz, Alana. "Burger King Twitter Account Hacked", *Huffington Post*, 18 de fevereiro de 2013. http://www.huffingtonpost.com/2013/02/18/burger-king-twitter-hacked_n_2711661.html.
9. Chipotle. "The Scarecrow", *YouTube*, https://www.youtube.com/watch?v=lUtnas5ScSE, acesso em 27 de fevereiro de 2014.
10. "Honest Scarecrow", Funnyordie.com. http://www.funnyordie.com/videos/da66b8f1aa/honest-scarecrow, acesso em 5 de junho de 2014.

11. Crawford, Matthew B. *Shop Class as Soulcraft: An Inquiry into the Value of Work* (Nova York: Penguin Press, 2009).
12. Boyd, Stowe. "Somewhere Is LinkedIn for the New Way of Work", *GigaOm Research*, 24 de janeiro de 2014. http://research.gigaom.com/2014/01/somewhere-is-linkedin-for-the-new-way-of-work/.
13. Fulda, Peter. "Leaders, Drop Your Masks", *Harvard Business Review*, 7 de outubro de 2013. http://blogs.hbr.org/2013/10/leaders-drop-your-masks/.
14. Surowiecki, James. "Do the Hustle", *New Yorker,* 13 de janeiro de 2014. http://www.newyorker.com/talk/financial/2014/01/13/140113ta_talk_surowiecki.
15. Phillips, Adam. *On Balance* (Nova York: Farrar, Straus and Giroux, 2010).
16. Carey, Benedict. "Feel Like a Fraud? At Times Maybe You Should", *New York Times,* 5 de fevereiro de 2008. http://www.nytimes.com/2008/02/05/health/05mind.html?_r=0.
17. Cuddy, Amy. "Your Body Language Shapes Who You Are", *TED.com*, junho de 2012. http://www.ted.com/talks/amy_cuddy_your_body_language_shapes_who_you_are.html.
18. John, Joshua. "Amy Cuddy: Your Body Language Shapes Who You Are", *MBA @UNC Blog*, 25 de julho de 2013. http://onlinemba.unc.edu/blog/amycuddy-your-body-language-shapes-who-you-are-2/.

CAPÍTULO 8: MANTENHA A MÍSTICA

1. Amis, Kingsley. *The James Bond Dossier* (Nova York: New American Library, 1965).
2. Cima On Mon, "What's a Brand Really Worth?", *Financial Management*, 18 de março de 2013. http://www.fm-magazine.com/feature/depth/what%E2%80%99s-brand-really-worth.
3. Nye Jr., Joseph S. *Soft Power: The Means to Succeed in World Politics* (Nova York: PublicAffairs, 2004).
4. Locke, Christopher; Levine, Rick; Searls, Doc; e Weinberger, David. *The Cluetrain Manifesto.* http://www.cluetrain.com, acesso em 1º de março de 2014.
5. Armano, David. "It's the Conversation Economy, Stupid", *Bloomberg BusinessWeek*, 9 de abril de 2007. http://www.businessweek.com/stories/200704-09/its-the-conversation-economy-stupidbusinessweek-business-newsstock-market-and-financial-advice.
6. Shetty, Baba e Wind, Jerry. "Advertisers Should Act More Like Newsrooms", *Harvard Business Review*, 15 de fevereiro de 2013. http://blogs. hbr.org/2013/02/advertisers-need-to-act-more-like-newsrooms/.
7. Jarvis, Jeff. "My Dell Hell", *Guardian*, 28 de agosto de 2005. http://www.theguardian.com/technology/2005/aug/29/mondaymediasection. blogging.
8. "United [Airlines] Breaks Guitars", *YouTube*, https://www.youtube.com/watch?v=5YGc4zOqozo, acesso em 27 de fevereiro de 2014.

9. Exemplos recentes incluem a rejeição ao novo logo da Gap; o tweet da marca de macarrão em lata SpaghettiOs com seu mascote portando a bandeira dos Estados Unidos e o texto "Remember Pearl Harbor with us"; e um tweet supostamente racista publicado pelo perfil da varejista Home Depot.
10. Kopecki, Dawn. "JP Morgan's #AskJPM Twitter Hashtag Backfires Against Bank", *Bloomberg*, 14 de novembro de 2013. http://www.bloomberg. com/news/2013-11-14/jpmorgan-twitter-hashtag-trends-against-bank. html.
11. Adams, Susan. "Don't Fire An Employee And Leave Them In Charge Of The Corporate Twitter Account", *Forbes*, 1º de fevereiro de 2013. http://www.forbes. com/sites/susanadams/2013/02/01/dont-fire-an-employee-and-leave-them-in-charge-of-the-corporate-twitter-account/.
12. Hryce, Katie. "Nokia Made A Tweet Swear", *Oyster Magazine*, 27 de novembro de 2013. http://www.oystermag.com/nokia-made-a-tweet-swear.
13. Huey, John. "How McKinsey Does It", *Fortune*, 1º de novembro de 1993. http:// money.cnn.com/magazines/fortune/fortune_archive/1993/11/01/78550/.
14. Sorkin, Andrew Ross. "McKinsey & Co. Isn't All Roses in a New Book", *New York Times*, 2 de setembro de 2013. http://dealbook.nytimes. com/2013/09/02/ in-a-new-book-mckinsey-co-isnt-all-roses/?_r=0.
15. Christensen, Clayton M.; Wang, Dina; e Van Bever, Derek. "Consulting on the Cusp of Disruption", *Harvard Business Review*, outubro de 2013. http://hbr.org/ 2013/10/consulting-on-the-cusp-of-disruption/.
16. Keller, Maryann. *Rude Awakening: The Rise, Fall and Struggle for Recovery of General Motors* (Nova York: HarperCollins, 1990).
17. McDonald, Duff. *The Firm: The Story of McKinsey and its Secret Influence on American Business* (Nova York: Simon & Schuster, 2013).
18. Malcolm, Janet. "Nobody's Looking at You", *New Yorker*, 23 de setembro de 2013. http://www.newyorker.com/reporting/2013/09/23/130923fa_fact_malcolm.
19. Richardson, Adam. *Innovation X: Why a Company's Toughest Problems Are Its Greatest Advantage* (San Francisco: Jossey-Bass, 2010).
20. "House of Genius". http://houseofgenius.org, acesso em 24 de maio de 2014.
21. Schumpeter. "Anonymous Social Networking. Secrets and Lies", *Economist*, 22 de março de 2014. http://www.economist.com/blogs/schumpeter/2014/03/anonymous-social-networking.
22. Jury, Louise. "Secret Cinema to Kick Off Season of New Films with The Grand Budapest Hotel", *London Evening Standard*, 17 de fevereiro de 2014. http://www. standard.co.uk/goingout/film/secret-cinema-to-kick-off-season-of-new-films-with-the-grand-budapest-hotel-9133327.html.
23. Sekoff, Hallie. "13P Implodes: A Decade After Its Debut, the Innovative Playwright Collective Dissolves", *Huffington Post*, 14 de setembro de 2012. http://www. huffingtonpost.com/2012/09/13/13psimplosion_n_1881214.html.

24. Johnson, Karl. "Karl Johnson Silhouette Event in Santa Monica", Facebook, 1º de maio de 2011, https://www.facebook.com/events/208860315800264/, acesso em 27 de fevereiro de 2014.
25. Milligan, Lauren. "Margiela Sans Margiela", *Vogue*, 3 de outubro de 2009. http://www.vogue.co.uk/news/2009/10/03/martin-margiela-no-longer-at-the-maison.
26. Oxberry, Eve. "Martin Margiela Exits Margiela", *Drapers*, 9 de dezembro de 2009. http://www.drapersonline.com/news/womenswear/news/martin-margiela-exits-margiela/5008679.article#.UzdFlvldWyU.
27. Knowles, Patrick. "Kenya Hara", *SOMA Magazine*, novembro de 2010. http://www.somamagazine.com/kenya-hara/.
28. Alguns exemplos: Clorox e S. C. Johnson revelam os ingredientes dos seus produtos; a start-up Buffer publica os salários de todos os seus empregados; a consultoria em ética LRN compartilha avaliações de desempenho – incluindo a do fundador e CEO Dov Seidman – com toda a equipe; a IDEO disponiliza seu processo criativo via OpenIDEO; o navegador Mozilla transformou sua estratégia de desenvolvimento numa plataforma aberta.
29. Sudjic, Deyan. "The Messy Vitality of Opacity", *Design Mind*, ed. 17, 2012. http://designmind.frogdesign.com/articles/radical-openness/the-messy-vitality-of-opacity.html.

CAPÍTULO 9: ROMPA

1. Abramović, Marina; Daneri, Anna; Pietrantonio, Giacinto Di; Hegyi, Lóránd; Societas Raffaello Sanzio, e Vettese, Angela. *Marina Abramovic´* (Nova York: Charta, 2002); mais de trinta anos depois, os dois se reencontraram, durante a retrospectiva *A artista está presente*, no MoMA, em Nova York. Como parte da mostra, Marina Abramovic´ sentou-se em silêncio diante de uma mesa e permitiu que visitantes se sentassem de frente a ela. No dia da abertura, Ulay foi um dos visitantes, o que provocou uma reunião emocionada.
2. Popova, Maria. "Susan Sontag on Marriage", *Brain Pickings*, 17 de agosto de 2012. http://www.brainpickings.org/index.php/2012/08/17/susan-sontag-on-marriage/.
3. Kim, Miyoung. "Samsung Sets New Smartphone Sales Record in Fourth Quarter, Widens Lead Over Apple: Report", *Reuters*, 28 de janeiro de 2014. http://www.reuters.com/article/2014/01/28/us-samsung-sales-idUSBREA0R00S20140128.
4. "Atari graveyard found: Millions of E.T. cartridges, legendary 'worst video game ever'", *Associated Press*, 26 de abril de 2014. http://www.mercurynews.com/ci_25644581/hundreds-atari-e-t-games-surprise-landfill-diggers.
5. Mason, Andrew. "Groupon Founder Andrew Mason's Farewell Letter to Employees–full text", *Guardian*, 1º de março de 2013. http://www. theguardian.com/technology/blog/2013/mar/01/groupon-andrewmason-fired-letter.

6. Yohe, Jill Ahlberg. "Situated Flow: A Few Thoughts on Reweaving Meaning in the Navajo Spirit Pathway", *Museum Anthropology Review* 6:1 (2012), https://scholarworks.iu.edu/journals/index.php/mar/article/view/1033/2037.

CAPÍTULO 10: VELEJE PELO OCEANO

1. Didion, Joan. *The White Album* (Nova York: Farrar, Straus and Giroux, 1979).
2. Halvorson, Heidi Grant. "How Happiness Changes with Age", *Atlantic*, 28 de maio de 2013. http://www.theatlantic.com/health/archive/2013/05/how-happiness-changes-with-age/276274/.
3. Finegold, David; Mohrman, Susan; e Spreitzer, Gretchen M. "Age Effects on the Predictors of Technical Workers' Commitment and Willingness to Turnover", *Journal of Organizational Behavior* 23:5 (agosto de 2002), 655–74.
4. Lim, Dennis. "Nine More Years On, and Still Talking", *New York Times*, 3 de maio de 2013. http://www.nytimes.com/2013/05/05/movies/ethanhawke-and-julie-delpy-discuss-before-midnight.html?_r=0.
5. "Declining Employee Loyalty: A Casualty of the New Workplace", *Knowledge @ Wharton*, 9 de maio de 2012, https://knowledge.wharton. upenn.edu/article/declining-employee-loyalty-a-casualty-of-the-newworkplace, acesso em 31 de maio de 2014.
6. "Brian Eno by Alfred Dunhill", *YouTube*, https://www.youtube.com/watch?v= 5mqtc2Z3K8o&feature, acesso em 26 de março de 2014.
7. "Cultural Capital". http://en.wikipedia.org/wiki/Cultural_capital, acesso em 1º de março de 2014.
8. Franzen, Jonathan. "Liking Is for Cowards. Go for What Hurts", *New York Times*, 29 de maio de 2011. http://www.nytimes.com/2011/05/29/opinion/29franzen.html?pagewanted=all&_r=0.
9. Bird, Andrew. "Puzzling Through (A Love Song), *New York Times*, 30 de agosto de 2013. http://opinionator.blogs.nytimes.com/2013/08/30/puzzling-through-a-love-song/?_php=true&_type=blogs&_r=0.
10. Cage, John. *Silence: Lectures and Writings, 50th Anniversary Edition* (Middletown, CT: Wesleyan University Press, 2013).

CAPÍTULO 11: VÁ PARA CASA PELO CAMINHO MAIS LONGO

1. Roiphe, Katie. "The Allure of Messy Lives", *New York Times*, 30 de julho de 2010. http://www.nytimes.com/2010/08/01/fashion/01Cultural. html?pagewanted=all&_r=0.
2. Ibid.
3. Clay, Alexa. "The Amish Futurist and the power of buttermilk", *re:publica 14*, 8 de maio de 2014. http://re-publica.de/en/session/amish-futurist-and-power-buttermilk.

4. Yu, Charles. "Happiness Is a Warm iPhone", *New York Times*, 22 de fevereiro de 2014. http://www.nytimes.com/2014/02/23/opinion/sunday/happiness-is-a-warm-iphone.html?_r=0.
5. "School of Poetic Computation". http://sfpc.io, acesso em 26 de maio de 2014.
6. Leberecht, Tim. "Autonomy Is Essential for Innovation", *Means the World*. http://meanstheworld.co/work/autonomy-essential-innovation.
7. "Nostalgia". Universidade de Southampton. http://www.southampton. ac.uk/nostalgia/publications, acesso em 14 de março de 2014.
8. "Bond Gifts". http://bondgifts.com, acesso em 8 de junho de 2014.
9. "Think Clearly". http://www.thnkclrly.com/newsletter, acesso em 26 de maio de 2014.
10. "The Rumpus: Letters In The Mail". http://therumpus.net/letters, acesso em 26 de maio de 2014.
11. "Cowbird". http://cowbird.com, acesso em 26 de maio de 2014.
12. Loring, Kristina. "The Never-Ending Story", *Design Mind*, ed. 14, 2011. http://designmind.frogdesign.com/articles/the-never-ending-story.html.
13. "FutureMe". http://futureme.org, acesso em 26 de maio de 2014.
14. Elliott, Stuart. "New Bow for CARE Packages", *New York Times*, 6 de novembro de 2013. http://www.nytimes.com/2013/11/07/business/media/new-bow-for-care-packages.html?_r=0.
15. "Brain Pickings". http://www.brainpickings.org, acesso em 26 de maio de 2014.
16. Pamuk, Orham. *O museu da inocência* (São Paulo: Companhia das Letras, 2011).
17. "Voyager – The Interstellar Mission", Nasa, Jet Propulsion Laboratory, California Institute of Technology. http://voyager.jpl.nasa.gov/spacecraft/goldenrec.html, acesso em 26 de maio de 2014.

CAPÍTULO 12: PERMANEÇA SÓ, ALERTA, IMÓVEL

1. "Louis C. K. Hates Cell Phones", *TeamCoco*. http://teamcoco.com/video/louis-ck-springsteen-cell-phone, acesso em 27 de fevereiro de 2014.
2. Fredrickson, Barbara L. "Your Phone vs. Your Heart", *New York Times*, 23 de março de 2013. http://www.nytimes.com/2013/03/24/opinion/sunday/your-phone-vs-your-heart.html?_r=0.
3. Toffler, Alvin. *Future Shock* (Nova York: Random House, 1970).
4. Rushkoff, Douglas. *Present Shock: When Everything Happens Now* (Nova York: Current, 2013).
5. Stone, Linda, "Continuous Partial Attention", *lindastone.net*. http://lindastone.net/qa/continuous-partial-attention/, acesso em 26 de fevereiro de 2014.
6. Giridharadas, Anand. "Exploring New York, Unplugged and on Foot", *New York Times*, 24 de janeiro de 2013. http://www.nytimes.com/2013/01/25/nyregion/exploring-red-hook-brooklyn-unplugged-and-with-friends. html?pagewanted=all.

7. Ibid.
8. Pretor-Pinney, Gavin. "Live with Your Head in the Clouds", *TED.com*, 13 de junho de 2013. http://blog.ted.com/2013/06/13/live-with-your-head-in-the-clouds-gavin-pretor-pinney-at-tedglobal-2013/.
9. Whyte, Sarah. "Ban Mobile Phones, Retailers Say", *Sydney Morning Herald*, 4 de julho de 2013. http://www.smh.com.au/digital-life/mobiles/ban-mobilephones-retailers-say-20130703-2pbzr.html.
10. "Four Seasons Resort Costa Rica at Peninsula Papagayo Partners with iPhone Case Company Uncommon on New Disconnect to Reconnect Program for Guests", Four Seasons Press Room, 26 de novembro de 2012. http://press.fourseasons.com/costarica/hotel-news/2012/11/four_seasons_resort_costa_rica_at_peninsula_papaga/, acesso em 3 de março de 2014.
11. "Lessons in Customer Service from the World's Most Beloved Companies", *Help Scout*, 9 de outubro de 2013, https://www.helpscout.net/blog/customer-focus/.
12. Lowitt, Eric. *The Collaboration Economy: How to Meet Business, Social, and Environmental Needs and Gain Competitive Advantage* (São Francisco: Jossey-Bass, 2013).
13. Bernard, John M. *Business at the Speed of Now: Fire Up Your People, Thrill Your Customers, and Crush Your Competitors* (Nova York: Wiley, 2011).
14. Ferrazzi, Keith. *Never Eat Alone: And Other Secrets to Success, One Relationship at a Time* (Nova York: Crown Business, 2005).
15. "Serpentine Galleries". http://www.serpentinegalleries.org/exhibitionsevents/experiment-marathon, acesso em 28 de março de 2014.
16. Murnighan, J. Keith. *Do Nothing! How to Stop Overmanaging and Become a Great Leader* (Nova York: Penguin Press, 2012).
17. Schumpeter. "In Praise of Laziness", *Economist,* 17 de agosto de 2013. http://www.economist.com/news/business/21583592-businesspeople-would-be-better-if-they-did-less-and-thought-more-praise-laziness.
18. Bar-Eli, Michael; Azar, Ofer H.; Ritov, Ilana; Keidar-Levin, Yael; e Schein, Galit. "Action Bias Among Elite Soccer Goalkeepers: The Case of Penalty Kicks", *Journal of Economic Psychology*, Elsevier, 28:5 (outubro de 2005), 606–21.
19. Deresiewicz, William. "Solitude and Leadership", *American Scholar*, primavera de 2010. http://theamericanscholar.org/solitude-and-leadership.

CAPÍTULO 13: MEDIDAS DE SUCESSO

1. Lovell, Joel. "George Saunders's Advice to Graduates", *New York Times*, 31 de julho de 2013. http://6thfloor.blogs.nytimes.com/2013/07/31/georgesaunderss-advice-to-graduates/?_r=0.
2. Hansen, Morten T. "IDEO CEO Tim Brown: T-Shaped Stars: The Backbone of IDEO's Collaborative Culture", *ChiefExecutive.net*, 21 de janeiro de 2010. http://chiefexecutive.net/ideo-ceo-tim-brown-t-shaped-stars-the-backbone-of-ideoae%E2%84%A2s-collaborative-culture.

CAPÍTULO 14: A NOVA ERA ROMÂNTICA

1. Hochschild, Arlie Russell. *The Outsourced Self: What Happens When We Pay Others to Live Our Lives for Us* (Nova York: Metropolitan Books, 2012).
2. Maslow, Abraham. "A Theory of Human Motivation", *Psychological Review*, 50, 370–96, 1943. http://psychclassics.yorku.ca/Maslow/motivation.htm.
3. Tokumitsu, Miya. "In the Name of Love", *Jacobin Magazine*, ed. 13, janeiro de 2014, https://www.jacobinmag.com/2014/01/in-the-name-of-love/.
4. Chipchase, Jan. "You Lookin' at Me? Reflections on Google Glass", *All Things D*, 12 de abril de 2013. http://allthingsd.com/20130412/you-lookin-at-me-reflections-on-google-glass/.
5. Turley, Richard Marggraf. "Melting the Wax ... Romantic Surveillance", richardmarggrafturley.weebly.com, http://richardmarggrafturley.weebly.com/1/previous/3.html, acesso em 5 de janeiro de 2014.
6. Bentham, Jeremy. *Deontology*. Organização de John Bowring. (Londres: Longman, Rees, Orme, Brown, Green, and Longman, 1834).
7. Veja, por exemplo, a famosa amizade entre os poetas William Wordsworth e Samuel Taylor Coleridge. Alguns dos melhores poemas em língua inglesa deste período foram produzidos quando os dois se retiraram para North Devon para escrever; eles andavam pelo campo, trocando ideias e desafiando um ao outro, normalmente acompanhados da erudita irmã de Wordsworth, Dorothy. Na verdade, os três logo se tornaram notórios em North Devon e arredores, e não demorou muito para que levantassem suspeitas entre os habitantes da região, que tacharam os errantes boêmios de revolucionários simpáticos à França – que era o Inimigo Público Número Um dos britânicos naquele tempo. A desconfiança se espalhou ainda mais com a associação do trio ao político radical John Thelwall, considerado pelos oficiais do governo como "o homem mais perigoso da Grã-Bretanha". Por fim, o British Home Office [com atribuições semelhantes à da Polícia Federal] enviou um espião a Noth Devon para coletar informações sobre os poetas rebeldes, cujos escritos românticos eram considerados uma afronta à supremacia da razão e da utilidade. Comentando o episódio anos mais tarde, Coleridge ridicularizou a estupidez do oficial informante, lembrando que ele confundiu uma conversa dos poetas sobre Espinoza com um relato sobre um suposto "Spy Nozy" [Espião Nozy]. No entanto, mesmo com as trapalhadas, a vigilância era intensa. Os poetas tiveram que se afastar de Thelwall e adotaram alegorias, ambiguidade e ironia como formas de disfarçar discursos mais subversivos. Apesar destes esforços, Wordsworth e seu colega de romantismo John Keats chegaram a ser censurados pelo Estado, por ordem do então primeiro-ministro William Pitt.
8. Kirsner, Scott. "Wireless Worker Badges Hold Promise–and Problems", *Boston Globe*, 3 de novembro de 2013. http://www.bostonglobe.com/business/2013/11/02/breakthrough-management-tool-big-brotherworkplace/WKMDFFieBC-9M98EWUPbFZL/story.html?s_campaign=sm_tw.

9. Morozov, Evgeny. "The Real Privacy Problem", *MIT Technology Review*, 22 de outubro de 2013. http://www.technologyreview.com/featuredstory/520426/the-real-privacy-problem/.
10. "Tim O'Reilly Google+ Page", https://plus.google.com/+TimOReilly/posts/CPiAX9YiVUB, acesso em 11 de fevereiro de 2014.
11. Greene, Graham. *O cerne da questão* (São Paulo: Globo Livros, 2007).
12. Keats, John. "Selections from Keats's Letters (1817)", *Poetry Foundation*. http://www.poetryfoundation.org/learning/essay/237836?page=2, acesso em 27 de fevereiro de 2014.
13. Hazleton, Lesley. "The doubt essential to faith", *TED.com*, junho de 2013. http://www.ted.com/talks/lesley_hazleton_the_doubt_essential_to_faith.
14. Hardy, Quentin. "What's Lost When Everything Is Recorded", *New York Times*, 17 de agosto de 2013. http://bits.blogs.nytimes.com/2013/08/17/whats-lost-when-everything-is-recorded/.
15. DiSalvo, Carl. *Adversarial Design* (Cambridge: MIT Press, 2012).

APÊNDICE: O KIT INICIAL DO ROMÂNTICO NOS NEGÓCIOS

1. Deviant. "Arms and Sleepers: Nostalgia For The Absolute", *Sputnik Music*, 11 de março de 2011. http://www.sputnikmusic.com/review/42319/Armsand-Sleepers-Nostalgia-For-The-Absolute/.
2. "Arvo Pärt – Cantus in Memory of Benjamin Britten", *YouTube*, https://www.youtube.com/watch?v=TRZLxxR23K4, acesso em 8 de junho de 2014.
3. "Luke Addingon Furniture". http://addingtonfurniture.tumblr.com/post/80710026203, acesso em 1º de junho de 2014.
4. Ebert, Roger. "Great Movie: *Citizen Kane*". http://www.rogerebert.com/reviews/great-movie-citizen-kane-1941, acesso em 2 de março de 2014.

Este livro foi impresso na Intergraf Ind. Gráfica Eireli.
Rua André Rosa Coppini, 90 – São Bernardo do Campo – SP
para a Editora Rocco Ltda.